区域规范性教研共同体建设及其实践

陈宗成 著

QUYU GUIFAN XING JIAOYAN GONGTONGTI
JIANSHE JI QI SHIJIAN

江蘇鳳凰教育出版社
Phoenix Education Publishing, Ltd

图书在版编目（CIP）数据

区域规范性教研共同体建设及其实践 / 陈宗成著 .
—南京 ：江苏凤凰教育出版社，2017.12
ISBN 978-7-5499-7023-0

Ⅰ.①区⋯ Ⅱ.①陈⋯ Ⅲ.①地方教育—基础教育—教学研究—规范化—研究—中国 Ⅳ.①G632.0-65

中国版本图书馆 CIP 数据核字（2017）第 303211 号

书　　名 区域规范性教研共同体建设及其实践
作　　者 陈宗成
责任编辑 雷利军　祁篆萍
出版发行 江苏凤凰教育出版社（南京市湖南路 1 号 A 楼　邮编 210009）
苏教网址 http：//www.1088.com.cn
照　　排 北京世纪鸿文制版技术有限公司
印　　刷 三河市九洲财鑫印刷有限公司
厂　　址 河北省三河市灵山大口
开　　本 787 毫米×1092 毫米　1/16
印　　张 17.5
字　　数 305 千字
版　　次 2018 年 6 月第 1 版　2018 年 6 月第 2 次印刷
书　　号 ISBN 978-7-5499-7023-0
定　　价 40.00 元
网店地址 http：//jsfhjycbs.tmall.com
邮购电话 025-85406265，85400774　短信　02585420909
E - mail jsep@vip.163.com
盗版举报 025-83658579

序　一

自从滕尼斯提出“共同体”的概念后，人与人的交往便超越了地域关系、血缘关系和职业关系而有了新的联结方式：心向关系——不同的人由于共同的理想、爱好而组成了一个精神家园。因此，共同体的基石是共同的价值观与意趣，而“平等、自愿”也就成为共同体创建及运作的基本准则。这赋予了共同体有别于其他团队截然不同的特质和魅力，但同时也给共同体的发展壮大及深入推进造成了困扰。

正如本书作者敏锐地指出的那样，共同体建立的自发性不可避免地带来了组织结构的不稳定性；共同体运作的自愿性不可避免地带来了活动的随机性；维系共同体主要靠的是亲和与愿景而非纪律与组织目标，又不可避免地决定了其顶层设计和长期规划是难以深入的，其合作分工效益是低下的。这使得学习共同体往往沦为一个快乐的俱乐部，而无法发展成一个严密的学术团队，去真正实现共同体长期的专业发展，最后无疾而终。

因此，要形成一个和谐、团结而又高效、专业的学习共同体，纪律与制度不能仅如富兰所指出的那样在一定阶段才有必要介入，而是要作为基石——发挥着一种奠基作用——在共同体创建之前就应该得到确立。也就是说，必须带着明确的“纪律”来创建共同体，让共同体自始至终具备规范性，而成为一种“规范性共同体”，使得共同体既具有精神感召和人际亲和，又具有明确的组织形式和规范要求，进而保障共同体能够和谐、稳定、高效和长久地发展。这是对共同体创建的文化基础的一个极有益的补充，可以说是在一定的程度上从学理的角度完善了共同体的理论。不能不说，这是一个创见，也是本书的最大亮点。

实际上，本书亮点颇多，下面略摘几点。

亮点一，体系完备，论证严密。本书分为界定论证篇、功能定位篇、机制建设篇和日常实践篇，紧扣“区域规范性教研共同体”，从理论到实践两个层面分别展开了较为系统的论证，各篇之间相对独立又紧密相关，形成了一个严谨的结构，体系完整，论证严密。

亮点二，理论联系实际，可操作性强。本书从“学理”开篇，却时时从“做”落脚，有着很强的实践意味。本书详尽地论证了“4·1·6”教研运行模式，提供了共同体建设及运作的一个完整范本，而提出的“8环1链”和4个实践域的践行方式，则完全是一种日常的行动指南。这一理论与实践水乳交融的特点使本书与常见的共同体论著有所不同：常见的共同体论著要么过于侧重学理论证而远离了实践场域，要么过于侧重一场一域的实践而少了学理上的提炼与扩展。

亮点三，学养丰厚，润物无声。作为一个普通的县区级物理教研员，陈宗成老师涉猎之广、探索之深，让人颇为惊叹。宏观上，本书主要应用了哲学、社会学、教育学、心理学、管理学、组织行为学以及耗散结构理论、系统论等“新三论”“老三论”的有关理论进行论证；微观上，本书也有所深入，如心理学方面就涉及普通心理学、认知心理、教育心理学、社会心理学等分支。这些理论的运用，提高了论证的高度，也如细雨润物，给人有益的启迪。

陈宗成老师有句口头禅，“知道自己是最笨的，所以崇尚笨的力量”。这让我想起苏格拉底的名言：“我比别人知道的多的，不过是我知道自己的无知。”在我看来，那些看似“不笨”的成绩，都缘于他下足的“笨”功夫。比如写本书时，有时以每天近万字的速度推进，这应该是他30多年来每天钻研到深夜的结果；又比如，大家惊艳于他仅用一天时间撰写的申请报告便申请到全国教育科学规划课题，却不一定知道在此之前他已用了5年的时间进行艰苦的论证。也正是这种对“笨功夫”的推崇，使陈老师从一个孜孜不倦的学习型教师，成长为勤思考、善研究，在理论与实践上都有着自己“教学主张”的学者型教师。而陈老师致力把本区域打造成一个物理教研共同体，大概也包含着同样的诉求：使越来越多的教师爱上学习、爱上思考、爱上研究，成为学生的良师益友，进而造福一方课堂、一方教育和一方水土。

作为物理教研员，陈宗成老师对物理学科用功很深，在初中物理的思维可视化教学的研究方面居国内领先地位。同时，陈老师在人文学科方面也有一定的造诣，颇具文学功底，发表过若干散文，他写的现代诗与著名诗人于坚的诗一道入选了首届全国教师优秀诗选，可称得上是“一专多能”的复合型教师了。我想，这应该是教师专业发展的一个值得探索的方向。

余文森

序　二

随着基础教育改革的深入，人们越来越意识到制约教学质量的关键变量之一是教师。如何提高教师队伍的整体质量已经成为理论界和实践界研究、探索的重要课题。虽然近年来对这方面的思考与尝试成果斐然，但是遗憾也不少：一是理论与实践割裂，有关教师共同体研究的理论成果和实践探索都不少，但有机互动、深度融合的不多；二是直面真问题的少，研究中要么是逻辑演绎，要么是经验罗列，直面理论与实践重要问题的深入思考偏少；三是教师共同体研究往往解释性、描述性研究较多，开拓性的创新研究偏少。

出现教师共同体建设研究不尽如人意的问题的原因很多，其中一个重要的原因就是研究主体的视野局限。目前，关注教师共同体建设研究的学者主要有三类，即高校和研究机构的理论工作者、各级教研员、一线教师。各类主体因其视野、素养和研究范式的限制，视域难以融合、问题不易聚焦、智慧无法共享，面对相同的对象形成的割裂认知也就无法避免。突破研究的瓶颈，要么依靠机制创新，使得研究主体多元化；要么寻找跨界的复合型研究者的参与，实现多元视域融合。而陈宗成老师的这本大作就是力图在这两条线索上作出尝试。

宗成老师是厦门市湖里区的物理教研员，是厦门市专家型教师培养对象，我有幸成为他的导师。一年多的接触和研修活动中，我发现宗成老师有很多优点：一是他做事非常认真，每次来我办公室都背着个大双肩包，交流中他不停地记录，时而用笔记本，时而用电脑。二是他做教研员非常用心，按他的话说是“时时处于教研状态”。上次在厦门市蔡塘学校听完课后，中午宗成老师盛情宴请，邀来四位年轻教师作陪。结果午饭变成了研讨会，导致下午我自己又吃了一顿午饭。三是他喜欢学习，用功很深，学识渊博。他涉猎的范围非常广，除物理学外，哲学、教育基本理论、心理学、科技哲学、书法、诗歌等均是他研习的内容并很有心得，30 多年的苦读，让他真正成长为“一专多能”的教师了。四是他很有人文情怀。人文素养和情怀是物理教师普遍缺乏的，但对于教师来说又是至关重要的品质。宗成老师的诗写得很好，创作了格律严格的古体诗词和各种风格的现代诗近 2000 首，据说有很多粉丝。五是他颇具研究的热情和实力。他主持或参与各项研究课题近 20 个，研究成果丰硕，撰写并发表论文数十万字，多篇文章被中国人民大学复印报刊资料全文摘录，本书也是他学术探索的重要结晶。2017 年，他又顺利获批了全国教育科学规划课题。罗列如上宗成老师的优秀品质，并非有意对其进行褒奖，而是想说，他是一位全面的、有探索激情、兼通理论与实践的研究者。这样的研究者更适合做教育研究、教师共同体建设研究，也更容易取得成绩。从这部著作来看，我的判断是对的。

《区域规范性教研共同体建设及其实践》是宗成老师多年创新型教研工作的总结和提炼，也是其区域教研共同体研究的观点的概括和呈现，在这部专著中，首先，宗成老师从理论检视、构建“规范性教研共同体”的内涵、特点、价值入手，进行了深入、细致、清晰的辨析、界定和建构，为全书提供了概念基石和展开逻辑；其次，宗成老师从“文本对话”“情感卷入”“直面现实”“动态建构”“自我实现”五个维度定义了规范性教研共同体的基本功能，彰显了作者“情”“理”“功”三向度的深入思考和追求；再次，宗成老师介绍了“4?? 1?? 6”教研运行模式及其涵盖的“读书系统”“调研系统”“培训系统”“管理执行系统”和“全面反馈系统”，既有顶层设计，又有操作技术；最后，宗成老师从“运作实务”“提升路径”“实践策略”三个方面立体深描了区域规范性教研共同体的日常实践，回应理论主张、检验理论假设、诠释理论意涵，并由此提升了实践的追求和实效。

总体来看，本书具有如下鲜明特点：一是框架设计合理，体现了理论与实践、教研与教学、自主与他主之间的内在张力与融通追求；二是问题取向突出，书中对教师共同体的现实状况、理想样态、运行机制、发展策略进行了细致耙梳与设计，无一不指向问题的解决；三是文风朴实、洞见连连。作者文风朴实，表达了作者的所做、所思、所念、所期、所获，辞藻虽不华丽，但做法独特、观点新颖、发人深思。当然，任何一项研究、一部书都只是“在路上”，不过是成长中的一个阶梯，这部专著中自然也会有一些有待进一步探索和完善的地方。比如，书中个别概念的界定还需进一步明确，还可以增加一些完整的案例研究等。希望在将来，作者在这个问题的研究上会给我们带来更大的惊喜。瑕不掩瑜，这不影响本书成为一部非常有看头的著作。

最后，愿宗成老师在区域教师教研方面不断取得新进展，在理论与实践的互动中生成更多、更好的成果。

于海波

目　录

界定论证篇

区域教研共同体是个规范性共同体

功能定位篇

区域规范性教研共同体的功能定位

机制建设篇

区域规范性教研共同体的机制建设

日常实践篇

区域规范性教研共同体的日常实践

界定论证篇

区域教研共同体是个规范性共同体

第一节　规范性共同体的概念界定

一、规范性共同体的界定

有别于传统学习共同体以价值观感召、愿景凝聚、人际亲和为文化基础，所谓的规范性共同体，更侧重于用规则与纪律对组织进行规范、管理和协作，把纪律规范和价值感召同作为共同体的文化基础和精神要素，融传统共同体的精神要素和传统科层管理的纪律要素于一体，以保证共同体成员心灵皈依、分工协作、规范发展，在较长时间内有目的、有规划地推动专业学习的发展。

二、规范性共同体与传统学习共同体的不同点

（一）文化基础不同

传统学习共同体赖以建立和维系的文化是相同的价值观和密切的人际亲和及在后续的活动中形成的约定俗成的某些法则。如托马斯·J. 萨乔万尼在《校长学：一种反思性实践观》一书中指出，共同体是由于自然的意愿而结合的。这是从滕尼斯提出“共同体”这个概念以来人们不变的共识。

如果说传统学习共同体更加强调成员之间内在的精神连接和共同理想、合作文化的形成，不像一般组织那样强调外在制度性约束和契约性关系，那么规范性共同体恰恰相反。规范性共同体强调纪律规范的文化奠基价值，强调的是组织内部的约束性和契约性文化，从纪律的角度对成员进行要求，以推动共同体的正常运作，逐渐提炼出共同体价值观，形成愿景感召。

（二）运作方式不同

传统学习共同体的运作以亲和、人际吸引形成内在凝聚力，成员的行动主要是依据自愿的原则，通过协商的方式进行。一旦一个团队建成了学习共同体，就需要人们去创建一种更加适合共同体的性质及其运作方式的新的管理模式和领导方式。这种运作由于出自内部的意愿而非传统的普通

组织出自管理上的安排，故与传统的科层管理方式具有不同特征。

规范性共同体则是在共同价值观的引导下，通过任务配置、严密组织、纪律管理进行，在求同存异的原则下，对个体的行为有明确的规范要求，有效地吸收了传统的科层管理优点。

（三）发展方式不同

传统学习共同体是个体式、自由式的发展，注重自愿性和心灵成长，不具有严格的规划性，其学习的内容、方式和所达到的水平都无法做出明确的要求，学习处于一种随机的状态，是一种个体式、自由式的发展。

规范性共同体则是整体式、规划式的发展，注重整体规划，能够根据需要，在一个较长的周期内对专业学习进行规划，在纪律的保障下，对每个个体的学习过程、学习效果都有明确的要求，可确保团队有目的、有计划地进行专业发展。

（四）组织稳定性不同

传统学习共同体不具有稳定性，在自愿原则的作用下，团队靠愿景联结起来。正如沃伦·本尼斯所言："在人类组织中，愿景是唯一最有力的、最具激励性的因素。它可以把不同的人联结在一起。"愿景确实有着一股天然的引人入胜的地方。但由于缺少必要的纪律保障，个体来去自由，进入与退出都无门槛限制，一个明显的特征就是成员具有流动性，很难稳定。成员的不稳定特别是重要成员的流失会造成巨大的动荡，甚至瓦解共同体的结构。从最低层面上讲，人员的流失往往造成活动时必要人手的缺失，从而使活动不得不进行调整，甚至停顿。同时，由于缺少规范性，对成员的行为缺少必要的管束力，会造成活动质量的低下，降低活动的吸引力，这同样会给共同体带来不稳定。

规范性共同体较稳定。规范性共同体有明确的成员准入及退出机制，可最大限度地保持成员的稳定性；可从全局的角度，以较长的时间为单位进行活动规划，避免了随机性；同时，各项制度的制订和执行可保障各项工作正常进行，取得应有的效果。

第二节　区域教研共同体的规范性

一、区域教研共同体的界定

（一）教研区域

本书所说的教研区域指的是区（县）层面。因为区（县）按照行政划分，不仅是最为稳定的组织，而且有着共同的政治、经济、文化、教育背景，其内部有着高度的相似性，在外部有着明显的边界和较大的差异，容易为教研共同体提供最大的有利条件。

（二）区域教研共同体

区域教研共同体是区域教研专业学习共同体的简称。区域教研共同体是基于区（县）学科区域教育需要及学科教师专业发展的共同需求而形成的一种由区（县）内每所学校共同参与的分工明确、规范性较强、管理较严的学习和协作的组织形式。在此组织内，团队成员具有共同的价值目标、强烈的群体归属感、共同的团队意识和密切的人际关系。在共同的愿景和合作原则下，通过规范性管理、文化整合和评价导向让群体中的个体开展资源共享、人际共存、团队共生、个性相融的学习和研究活动，关注在面对各种问题情境所进行的对话过程中的思想生成和持续改进，以促进个体专业发展及学校备课组、教研组建设，提高学科教育水平，最终实现区域学科教育的均衡发展。

区域教研共同体依托于区（县）教师进修学校的教研部门，与区域学科常规的教研活动联系紧密，利用区域学科日常的教研平台展开相应的工作，并服务于区域学科教研，为其提供助力。

二、区域教研共同体的特点

区域教研共同体具有规范性共同体的显著特点。

（一）建立的文化基础侧重于纪律的规范性

区域教研共同体建立的基础是区域的教研规范，而非文化凝聚与人际吸引。

1. 区域教研共同体与区域教育指导部门的功能高度重叠

从建立的初衷来看，区域教研共同体与区域教育行政的指导部门——区（县）教师进修学校的目标任务、运作方式及功能有着高度的重叠性。

一般说来，区域教研共同体依托区（县）教师进修学校，通过日常的教学研讨、专题研究、行动研究、读书活动、沙龙论坛来提高教师专业性学习的意识，培养教师专业学习的能力，使教师形成专业学习的习惯，进而提升每位教师的专业水平，而这些活动正是区域教研的主要内容。其中，教学研讨、专题研究、读书活动恰好与区域教研的教学研讨、主题研究和专业阅读完全相同，行动研究是区域教研的活动方式之一，而沙龙论坛更是区域教研交流的常见平台，两者具有高度的重叠性。

换句话说，区域教研共同体的专业活动，是区域日常教研活动的精粹部分，更重要的是，区域教研共同体要满足教师的专业需求，推动教师的专业实践能力的提高。区域教研共同体专业学习及研究的内容主要来源于教师的教学实践，要回答教师日常教学碰到的困惑，研究区域教学中碰到的共性问题，并提炼出区本课程，为教师的教学实践提供专业进阶推动力和前瞻性的指导，助力区域教师经验、特色和集体智慧的形成，而这正是区域教研的重要任务。因此，只要把区域教研共同体纳入区域学校的日常教研事务中，做好专业对接，两者的活动就能同步进行，完成“二而一，一而二”的功能互补。也就是说，教师进修学校依法运作区域教学研讨活动，实际上也就同时展开了区域教研共同体的专业活动；反之，当教师进修学校运作区域教研共同体活动时，也就同时运作了区域教学研讨活动。两者在功能价值取向上有高有低，各有侧重，不尽相同，但两者的活动基本一致，两位一体。

2. 区域教研共同体与区域教育指导部门教研活动的主体相同

就区域教研而言，其人员是由教研员、区域内的学科教师和其他重要人员组成，其活动主体为教研员和区域内学科教师。由于区域教研共同体依托教师进修学校开展工作，两者的任务具有高度的重叠性，而且共同体的目的直指区域内每位学科教师的专业成长，在教研员的引领及其他重要人员的共同作用下，把这种专业提升的可能性变为必然性。也就是说，区域教研共同体的人员构成也是教研员、区域内学科教师和其他重要人员，其活动主体也是教研员和区域内学科教师。两者完全相同。

3. 区域教研本身具有合法的规范性

区域教师进修学校开展的区域教学研讨活动上接区域行政部门，下连学校管理部门，具有明显的硬性约束和规范。

(1) 直接规范性。作为区域的职能部门，区域教师进修学校具有同级行政部门（如教育局）的专业引领、研究、监督和引领的功能。其功能类似于英美的教学督导，具有制订培训计划、监督培训质量的权限，对区域内的学校有指导、督察、评价权，对区域内本学科教师具有直接的规范权利，区域教研共同体与区域教师进修学校的进修任务和功能对接，也就获得了这种直接的规范性。

(2) 间接规范性。区域教师进修学校除了依托同级行政管理部门，还与区域内学校的管理部门直接对接，可借力于诸如校长室、教务处、教研室等学校管理部门的行政力量，对教师的行为进行硬性规范。这种规范属于间接性规范，在区域教研共同体的组织运作上也发挥着重要的作用，能够大力推动区域教研共同体的持续健康发展。

由于这种巨大的规范整合力量，区域教研共同体的形成无须诉诸充分的动员、强大的人际吸引等先天的情感及文化因素，依靠现成的教育教学规范即可顺利完成。

（二） 区域教研共同体的发展定位需要一个规范性团队

区域教研共同体需要通过准确定位、长远规划和系统规划来完成预定目标，这与传统学习共同体有着明显区别。区域教研共同体的目标定位是明确统一、持续性久的高水平的目标诉求，它可以克服随机性、纯兴趣性的低水平的运作模式。

1. 区域教研共同体的目标取向与教师职业本体取向相一致

区域教研共同体的目标取向与教师职业本体取向相一致，使专业发展的高水平目标诉求成为可能。区域教研共同体以实现区域学科教育水平的均衡为最终目标，专业的学习直接指向每位教师的教育能力和课堂教学实践水平，也就直接指向了其生存所依赖的职业。

一位教师可能没有理想，也可能没有教育理念，甚至可能没有教育情怀，但是只要他做教师，只要他在教学，就不可能失去对学科本身的关注，不可能拒绝外部力量对其教学的帮助和对其专业成长的推动。

2. 区域教研共同体可提高教师的向心力

区域教研共同体可提高教师的向心力，有规划性地提升教师的专业水平。区域教研共同体的目标非常明确，就是通过推动教师专业成长来推动区域学科教育水平的发展。具体而言，就是通过研究学科核心素养和课程标准、学习专业课程、钻研专业内容、完善教学方法，来提高教师的教学实践能力和实践技能，包括让教师头痛的某些学科技能，如理化学科的实验能力、低成本实验仪器的制作、实验室管理、人文学科的写作等，这些都是其研究的精确范畴。而这些内容正是单一教师个体——无论是哪一层次的教师（专家型教师还是新教师）必须研究和掌握的内容。也就是说，共同体的目标就是每个个体的目标，也是每个个体必须去完成的硬性目标。这样，共同体与教师个体就完成了目标一致性的对接。

不可否认，在现阶段，功利主义思想日益向学校渗透。“当教育领域里的功利主义也日渐扩张时，人便被工具化或手段化了。”① 特别是在讲究绩效管理的今天，教师对本专业发展的关注度远远超过以前的任何时候。教师面临着巨大的专业压力和心理压力，这种压力甚至对教师的生存状态产生了极大的影响。而专业上的成功及缘于专业成功的教学自信，能够大大增加教师的自我效能感，增加教师教学生活的情趣，有效地帮助教师克服职业倦怠，提高教师的职业幸福感，大大改善教师的生存状态。因此，教师对专业发展的需要也远远超过以前任何一个时候。区域教研共同体正是把目标灌注在教师的专业发展上，跟教师的职业本身对上了节拍，发生了紧密联系，因此才能产生价值的引领和共同的长远目标定位。

第三节　区域规范性教研共同体的作用

区域教研共同体只有建成规范性共同体，即区域规范性教研共同体，才能实现专业的高水平发展。区域规范性教研共同体的强大研究能力，可解决个体教师及个体学校无法单独解决的问题，进而产生专业发展的号召力。

随着教育改革的不断推进，社会从更高的层面关注教育的发展，家庭对子女的教育越来越重视。同时，随着社会的发展，学生的学习水平和信

---

①　张宏喜，徐士强．教育：跨越功利主义　复归人性关性［J］．当代教育论坛，2003（3）：40—44.

息储备水平也越来越高，这都对教师的专业水平提出了更高的期待和要求。教师不能仅仅停留在以往的传道、授业、解惑的层面上，而要更注重个体核心素养的培养。教师专业必须向精深化、全面化、融合化方向发展，这就意味着，教师的专业发展在深度、高度、广度上都面临着挑战。靠个体或单个学校往往很难解决教师的专业发展问题。当然，我们不否认有个别特别优异的教师和学校能够很好地迎接这种巨大的挑战，但天才总是少的，在一个区域里往往只占极少的一部分，大部分教师和学校都因没有这个实力和底气而陷于艰难的境地。同时，一个区域的学科教育，需要的是百花齐放，需要的是全员的进步和提升，靠个别教师和个别学校想得到均衡的发展是不现实的。而区域规范性教研共同体则可以很好地迎接这种改变时代的专业挑战。

一、合力研究，突破专业发展瓶颈

（一）建立优秀研究团队

区域规范性教研共同体可以把这些优秀的教师组织起来，作为共同体研究系统的核心班底，充分发挥他们发现问题、研究问题、解决问题的能力。通过优秀教师之间的共同体协作，通过他们之间的高端对话、脑力激荡、智力碰撞，使教师的心智模式得到确证、完善和提高，并在此基础上打造区域教育的集体智慧，进而提高问题的发现能力、研究能力和解决能力，直接发现区域教育的主要矛盾并解决它。这种集体智慧和决策能力是单“兵”（个体教师、个体学校）作战所无法比拟的。

而从自组织理论的角度看，区域规范性教研共同体通过体系建设，能够形成“在复杂性条件下，系统及系统中各要素由无序态向有序态自组织转化的内在机制”[①]，推动系统的开放性和非线性的发展，去创造一种契机，获得调整系统自组织行为“涨落”，进而远离平衡态，[②] 促进区域专业学习自组织行为的不断深化，最终突破一些难以解决的专业难题和区域共性教育问题，促进共同体专业水平的跨越发展，提高共同体的专业权威和说服力。

---

① 袁维新．教师学习共同体的自组织特征与形成机制［J］．教育科学，2010，26（5）：59—63.

② 白磊．学习共同体——教师专业成长的模式［J］．辽宁教育研究，2006（9）：92—95.

（二）促进与专家团队合作

区域规范性教研共同体可以跟专家团队合作，对区域教育及教师专业发展进行顶层设计，以保证向正确方向发展，同时又能获取最新的教育前沿成果。区域规范性教研共同体依托教师进修学校，上与高校及上一级的教研部门相连接，下与同级教研部门结盟，还与特别优秀的专家进行合作，充分发挥专家团队的培训、引领作用。如厦门市湖里教师进修学校就与北京师范大学、华东师范大学、福建师范大学、厦门大学、集美大学等高校形成了相对稳定的专业结盟，与上级教研部门厦门市教育科学研究院紧密配合，与同级其他五个区的进修学校密切合作，还聘请高规格的专家团队根据区域实际情况对区域的教育发展和教师的专业水平提高进行顶层设计，以解决区域教育、学科教育发展过程中的问题，确保区域教育及教师个体专业成长的发展的方向性。

同时，专家团队还利用自身的专业素养，在更高层面上对区域教育进行针对性诊断、专题性培训、专业性引领、过程性评价和结果再跟踪，而且这种专家引领的行为是经常性的、长期性的。如华东师范大学、福建师范大学团队每个月来湖里区调研一次，对教学问题进行具体的问诊，提出改进策略并进行针对性培训。这种基于区域实际情况的落地式专家引领克服了那种没有教研的教育的缺陷，让区域教育有了观点和灵魂。

（三）进行高水平的专业互动

通过区域规范性教研共同体中主体的互动，能够有效地提高同伴互助水平和教师教学的实践水平。

平等式互动是共同体的核心活动样式。区域规范性教研共同体中的互动，包括教研员与学校的互动、学校与学校的互动、教师与教师之间的互动，都是在平等位置上频繁的真诚互动。这种频繁的互动，能够促进教师经常进行专业思考，激发教师专业的思考意识，培养教师专业的思考习惯，进而形成教师自己的专业思考主题，进一步推动教师专业研究的深入发展。同时，真诚的互动能够从情感上最大限度地减少科层（进修学校与被指导学校，学校管理部门与教研组、备课组及教师）、校际（学校与学校之间）、人际（教师与教师）之间的壁垒，使互动围绕着教育实践和教师发展顺利展开，高效地实现教师专业学科知识的多重转化，即将一般教学法知识与特定的学科内容、学科性质充分融合后，作用在自己的教学实践中，通过自身对学科本质的思考、学科专业知识的建构，与学生进行深度互动，激发和调动学生的思维，最终使学生建立起自己的知识体系，形成思维能力和学科素养。

二、远程规划，推动专业稳步发展

对于教师的专业发展，一般来说，传统的区域教研存在着两个难以跨越的盲区，即基于传统的业务指导体系和基于传统的共同体的组织形式。这两个盲区，直接导致了区（县）教研对教师专业的发展不具有规划性。而区域规范性教研共同体则可以克服二者的问题，进行远程规划，推动教师专业的稳步发展。

（一）传统的区域教研组织不具有持续的规划性

从传统的业务指导体系来看，区（县）教师进修学校对教师专业发展不具有持续的规划性。

1. 从众性、随机性对专业发展规划的影响

（1）从众性对专业发展规划的影响。从宏观角度看，某一学科的教研指导往往要与区（县）教师进修学校的计划保持一致。教师进修学校的工作往往以整体的任务模块为驱动，要想推动教师的学科专业发展，必须借助这一整体驱动之力，否则很难发展。而教师进修学校的整体活动往往只具有事务的计划性，不具备专业发展的规划性。学科教研与教师进修学校的整体任务保持一致，就是要使教师的教研行为与区（县）教师的整体任务保持一致，这便把这种非规划性复制到日常的教研活动中。也就是说，学科没有从众，便借不到教师进修学校的整体之力，但仅仅按照教师进修学校的整体任务模块进行推动，就不得不传递出专业发展的非规划性。如果教研员要进行统一规划，不仅要把学校的整体任务模块纳入自己学科的建设体系中，还要消除由教研自身传播出去的专业发展的非规划性，这便使自己陷入了两难境地。在非共同体条件下，学科教师没有统一的核心价值观，没有专业的一致性诉求，没有严密的组织配合，即便能进行高水平的统一整合，要把教师进修学校的整体任务模块和教师的专业发展融入规划中，仅靠教研员之力，其难度可想而知是极为巨大的。

（2）随机性对专业发展规划的影响。教师进修学校整体任务模块具有计划性，但这种计划性往往带有巨大的不确定因素。这是由教师进修学校的职能所决定的。

首先，在专业的标准上无规划自主性。教师进修学校是执行端，而且

位居执行底层，直接与基层学校和教师挂钩。它要执行国家的课程标准和教师专业发展标准，要执行省、市相关的规范和要求，不能游离在国家、省、市的框架之外，不具有规划的自主性。其次，在重大专业发展活动上不具有统一性。国家、省、市推动教师专业发展，会从宏观的层面上考虑，受政治、经济的影响很大，而且要根据不同的形势进行调整，这便难以保证其决策的统一性。同时，这些专业活动是根据共性的平均水平来制订的，无法与某个具体区（县）的教师的实际情况相吻合，如近年来教育部提倡的“一师一优课”，便具有这个特性。再次，在重大专业发展事物上具有随机性。教师进修学校要执行省、市的具体任务要求，如全员赛课、岗位练兵、资源建设等，这些任务往往根据不同情况而制订，以满足一时的需要或解决一时的问题，具有明显的时域特征，随机成分较高。

总之，教师进修学校作为专业活动发起端，受到各种限制，自主规划的范围小。因此，教师进修学校往往只是从教师的发展阶段上，而非从个体的发展延续上推动教师的专业发展。

2. 行政性对专业发展规划的影响

教师进修学校对教师专业发展的指导具有行政干预性质，难以产生真正的专业感召力。

教师进修学校对教师专业发展的推动体现在三个方面：在日常教学中，通过诊断、评价、指导促进步；在专业提升上，通过策划、研究、专题培训促发展；在专业实现上，通过反思、跟踪、比赛促转化。

但无论从哪个方面，教师进修学校都无法进行独立的操作，都要上借教育行政部门之力，下借学校行政之力，具有明显的行政干预性。这种干预往往以通知或命令的方式颁布，通过行政奖惩的方式加以推动，约束的意味很强，而专业感召的成分较低，因此很难形成真正的专业价值愿景。

（二）传统的共同体无法实现专业发展的长期规划性

传统的共同体仅靠价值感召，无法保证团队结构的稳定性、纪律的约束性，因此无法实现专业发展的长期规划性。

1. 结构不稳定性对规划造成的影响

（1）人员不稳定，造成核心人物流失。传统共同体靠价值感召来组建，本着自愿的原则，对个体的约束力很小。成员的进退没有硬性的规定，若核心人物脱离共同体，势必会影响到共同体运作的水平；一旦共同体的发起者退出，其影响是致命的。

(2) 人员不稳定，造成组织结构不稳定。由于人员的流动，使整个组织一直处于一个不稳定状态和磨合期，不但难以形成共同体精神文化特质，而且会使得正常的分工合作难以开展。如共同体的事务处于停滞状态，那么便在宏观的层面上对共同体造成了打击。

2. 无纪律约束对规划造成的影响

(1) 没有纪律约束，损害整个评价体系。所有的专业发展问题都存在评价的问题，错误的评价必然会影响专业发展。而纪律是评价的核心，没有令行禁止的纪律，也就没有公平合理的评价机制。

(2) 没有纪律约束，降低运作效率。没有纪律约束就无法做到令行禁止，运作中的不良现象就会因得不到及时的控制而继续蔓延，好的做法会因得不到及时推广而失去价值，并让人失去前进的动力。

（三）区域规范性教研共同体的优势

传统的教研组织具有较强的规范性，却缺少天然的凝聚性；传统的共同体具有天然的向心力，却缺乏必要的规范性。区域规范性教研共同体可结合两者之长，而克服两者之短，有效地解决两者在专业发展上的短板，通过设置有意义的方向、对影响或权力的运用来实现区域学科专业发展的规划问题。

区域规范性教研共同体可以发挥传统共同体的价值文化，克服传统教师进修学校所遇到的问题。价值感召是传统共同体建立的文化基础，也是区域规范性教研共同体奠定的两大基石之一。区域规范性教研共同体通过愿景感召，促进共同价值观的建设，能有效地产生统一的专业诉求，把个体的专业发展需要融入区域的专业发展规划之中。因为对于区域规范性教研共同体而言，每个成员都把共同的目标当作自己的目标，共同体不仅仅是指一群人，而是一个整体。

区域规范性教研共同体可以发挥教师进修学校的规范性文化优势，克服传统共同体所遇到的问题。纪律规范是教师进修学校的组织优势，也是区域规范性教研共同体奠定的两大基石之一。区域规范性教研共同体通过章程建设，形成纪律约束，并借用教师进修学校职能的规范性，克服传统共同体固有的自愿性过大造成的纪律懈怠、结构松散等问题，形成一个严密的组织，通过宏观的安排和有序的计划，"让教师在相互间的交流与沟通中，获得心理支持，交流新的想法，通过分享材料、计划和资料，共同努力，减轻自己的负担，共同营造轻松愉快的学习氛围”[①]，进而实现专业的统一规划和有序发展。

三、严密组织，实现专业个性化发展

区域规范性教研共同体严密的组织架构使专业的长期发展、高诉求的教育目标的实现成为必然。

一般来说，依托区（县）教师进修学校，区域规范性教研共同体可形成由读书系统、调研系统、培训系统、反馈系统、管理执行系统构成的严密组织，推动专业发展。

（一）区域规范性教研共同体可攻克专业转化的难题

1. 共同体的分工合作可促使转化主题的专业分解

教师专业知识的转化能力的高下往往直接决定了教师课堂教学实践水平的高下，也就直接作用于区域学科教育水平，具有无可辩驳的教育价值和地位。很显然，对于一位教师而言，这种转化能力才是他真正需要和应该追求的，有了这种转化能力，他的教学才能获得成功，进而建立起自身的教学自信和个体自尊。

但教师这种转化能力往往需要教师付出长期艰辛的努力才能获得，而且对大多数教师而言，通过个体的努力往往还无法解决高端的专业转化能力问题。对于那些难度特别大的专业转化问题，则需要区域规范性教研共同体的分工合作来解决。在这个共同体中，“所有成员拥有一个共同的关注点，共同致力解决一组问题，或者为了一个主题共同投入热情。他们在这一共同追求的领域中通过持续不断的相互作用而发展自己的知识和专长”[②]。区域规范性教研共同体通过主题提炼和专业分解手段，可以研究出这种转化能力背后的机理和转化机制，并将其分解成一个完整体系的多个研究专题，形成一系列的行动研究或教育实践活动，直接与教师当下的能力起点和实际的教学实践相联系，根据教师不同的研究水平和需求进行活动的任务化和个性化，最后通过资源共享和经验推广，最终攻克专业化的

---

① 徐丽华，吴文胜．教师的专业成长组织：教师协作学习共同体［J］．教师教育研究，2005，17（5）：41—44，15．

② 张志旻，等．共同体的界定、内涵及其生成——共同体研究综述［J］．科学学与科学技术管理，2010（10）：14—20．

难题。这样就化整为零，不但合全区之力为教师解个体之困，帮助教师通过区域的互动形成了自己的教学能力，更重要的是，能够在最短的时间内把转化研究推进到一个极高的水准，并形成一种区域的学科文化的资源积累，为区域教育的未来发展打下坚实的基础。这是区域规范性教研共同体的最大意义所在。

2. 共同体的培训系统可对个体的转化能力进行系统的培训

不同于非规范性共同体，区域规范性教研共同体指向区域学科教师的职后发展，培训是其重要的任务。通过有计划的长期培训，可以把最新的教育成果、区域最优秀的教学经验转化成全体成员的教学实践能力。区域培训师大部分由本区域优秀的一线教师担任，对本区域教师的教育目标、教学任务、学校现状有着深刻的理解，能够很好地把握教师学习的最近发展区，因此能够有效地结合自己的教学实践，用对话的方式对教师进行有针对性的培训。有经验的培训师甚至能够找出与教师共同的教学经历，引起教师的共鸣，不但有力地消除了培训师与教师之间的人际隔阂，使交流畅通无阻，更重要的是，两者在这种无拘无束的对话中，话题会呈发散状展开，逐步找到问题的突破口，向深处推进，并最终在共同体教学体验中找出问题所在，发现专业发展的真正成长点，使最新的教育成果和最优秀的教学经验得以传播和内化。这一过程，不仅是成果与经验的传播过程，更是成果和经验的吸收内化过程——成果和经验被教师建构到自己的知识体系和智能结构中，而成为稳定的融合体，真正转变成教师个性化的专业知识转化能力，而能够在教师的教学实践中正确输出，自如整合，灵活运用。同时，教师对培训师的不断追问和质疑，会激起培训师的深度思考和进一步反思，使培训师不得不重新审视自己的观点，加以确证，然后回答。这又在无形之中提高了教育成果和经验的品质、水平，使其更精确、更系统化，也更能符合区域教育实际。实际上，这是对教育成果和经验的再确认、再反思，从另一方面提高了教育成果与经验的深刻性和区域适用性，提高了再次培训的针对性、专业性和实践性。如此不断循环，在共同体培训系统的作用下，教师的教学实践能力提高了，教育智慧增加了。通过这种相互的对话和主体间的活动，教师还完成了对一种组织制度的内化，真正树立起了自己的专业人格。

3. 共同体的开放性反馈环境有助于提高教师的专业知识转化能力

区域规范性教研共同体开放性的反馈环境，可以促使教师及时发现问题，保证区域教育和教师个体专业发展朝正确的方向前进，可以及时总结经验，推广成果，提高教师个体的专业知识转化能力。

（二）区域规范性教研共同体可督促教师将转化能力落实到课堂实践中

区域规范性教研共同体的执行系统由五个环节组成，从教研员、中心组、片区组、教研组、备课组到教师形成五级推进链，大大提高了对教师教学实践转化能力的诊断和监管。在五级推进链中，只要不形成组织上的对抗，一致的指向可使任何一位教师把培训成果落到实处。实际上，只要教师达成共识，经过培训期间的内化，便已经形成了个体的成果。在后续的跟踪中，备课组或教研组只要组织相关的活动，让教师把内化的成果及时发挥出来，就能保障转化能力落到实处。另外，共同体在培训后开展专业跟踪比赛，可大大调动学校的热情，充分整合学校资源，并将其运用到教研组身上，进而有力地推动教研组动员、感召教师的力度，让教师充分参与进来，形成全组共同思考、共同使用、共同交流、共同出成果的良好局面。这样，就能够保证培训的转化成果及时落实到教师的教学实践中，使其成为每位教师实际的教学行为。

教师把共同体的成果落实到课堂上，不仅是落实转化而来的专业成果，更重要的是把在共同体里习得的独立人格和精神文化落实到课堂上，使每个学生都沐浴在共同体的精神光辉里，让每个参与者都为学习负责。

（三）区域规范性教研共同体可通过多元评价机制提高教师的教学效能感

区域规范性教研共同体的管理执行系统还可以通过多元评价机制促进教师形成不同的转化特色，赋予教师专业的话语权，提高教师的教学效能感。应该说，这是区域规范性教研共同体最具有生命力的部分，也是规范性共同体与自愿性共同体或学校的重要区别之一。多元评价系统可以树立起多种多样的榜样群，对共同体中的个体起激发、引领和强化作用，让个体重拾自信，获得撬动教学的支点。

区域规范性教研共同体与传统共同体和学校行政的评价完全不同。因为它的评价不是终结性评价，也不是过程性评价，对于区域教育而言，它甚至不是一种评价，而是一种激励，一种通过多元性文化产生的向上的人心激励。它是一种非正式的衡量或者特质的寻觅，目的是找到教师的长处。因此可以设置成功能齐全的榜样群，诸如教学能手、实验能手、比赛能手这样跟学校评价完全一致的榜样群，或诸如读书高手、协调里手、研究专家、写作行家等跟学校评价不一致却对教师成长有帮助的榜样群。如一个善于读书、乐于读书、勤于读书的人，可能他的教学成绩并不尽如人意，在学校里是得不到充分表彰的，但在共同体里可对其读书内容、读书方法、读书精神大力宣扬，让他获取在学校中无法获取的荣耀和风光，促进其自我效能感生成，提高他的成就动机。

当然，区域规范性教研共同体也可以依托指导部门和行政部门举办一些相关的评比，如读书比赛、课题成果评选，让这些教师能够通过正式的渠道大放异彩，使其价值得到学校、同事的肯定。这时，共同体的评价作用的直接性就体现出来了。可见，共同体提供的非正式评价是一种间接评价，但对教师的成长具有不可估量的价值。

功能定位篇

区域规范性教研共同体的功能定位

第一节　专业的视域融合：文本对话

帕尔默在《教学勇气——漫步教师心灵》一书中指出："任何行业的成长都依赖于它的参与者分享经验和进行诚实的对话……同事的共同体中有着丰富的教师成长所需要的资源。"区域规范性教研共同体也不例外。共同体成员展开文本对话的过程，就是教师依据自己原有的知识结构、经验和文化积累，以专业文本为媒介而进行多次互动达到的一种视角交融，其目的就是为了促进个体认知结构的不断改组和重建，在产生专业共识的基础上出现个体新的理解和个性化阐释，从而产生新的知识、新的理念。所以，个体与文本的交流、小组与文本的交流、共同体与文本的交流会成为一种无处不在的无形资源。这是一个对内和对外都开放的动态的专业学习系统，"一方面，允许多元文化的存在，成员之间进行彼此认同和接纳，尊重差异，共同发展；另一方面，学习共同体与外界环境进行信息的交换，通过其内部机制产生效用，扩充新的教学资源，吸收优秀的人才"①。在这里，交流以对话而"不是以观点相似为基础。多元化才具有价值，因为他们可以获得不同的观点，并凭借这些观点去认识问题的复杂性"②，推动区域专业共识从低到高地发展。

一、个体与文本对话：个体专业视域形成

（一）文本选择：开启专业阅读

选择专业文本，进行个体专业阅读，是共同体的起点。根据共同体的安排，在读书小组的推动下，个体展开专业阅读。专业阅读的内容包括学科专业知识、教育学和心理学知识、现代化教育技术知识，等等。根据共同体的主题，个体选择适合自己的书籍。因为个体的专业水平不一、专业情趣不同，若强行规定所有的个体看同一本书，则无法使每个个体都达到

① 王京华，李玲玲．教师学习共同体——教师专业发展的有效路径［J］．河北师范大学学报（教育科学版），2013，15（2）：39－42．

② （加拿大）迈克·富兰．变革的力量：透视教育改革［M］．中央教育科学研究所，加拿大多伦多国际学院译．北京：教育科学出版社，2000：240．

所希望的高度。因为如果专业书籍过难，很多人会望而却步；反之，如果过易，又达不到所需要的阅读深度。这都不利于专业阅读的推进。在这里，比较合适的方式是，共同体选择一个方向，如物理实验，甚至是更小的方向，如物理演示实验（乃至初中电学演示实验），让个体挑选阅读书目，确定阅读材料。个体挑选阅读书目，有以下几大好处。

一是可以让个体根据自己的学力水平、教学需要和兴趣爱好选择对口的材料，进行有针对性的阅读。这种方式的优势是，将阅读控制在同一专业范畴内，让大家能够同时探索一个阅读主题，让读书小组及共同体各小组之间的专业阅读主题统一起来，不但便于系列化安排，也确保了专业阅读的系统性。

二是各人选择自己需要的专业书籍，可以很好地控制阅读的难度，让个体有能力、有勇气完成专业阅读，确保个体阅读能够往深处推进，保证个体对文本理解的深度和阐释的到位程度。

三是不同的专业水平决定了不同的阅读层次，不同的阅读层次完善了共同体对专业理解的层次。正是由于每个人的专业水平有高有低，不同个体便显现出不同的阅读层次，但个体在各自的阅读层次上又都是胜任的、深入的、富有见解的，这不仅使得整个专业阅读的层次饱满起来，也使得各个层次都得到充分的认知和突破。于是，共同体对专业文本的理解和阐释会显现出金字塔结构，既有顶端的塔尖，又有宽泛的基础，还有丰富的层级，使个体能拾级而上，由浅入深地进行专业学习，提高学习的深刻性和稳固性，真正把专业知识内化到自己已有的认知结构中，并使其成为既牢固又能灵活提取的知识要素。

如对某一个实验的阅读，新手教师可看实验具体操作的方案、思路、策略；熟手教师可看实验设计的思想；骨干教师可看课程标准对实验的阐释；专家型教师可对课程标准的要求进行反思。这样，对一个实验的阅读，既让人看到了翔实的操作方案、正确的设计思路、精妙的教学对策，还让人看到了实验的原理及方法，看到了实验在课程标准中的位置，更解读到国家对此实验基本要求的意图，并对此意图展开批判反思。这样经过不同层次的解读，教师对该实验的理解就从微观的教学细节、教学策略这些形而下的东西，向中观的教学设计、教学思想这些教育框架性思考，再向宏观的课程设置等教育本质、教育意义这些形而上的终极思考推进，显示了一个专业阅读丰富的层次和逐步递进的过程。

（二）去成见对话：发现原意

教师专业知识的结构是有其前提的，即必须立足于文化的学习上，在掌握知识的本意后，再发挥自己的创造性。从现代知识观诸如理性主义、经验主义、实证主义、实用主义（或工具主义）和科学主义等来看，他们对知识的理解不尽相同。如理性主义者认为，只有通过理性获得的知识才是真实的，强调知识的理性与纯粹逻辑性；经验主义者认为，人们的感觉是获得知识的唯一确切通道，经验是知识的来源；实证主义者认为，只有被证实的知识才是真正的知识，即知识是经过确证的真实的信念；而以杜威为代表的实用主义者则不再把知识与外在世界的基本属性联系在一起，而认为知识是“一种行动的‘工具’”①；科学主义者认为，知识来源于经验事实和科学观察，只有具备客观的、普遍的和可靠的特性，才能称为知识，而且“知识只能借助科学的语言加以陈述”。②但就其本质而言，无不追求知识的客观性、普遍性和价值中立性。在这种知识观的关照下，个体的文本学习就是“要鼓动个人突破表象、偶然和个人意见的限制，与某种本质的、必然的、普遍的事实建立起联系，进入一个代表永恒真理的世界”③，就在于“追求抽掉个人生命的私人性和丰富性而形成的‘共相’，学习的意义和源泉不在于‘个性生命’本身，而在于对‘共相’的追求和探寻”④。

因此，教师学习的过程就是不断追求知识本意的过程，也就是通过个体与文化的对话，不断去除个体成见，不断通过文本发现原意的过程。

对于中学所涉及的内容，无论是人文学科还是科学学科，都有其内在的规定性，特别是初中的科学学科所涉及的都是经典内容，已经非常成熟完善。学科里包含的核心概念、思想方法、知识体系都是稳定不变的，已经形成了一种固定的范式。专业典籍无论从哪个方面切入，只能对某一知识、某一观点有所侧重，进行重点阐释或论述。这里面可以有作者自己的观点，这个观点可能极其新颖，甚至难以想象，但都不能违背学科已形成

---

①② 周燕．从知识的外在意义到知识的内在意义——知识观转型对教育的影响[J]．全球教育展望，2005（4）：29－33.

③ 王帅．诗性知识与知识教学的诗性建构[J]．全球教育展望，2010（3）：19－23，88.

④ 卢强．学习共同体内涵重审：课程教学的视域[J]．远程教育杂志，2013（3）：44－50.

的科学性和规范性。同样，个体在专业阅读的初期，也要在这种学科的科学性和规范性的指导下展开，去寻找文本的原意，才能找到自己与经典之间的对接口，产生真正的对话。因此，首先要做到的便是如实地寻找文本原意。这需要经过以下几个操作步骤。

1. 去除定见

为什么个体必须剔除自己的成见、偏见甚至是创见，以一种归零的心态来与文本相遇呢？成见可能是由于知识的情境性引起的，其情境性的内核在很多时候是值得借鉴的。但成见形成的一个重要原因就是局限于产生成见的情境中，而不能灵活迁移。也就是说，当情境发生改变时，个体的观点没有随着改变，依然停留在原来的位置。从这点可以看出，成见的形成是因为没有对情境进行本质化抽象，没有把情境抽象成可迁移的基本原则。因此，在很大程度上，如不及时去除成见，就会阻碍个体与文本正确的对话。而从认识论的角度看，无论人们以何种形式与文本对话，文本总是人的认识对象，而人总是认识的主体，即对话的基本样式可表达“主体—客体”。张世英先生在其著作《新哲学讲演录》中说：“‘主体—客体’式中的‘自我’是把‘自我’和别的人、别的物对立起来的主体，以我为主，以他人、他物为客，主与客处于不平等的地位。”正是这种不平等“主—客”式的对话，涌现出来的总是“我”的观点，造成了成见难以去除，文本的本意被不断遮蔽。

成见不断发展，便会形成偏见。与成见不同，偏见虽然由成见发展而来，但具有很强的顽固性，去除时十分不易。偏见往往跟个体的情感紧密联系，偏见产生时往往卷入个体极高的心理体验，诸如厌恶、憎恨、痴爱等，这些情感隐藏在个体的内心深处，并以一种类似自动化的形式对外界的事件做出反应——偏见往往自发产生而且不易被个体主动觉察。因此，个体对自己的偏见要有足够的警惕，以培养对偏见的敏锐的认知能力，一旦偏见出现，应该及时加以控制。偏见还跟个体的价值观有关，而跟个体的学识无关，因为偏见也常常出现在那些学识渊博的学者身上。因此，检查自己的偏见，更重要的是要从反思自己的价值观入手，由此寻找偏见产生的根源，可以取得良好的效果。

创见是个体视域里最有价值的部分，属于知识的再生与创造，在共同体里，创见是最重要的共享知识。那为什么要把创见也隔离开来呢？因为创见具有两面性，一方面，它反映了个体知识独特的、有价值的部分；另一方面，它可能只是意愿的另外一种表达，正如把一元用十角来表达一样。隔离创见，就是要分清它是基于文本原意的创造，还是文本原意的另外表达。只有进行有效的隔离，才能保持各自的纯粹，让原意得到揭示，让创见得到彰显。

2. 区分原意和意见

要特别指出的是，前面所谓的个体心态归零与文本相遇的过程不是消除个体意见、主见或创见的过程，而是一个意见、主见和创见产生的过程。实际上，在卓有成效的相遇中，个体的意见、主见和创见必然大量涌现出来，而且这种涌现是受欢迎和值得提倡的。但要记住，现在时机尚未成熟，个体和文本还要保持足够的距离。因此，不要用自己的观点去整合、评判、阐释文本的观点，也不要用文本的观点来整合、评价、阐释自己的观点。两者要保持一定的距离，以便准确区分。也就是说，在阅读的过程中，首先要分清楚什么是作者的观点，什么是自己的观点。这样，一个问题便产生了：与文本相遇的目的是产生个体见解乃至创造力，而且涌现出来的观点是如此锐不可当且稍纵即逝，怎么能保持又如何保持适当的距离呢？这里便涉及意见的登记问题。所谓的意见登记，就是当意见涌现出来时，要马上做好记录，越及时越详细越好。这里不提倡心理登记——靠脑袋记忆，而提倡做阅读笔记。因为涌现是被随机激发出来的，是不可控制的，而且涌现出来的有价值的东西是杂乱的，是稍纵即逝的，纯粹靠记忆会错失许多有价值的部分；而“烂笔头”不仅强过好记性，能够长久地进行再现，更重要的是它能提供重新思考的线索，以及足够的整理时间，同时还允许在不同阶段、不同思考层次上进行再次反思和提炼，即通过阅读笔记和文本进行多重对话，保证了对文本理解的准确性和深刻性。

3. 寻找辅助视域

通过辅助材料来帮助自己理解文本原意，在此过程中，个体可以参阅相关的旁证材料。一般说来，共同体的专业阅读文本材料是个体根据自己的需要选择的，在难度上跟自己的学力相匹配（个体不会选太难的材料来为难自己，也不会选择过分容易的材料来浪费时间），但依然会碰到阅读难题。此时，个体需要针对难题寻找另外的资料提供参考，帮助自己尝试解决难题，来复原文本的专业本意。实践表明，个体拥有的旁证材料越多，对于理解文本越有帮助，因为这些材料从不同视角、不同层次、不同情境，甚至不同心理经历来剖析文本，使个体同时拥有了众多的辅助视域，让个体的思维沿着不同的角度观察文本。个体拥有的角度越多，个体与文本交错的机会也越多，交错点也越多，个体就越能循着这些交错点进入文本的深处，进而把握文本的真实内涵。

在这里特别要强调的是，自学性的专业阅读与传统专业课程里的系统性学习有着巨大的不同。在传统的系统课程学习中，个体沿着外部（如大学、培训机构）设定好的课程（对于学什么课程，个体没有自主权，除了选修课之外）按部就班（对于用什么方式学习，个体也没有自主权）地进行，学习内容（教材内容的处理由教师决定，学生没有自主权）相对固定，选择的余地很少，针对性（大班上课，针对所有的学生，不会针对一两个人编写校本课程）较差，往往不容易满足个体的需求和兴趣，个体的学习主动性会受到一定的影响。而自学性阅读充分考虑到个体的个性化需求和兴趣，在一定的阅读方向内，个体对文本的选择、阅读内容的确定、重点内容的研究、参考资料的选用以及阅读方式的使用都拥有决定权，可根据自己的需要、个性、特长和兴趣展开专业阅读，完全可以选择适合自己需要和爱好的文本。因此，个体在与文本对话的过程中具有足够的主动性，能保证与文本对话的持续进行。

（三）视域融合：创造性阐释

情境认知理论认为，知识是基于社会情境的一种活动，而不是一个抽象具体的对象。这是个体与文本对话的核心。建构主义认为，知识的产生离不开个人赖以存在的文化环境或特定的情景，也就是说，“知识总是包括认知者对真理的质疑、对知识的渴求、对知识的建构与理解以及所有这一切发生的情境脉络”，知识不再是“一个抽象具体的对象”或“事实”，而是“个体与环境交互作用过程中建构的一种交互状态”①。一句话，知识不仅跟“共相”有关，还跟情境有关，跟个体与文化情境的互动有关。而且只有通过这种建构互动，才能实现专业视域的融合，产生可传递的创造性。视域融合可以分为以下四个步骤。

1. 视域提取

提炼原意，将所阅读内容的文本原意提炼出来，以要点或观点的形式呈现，最好是能够提炼成框架性或系统性的可阐述的观点；提炼意见，将

---

① 王文静．情境认知与学习理论：对建构主义的发展［J］．全球教育展望，2005（4）：56—59，33．

自己在阅读过程中记录下来的意见和看法加以提炼，形成核心观点；如有参考阅读材料，还需提取参考材料的原意观点。这三种视域的提炼越清晰越好，观点越集中越好，重要论据越明了越好，论证方式越明显越好。

2. 视域比较

充分比较自己的意见、文本原意及参考资料原意的异同，遵循由粗到细的顺序展开，先比论证科学性，再比观点正确性，然后比论据充实性，最后比细节相关性。

3. 视域评判

评价两者（或三者）品质的高低、价值的大小和传播的强弱，并详细说明理由。

4. 视域融合

根据自己的需要和判断，将两者或三者的观点整合起来形成新的观点。如提升自己对专业的理解、扩大自己的专业知识面等。一旦产生个性化的、高品质的并对原意进行重新解读的观点，我们就产生了对文本创造性的阐释。从较高的层面上看，只有完成这一步，才算是完成了个体与文本的对话和视域融合。

二、小组与文本对话：小组专业视域形成

有研究者指出，“生态取向的教师专业发展并非孤立地发展，而是会向他人学习”①，在共同体这种专业生态里更是如此。在作为专业互动主要来源的读书会里，个体与个体、个体与文本、个体与小组、小组与文本以与平常组织完全不同的互动面貌出现，个体积极地“参与到共同体中，成为个体知识建构的一种不可剥离的文化的和制度的境脉”②，向他人学习，推动小组专业视域的交融与形成。这正如萨乔万尼指出的那样，共同体会使一群个体的“我”转型而成为集体的“我们”，在成为一个“我们”之后，每一个成员都是在有意义关系网上紧密编织的元素之一，这一个“我们”通常处于某个共同的地方，维持一段时间，并分享共同的意义、情感

① 王京华，杨馥卿，韩红梅．合作学习——教师专业发展的有效途径［J］．河北大学学报（哲学社会科学版），2010，35（4）：112－115.

② 赵健．学习共同体——关于学习的社会文化分析［D］．上海：华东师范大学，2005：28.

与传统。每位个体都可以吸取其他个体的优秀学习成果，在促进他人和集体进步的同时，自身也会得到很大的发展。

（一）个体阐释：视域展示

个体展示自己的专业观点应遵循以下原则。

1. 真诚性

根据哈贝马斯的交往理论，真诚性是交往的第一条法则。对自己的真诚，不欺骗自己，首先保证这是自己的观点，真诚地展示自己的想法，包括明了之处与不明了之处、长处与短处，个体怎么理解就怎么展示，理解到什么就展示出什么，是原原本本、不需要修饰的个体真实的观点——真话。对他人的真诚，是指真心为对方着想；交流的内容是为对方带来什么，真心为对方奉献什么，而非为交流而交流，流于形式；选择他人能够接受的方式进行表达，不让对方产生抵触、反感、逆反和厌烦的情绪，从表达方式上，能使对方容易明白。

2. 清晰性

个体在表达时，首先要力求把自己的观点表达出来，让对方能够清楚把握。注意措辞的准确性和规范性，不选用有歧义的词，要采用常规的表达方式而不是令人费解的说明方式。碰到学术性较强的名词要进行名词转化——换成常见的词语或者是别人容易理解的词语；碰到疑难点，要注意难度降阶或突破瓶颈；碰到对方陌生、没有经验的部分，要多举熟悉的例子。同时要注意表达的条理性和逻辑性，做到条理清楚、逻辑层次分明、重点突出、呈现有序，力求将自己的观点清楚地、无误地、流畅地表达出来，让人充分理解。

3. 充分性

鼓励个体充分地阐释自己的观点，从不同的角度、层次来说明自己的观点。在这里，不仅要亮出真功夫（越充分越完整越好），加以详细的说明，让人能够理解其来龙去脉，能够理解其实际本质，能够理解其作用价值，还要让人理解其践行方式和操作步骤，使其他个体在具体的情境中看到它践行的可能性。同时，个体还要说明其获得的阶段性层次，哪部分突破得较好，哪部分基本突破，哪部分还有疑难；要说明是通过什么思维方式或解决途径进行突破的，展示这个思维及突破的过程，让人清楚地看到视域是如何产生、推进和发展的。将视域展示得越充分，团队融合的效果就越好。

4. 悦纳性

这是最重要的一点。实际上，它建立起一个统一的心理环境或心理规范，把人的对话放进这个心理环境中，并规范了对话的基本运作方式——接受和支持对方。它保证了所有对话的顺利进行。充分接受阐释者的观点并表示支持，哪怕展示者阐释得确实没那么好，一样要给予肯定和支持。这不是没有原则，而是为了寻找更好的原则。求同存异，在接受对方的基础上，再寻找共识。特别是在两者实力相差悬殊的时候，这一点就显示出它的价值。它会使水平较差者感觉到自己受到了充分的尊重而得到鼓舞，这对其自我效能感的获得极具价值。同时，它也会保证强者能够放下架子，真诚地倾听对方的观点，进而获得一些有用的成分。一般来说，在同一个区域，同是一线教师，水平还会有所差别，有强弱之分，但弱者不见得弱，强者不见得强。强者自然可以指点弱者，弱者同样对强者有借鉴作用。强者不可能样样都强，弱者也不可能样样皆弱。这样取人之长补己之短，是一种有效可行的策略，而不仅仅是一种友好相处的礼节。一旦明白这一点，共同体的文化才可能得到真正的建立。

5. 低干扰性

传播学告诉我们，信息在传播的过程中会出现衰减失真现象。其中，传播的环节越多，传播过程中受到的干扰越大，信息的衰减和失真也越厉害。造成的结果是，信息不仅受到歪曲无法准确传达，甚至会以跟信息原型完全不同的面目出现。这不仅影响到信息的真实性，还会造成交流双方的误解乃至冲突。因此，创造良好的交流环境的重要性不言而喻。交流时，应该让阐释者尽量与听众在“面对面”的现场，减少中间的传播环节，尽量减少因环节增加而引起的信息衰减，同时注意控制噪音，使外部的干扰因素降低到最小，把信息失真控制在可以接受的程度。

（二）相互倾听：开启对话

滕守尧先生说：“对话既是一种最接近哲学的人类实践，也是一种与实践最为接近的哲学。”

共同体之间的交往是一种相互尊重、相互协商、平等互利的对话式交往。通过对话式交往，个体走向了真正合作。在这里，对话主要包括两层意思：一是作为一种态度，二是作为一种关系。

1. 真诚

真诚是共同体人际交往的基本态度，包含两个含义：一是真实，二是诚恳。真诚意味着投入自己的真感情，尊重对方作为交流个体的人，认为对方是平等的人，其人格值得尊重，对方的观点经过深思熟虑，也值得尊重。真诚意味着投入自己的真感情，尊重对方所交流的观点。这种尊重不仅包含对对方的观点的尊重，还包含对对方所处立场及其独立的表达方式的尊重，哪怕对方的观点如何另类，立场如何偏激，表达方式如何怪异。真诚还意味着投入自己的真感情，与对方进行情感互动。在倾听过程中，把情感卷入其中，不是在与一个冷冰冰的知识容器打交道，不是在跟纯粹的知识打交道，而是在跟一个有血有肉的个体打交道，倾听其诉说，不仅要厘清其视域思路、学术观点和理想观念，而且要倾听其喜怒哀乐，悲其所悲，乐其所乐，以形成情感共鸣。

2. 静听

对于区域规范性教研共同体，特别要提倡倾听乃至静听。为什么要强调静听呢？静听，首先让听者处于一种安静状态。对于听者而言，安静意味着他进入了良好的听讲状态，意味着听者停下其他无关的事情。这传达出一个重要信号，表示“你的话很重要，值得我洗耳恭听”，这是对对方最大的尊重，会缩短双方的心理距离，让对方有一个良好的表达状态和表达期许，对于那些实力稍弱或性格较为内向的人来说特别重要。对于言者而言，安静意味着对方已经准备好了，已处于等待状态，自己可以开始了，应该开始调动自己的传达动机了。这样，安静就让双方处于一种交流的预备状态，推动交流自然产生。同时，安静还能制造良好的交流环境，减少人为的干扰，使对方所传递的信息能够顺利传播，不失真。因此，静听对方的观点，鼓励对方发言，是必要的。一般情况下，在对方发言过程中，不要打断，不要插话，碰到有不明白的地方和不同意见可以记录下来，以待进一步确认。这同样可以保证交流的顺利进行。在比较艰难的交流中，流畅的表达有着不可替代的作用。我们常常会碰到的现象是，当表达被打断时，思路也同时被打断，要恢复起来相当困难，而那些突如其来的灵感更是一去不返，产生了巨大的损失。有人认为，如果是一些轻松的话题或在论辩式的交流中，可以打断对方。其实，这也是一种误解，因为共同体的交流与谈天和辩论赛不一样，不是放松心情，不是赢得比赛，而是为了获取视域融合的最大化，获取最大的交流价值。因此，等待对方的全面阐述，远比塞入自己的观点重要。

（三）意义追问：视界介入

1. 信息澄清

对个体阐述过程中出现的疑问进行咨询，以澄清信息，保证获得的信息符合对方意图。在听不明白的地方，或者认为特别重要的地方，或者有歧义的地方，听者要及时提出，越详细越好。在这个过程中，个体可以加入自己的理解和一些情感因素，同时要注意表达，这是为了弄清疑义，而非否定对方。因此，在这里，澄清不仅起着信息核实和矫正的作用，也是一种对专业和对对方尊重的表现。

2. 观点确认

复述对方的观点，特别是自己有疑义的观点要反复咨询，让对方确认是否符合他的原意。这一点特别重要，它不仅帮助听者进一步理解言者的意思，而且帮助言者进入一个反思阶段，重新整理思路，并对观点进行再提炼。通过观点确认，个体进入对方的视域里，准确地把握了视域融合的起点。

3. 意义追问

进一步追问对方：为什么会出现这个观点？如何出现这个观点？对这个观点有何补充？有无后续的思考？有无困惑的地方？意义追问给对方再次反省的机会，促使对方回到问题的起点，并展开深度反思：当初是怎么思考的？为什么会这样思考？这样思考对不对？这样思考能否得出这个结论？这个结论完不完善？有没有交流价值？是否需要继续进行挖掘？这样，通过意义追问，个体对自我视域的建构进行了一次系统的、完整的、深刻的自我评价，提高了个体的元认知水平。同时，意义追问还打开了对方的专业思考思路。因为在意义追问中，个体首先要面临的问题是“这个结论的本质意义是什么”，让个体真正考虑到专业的本来意义，而非只是停留在专业知识的具体运用上。这两方面有力地回避了共同体专业阅读根据个体的需要和兴趣进行选择性阅读和个性化理解所造成的对文本的系统性、全面性、深刻性的损害，而一般的个体很少会对文本进行专业假设的思考，即往往会思考到“是什么”“为什么”，而很少思考“为什么会提出这个问题”的问题。通过共同体的意义追问，就能弥补这方面的不足，使专业的价值最大化。

（四）批判欣赏：交互建构

1. 提出异议

提出异议，是集体建构专业意义的开始。温格通过把意义看作持续不断得到社会协商的这一假定，从而把学习看作集体的、社会性的活动现象。他把意义的协商界定为“一种过程，通过它我们体验世界，并且作为这种意义参与它”。它由两个更深层的互动过程构成，即参与和具体化，并嵌入在共同体的实践之中。其中，参与是一种成为社会共同体的实践积极参与者和建构与共同体相关的身份的过程。具体化是一种通过生产客体赋予我们体验形式的过程——它把体验凝结到事物中，从而创造一种聚焦点——围绕它意义的协商得到组织化。[①] 从上面的描述可以看出，意义建构跟个体的身份及经验、体验有关，而不同的个体，身份与体验不同。同此，异议的产生是难免的。

提出自己不同的观点，进行阐述，通过针对性比较，指出对方观点的不足——这种不足可以是原则性的，可以对对方的观点表示出不同的看法，甚至是完全不同的看法。这是一种截然不同的观点碰撞，有两个重要结果产生。一是从相反的角度理解，可能达到相辅相成的效果，因为两者或许看到的是问题的正面及反面，而问题则是一个整体，这会提高把握问题的整体性，使个体具有更宏观的问题视野。二是看似相反，实乃相同——个体的表达是相反点，对观点的界定是相反的，而其观点的内核则是相同的。也就是通过进一步的推演，两个看似相反的观点却得出相同的结论。这可以促成个体理解深刻性的提高和对问题本质洞察力的提高。人受到否定时会产生一种自然保护心理，因此在表达相反的观点时，一定要明确指出，这只是一个学习探讨，是就观点论观点，还要指出自己的想法不一定正确，提出来供对方参照，同样需要批评完善。

提出异议的第二种情况是，部分不同。即同意对方的一部分观点，不同意另一部分观点。这是最常见的一种现象，不仅符合地域特点（同一地区，交流较多，大家的观点相近），而且符合学科特点（因为每个学科都是由大量共识的观点建构而成，有争议的不是很多，而且这些争议不一定是本地区教师之间的争议，往往是教育专家之间的争议）。这种情况就要

---

① 李茂荣．实践共同体概念的转化与反思：基于文本的分析［J］．教育学术月刊，2015（7）：27－34．

特别加以引导，以形成一种惯常行为，最后积淀成一种交流文化。一般来说，对于这种情况，要本着求同存异的原则，先“求同”，把相同的部分保留下来，探讨是否真正一致，后“存异”。“存异”有两个方面，一是肯定两者在某处存在分歧，观点有着明显不同；二是在异中求同，探讨两个不同的方面是否能在某些方面形成共识，如实在无法达成共识，则要尊重对方，保留自己的观点，以待进一步研讨。

提出异议的第三种情况是，细节性的不同。即个体基本同意对方的观点，但在某些案例或细节上看法不同。这种情况也时有发生，可以参照第二种情况，先判断是不是基本观点一致，形成主体共识；再在细节里探讨，看是否能够进一步形成一致看法。当然，由于是枝节问题，如受到时间限制，也可不加研讨。

在所有提出异议的情况中，面临着最大的挑战的不是观点的对立，而是一种前设性的批判，即对对方的立论依据进行批驳——这涉及专业的立场，可能会全盘否定对方的学术根基或教育信念，会被对方看成对自己主体地位的全盘挑战或否定而可能引起尖锐的对抗，因此存在着巨大的风险，要特别警惕。在提出异议之前，个体要考虑以下几个问题：这个问题重要吗？对共同体重要吗？对自己重要吗？特别是对对方重要吗？（如对对方并不重要，犯不着冒如此巨大的风险）自己提出的观点真的正确吗？（这要反复论证，并得到明确确证）提出问题的方式正确吗？（能为对方所接受吗？能不引起对方激烈反对吗？）大量的实践证明，在当时认为非提不可的前设性异议一旦提出，便马上会带来巨大的对抗，而且这种对抗不会随着时间的推移而消除，虽然经过不断的协调情况会有所好转，但裂痕还在，对抗还在。更糟糕的是，这些异议根本不存在特别重要的价值，因此是完全没有必要提出的。

提出异议，以批判的观点进行交流，是视域融合的最佳方式。因为“一个真正的学习共同体所关注的重点并不在于寻求共识，而是强调不同意见的表达”[①]，这要求听者不但要有自己的观点，还要把自己摆到反方的立场，这是对观点的双重提炼；同时，以异议开始进行提问，同样使对方经历了两次观点提炼——阐述者不得不考虑以下问题：我的观点是对的吗？他将会如何批驳我的观点？

① 操太圣，卢乃桂．伙伴协作与教师赋权——教师专业发展新视角［M］．北京：教育科学出版社，2007：178.

2. 邀请反批驳

邀请反批驳是指主动邀请对方批判自己的观点。这是上一个环节的自然延伸，不是出于礼节性的，而是出自技术性的。请对方认真核实自己的观点，然后提出异议，让对方进入你的思维情境中，把对方抛入你的思考范畴里，设身处地为你着想。同样要求从细节、观点和立论依据三方面指出你观点中的不足。很明显，只有对方真诚地进入你的思维状态，才能找到你思维的切入点和展开方式，正如你找到对方思维的切入点和展开方式一样。邀请对方对自己的观点进行反批判的环节关系到小组视域融合的成败。因为邀请对方对自己的观点进行质疑和反批判，不但能修正自己的观点，与对方取得共识，还能够让观点沿两个不同的方向展开，得以进一步辨析，让那些难度较大或者有疑难的地方得到进一步的分析、比对，推动认知向纵深发展，提高所建构意义的质地，还可以引起思维激荡，为下一步的头脑风暴打下基础。更重要的是，它赋予对方继续阐述、反驳的地位，使共同体的个体平等，“我—你”的地位得以确立，进而将个体的注意力有效地限制在专业而非学术之外的情感、地位、人格等问题上，保证专业视域融合的纯粹和顺利进行。

3. 欣赏

欣赏是指在充分互相批判追问之后，将目光聚焦到对方的长处上。经过相互的质疑和追问之后，对方的优点与长处便清楚地展示出来，自己要充分地对这些优点和长处进行肯定。被肯定的部分，可以是专业内容，可以是专业思考方式，可以是专业态度，甚至是某些教研特征（协调力、亲和力）和个性特质（认真、好学等)。欣赏是共同体必要的精神要素之一。欣赏不但可以把对方专业的见解中的优异部分挑选出来，也可以把共同体平等双方其他优异的特质挑选出来。实际上，这不仅是一种专业的肯定，也是一种人格尊重和情感温暖，因此可以同时增进专业发展和人际亲和。对对方欣赏的意义还远不止于此，其最大意义是促进个体自己的发展。真诚的欣赏不仅会给对方带来愉悦，更意味着对被自己欣赏的特质的认可和向往，这意味着个体对某些特质的开放。你认可这种特质，你向往这种特质，就有可能习得这种特质，只要条件允许，你就会获得这种特质，这样就完成了共同体最大的任务——个性的融合与发展。

所以，对共同体而言，在个体与个体的视域融合过程中，欣赏并非可有可无，而是起着本质的作用。欣赏能力的培养是共同体重要的议题，也是共同体互赖特别重要的表征。

（五）小组共识：视野融合

1. 选择摘录

对于在追问和批判欣赏过程中被大家充分认可的观点，可以直接摘录下来，作为共识的一部分。在进行观点摘录时，要将这些观点有序排列，沿着某一思路进行，初步完成系统化工作，为最后的整合打下基础。

2. 思维激荡

对于有分歧的观点，要进行充分讨论。最好的方式是在小组内进行头脑风暴。通过头脑风暴，鼓励小组个体充分思考，让思路沿不同的方向深入，以产生足够多的观点。在这里，主要目的是充分激发思考，思考得越深、越广，对文本的理解就越透彻，就会越贴近文本的原意或产生自己的创造性阐释。因此，观点多、观点新、观点差异都是被鼓励的。

3. 意义协商

从头脑风暴中产生的众多意见中选取有代表性的观点，充分挖掘其价值，通过团队进行解读说明和阐释，形成大家所能接受的认知。意义协商要本着求同存异的原则进行。如果说思维激荡是将思维打开，让观点充分地发散开来，那么意义协商就是思维整合，将不同的观点、不同的思路往同一宏观框架上凑集，依据主要观点收拢起来。

4. 视域整合

这是小组视域融合的收官阶段。把摘录及协商的观点整合到同一方向上，以形成一种较为完整系统的框架性的东西。对于5～8人形成的读书小组，其专业阅读专题不会过大、过深，往往以一定的主题出现。

5. 小组共识

进行最后整合时，就要抓住这一主题，甚至是主题里的某一点，以其为核心，整理出相对完整的结构，形成一致性看法，这便是小组共识。然后再与其他小组进行交流。需要提醒的是，这里的共识不但包含共同的见解，还包含共同的疑问。而正是对每个个体“困惑与沉默”的倾听，才是视域融合的立足点。在小组整合时，应该把这种共同的疑问进一步提炼、上升为共性的问题，同样在共同体里交流。

三、共同体与文本对话：共同体专业视域形成

（一）组际对话：视域延伸与交互

1. 视域交流

小组间与文本对话的视域融合方式基本与小组内的视域融合方式一致。不同的是，组间交流可以是点状交流，也可以是网状交流。点状交流，就是每组派一名代表进行交流，其他组员补充，其好处是观点鲜明，简洁扼要，交流效益较高；网状交流，就是小组每个成员都参与交流活动，显示出一些交错状态，最后再整合共识，其好处是交流充分，碰撞激烈，时有创新，不足是观点不够集中，短时难以达成共识。

2. 视域融合

可分成两个方面：共识与共问（即共同疑问）。视域融合不仅在于寻求最大的共识，对专业解读的意义也要保持最大异见。共识产生学习的成果，共问则能引发更大的思考。

（二）交叉读书：再次介入文本原意

由于小组专业阅读的灵活性，同一专业内容，不同的小组选择的书目可能不同，这就丰富了专业的内容，也给专业解读带来多个视角。因此，在不同的小组视域融合时，会产生更多的差异。有时，这会给共同体视域融合带来一定的困难。解决的办法便是交叉读书。

所谓交叉读书，就是小组互换对话文本，再次进行文本对话，以进入对方的专业视域里。交叉读书的操作方式是“快读＋研读”。

1. 快读

找出各小组共同的内容，以较快的速度进行阅读，使专业共识在不同的书籍里得到进一步验证、加深和巩固。针对同一个观点的不同说法或不同视角，会大大丰富个体对专业的理解水平。这是基于共识的阅读，可在较短的时间内获得较多的内容，有益于提高个体与文本对话的效益，为共同体的专业视域腾出交融的时间。

2. 研读

找出不同视域的内容，进行认真解读。这是交叉读书的真正目的。造成内容相同专业观点不同的原因有四种：一是看似不同的观点，其实只是表达不同而已，这种观点容易被发现；二是囿于自己的思维，都只看到某

一个局部，通过交叉阅读，可在同一整体框架进行融合；三是思想深度不同，观点的深刻度不同；四是对同一内容，观点完全不同，既无交叉，又非同属某一整体（不同学派的观点往往便是如此），这是最常见的一种，是交叉阅读碰到的最大挑战，需要不断研读，才能求同存异，为共同体的视域融合打下良好的基础。

（三）共同体共识：形成区域视域

从个体与区域共同体的关系看，每位教师并不是在独自的真空中建构自己的专业视域，而是在特定教师群体中，特别是在共同体的社会协商的意义上实现自己专业的价值和意义。可以说，“每位教师对于教育教学工作的认识和定位，受到其所处教师群体的影响和制约”①。而共同体共同专业视域为每位教师所共享，在更大限度上规定了每个个体专业的目的和意义。

1. 形成共识，推广成果

将组内成果提交共同体，进一步进行交流，最后形成共识，即为共同体与文本融合的成果。将此共识以文本、讲座、主题活动的形式进行推广，让它为内部的成员所接受。

2. 研究问题，继续解读

将组内碰到的问题及引发的思考在共同体内交流、研究，努力寻找解决的方案。将可解决的异见进一步进行推广，将无法解决的异见最大限度地保留，并提炼成研究课题，留待后续研究。

第二节　深沉的生命体验：情感卷入

诺尔曼·丹森在他的著作《情感论》中说：“没有情感，日常生活将是一种毫无生气、缺乏内在价值、缺乏道德意义、空虚乏味而又充满无穷无尽交易的生活……一个真正意义上的人，必须是一个有情感的人。”除了区域规范性教研共同体强调的纪律外，共同体内部更强调个体间的内在

① 叶海龙．“实践共同体”及其对教师专业发展的启示［J］．当代教育科学，2011（16）：24—26.

的精神连接和共同理想、合作文化的形成，通过这种内在的精神连接、共同理想和合作文化，进行个体的互动，进行资源的共享、情感的交流，共同去攻克专业难题。不仅建构知识，而且建构共同价值；不仅建构专业意义，而且以共同身份形成知识、意义、价值、情感、身份等多纬度的密切的人际交融关系，将个体的深情席卷其中，进而使个体获得一种深刻的生命体验。

一、情感投入

（一）投入真情：奠定基础

这是最重要的情感卷入。陶行知说："千教万教，教人求真；千做万做，学做真人。"这里的"真人"首先指的便是"真情"。心理学家安德森将表示个性品质的形容词列成表格，用以社会调查。结果显示，排在最前面的两个品质是"真诚""诚实"，下面依次是"理解""忠诚""真实""可信""智慧"等，超过伦理道德的情感——"善良"（第十二位）。可见真情在人们心目中的崇高位置。反之，与"真情"相反的行为"说谎"排在最后一位，而排在倒数第二位的是"假装"。它们甚至排在人人口诛笔伐的行为"邪恶"（倒数第三）之下。

共同体的一个常见的隐喻是——家。而家是讲情的地方，这个情就是真情。有那么一份真情在，就有那么一份感念在，就有那么一份剪不断、理还乱的联系在。这样，无论碰到什么情况，共同体的精神也不会崩塌。毫无疑问，投入真情的多少决定了共同体牢固的程度。所以共同体的互动过程，也就是真情投入、真情凝聚的过程。在此过程中，个体情感的虚假投入，特别是投入虚假情感是为人所不齿的，一定会受到严厉的谴责。

（二）投入温情：契入氛围

情感真心投入到一定的程度时，会产生一种氛围，让人心生温暖，如沐春风，这就是温情。比起热情，温情的强度小一些，温馨程度却高一些。温情实际上是这么一种情感，它向你示好，却又让你保持着安全的心理距离。这就增加了个体的自由度和应变机动性，因此也更容易为人所接受，更容易持续下来。在很多时候，热情过度或激情四射会产生一种压迫感，让人不悦，而温情则不会，它吸引着你，又让你感到自在，起码不至于让你感到不安。

总的来说，温情是一种能够长时间持续的情感投入过程，因此是共同体里特别提倡的一种情感投入方式。

（三） 投入热情： 情感卷入

热情是一把火，能够燃烧自己，也能燃烧别人，因此是一种可贵的品质。一个热情的人，总透着乐观的精神，积极向上，产生一种感召力。在人际互动的初始阶段，热情能够快速突破双方的心理隔阂，拉近彼此的距离，使交往顺利展开；在烦琐的日常事务中，热情能使人保持专注力，克服职业疲倦；在碰到困难时，热情又能点燃人们的心气，唤起人们迎接挑战的力量。因此，在共同体里投入热情，就是给共同体加温，使其变成一个巨大的熔炉，让平常的个体在这里百炼成钢。

当共同体的价值共识达到一定层次，当共同体的愿景被所有的人越来越深刻地认识到的时候，热情便产生了。

（四） 投入激情： 心灵示范

激情是一种感召人的力量，有时发挥着理性所无法代替的作用。比起热情，激情不仅容易让人觉察，而且给人鼓舞，使人融合，推人前行，并由此出现激情催生激情、激情叠加激情、激情燃烧激情的情况，出现了激情的再生产。因此，激情不仅是一种个性品质，更是一种团队的品质。但比起温情和热情，激情又具有某种冲动的性质，有时候甚至是盲目的产物。而且激情是极强度的热情，一旦发生，便难以遏制。所以，给激情装上理智的眼睛是相当必要的。在共同体的互动中，我们需要个体和团队的激情，但都要控制在理智的范畴内，既要热情似火，激情四射，也要冷静理智，不盲目冲动，使互动沿着所需的方向前进。

实际上，这是对共同体价值认同的一种高强度的释放。一旦共同体中的大部分个体都被激情点燃时，便出现了使命和价值的高度内化，个体获得了共同体意识，即把共同体看作一个拥有某种共同的价值、规范和目标的实体，其中每个成员都把共同的目标当作自己的目标，进而推动共同体向更高的层次发展。

二、情感认知

（一） 情感共识： 共性的情感指向

共性的情感指向是指共同体建设的情感基础，是共同体主要的情感取向。

共识是增进情感的基础。它可以建立一个良好的情感指向指标，推动情感朝某个方向移动，而不产生误解。相同的对话、动作和表情，情感的共识不一，情感认知也完全不同。如在一个充满敌意的环境里，人们的情感会偏离价值中立的立场，因人废言，一句平常甚至善意的话，都会引起敌意。而在与人为善的情感基础上，就容易形成良好的人际氛围，推动人正面的情感认知，哪怕有时对方讲了一句讽刺的话，也会认为他一定是出于善意。

共同体为什么会成为一个温馨的家？就是源于人与人之间的紧密关系、共同的精神意识以及个体对共同体的归属感和认同感。这些形成了一个情感共识的基础：我为人人，人人为我。这不仅推动着人际良好的情感互动，更重要的是，这也是共同体专业共识的形成基础——承认对方不同观点存在的合理性，承认对方对自己观点质疑的合理性，并承认在此基础上应该展开继续的意义协商。这样就可以保证双方在意见相左时，能够心气平和地进行探讨，最终取得意义共识。

（二）情感觉察：当下的意向性判断

俗话说，人非草木，孰能无情。情感表现出人对周围现实中的事物或现象所持的态度，是人对自己认识或从事的一切所持态度的体验，是基于人的本能和感觉在某种特定环境下的主观感受、体验和心境的综合体现。

属于情感认知的起始部分时，可把情感觉察归入情感的发动范畴；属于情感再认知时，则把情感觉察归入反思范畴；而高级的情感觉察，则属于元认知范畴。

在情感认知的起始阶段，个体接受外部的刺激（心理学上），并对此做出价值判断，对有利于自己的感到愉悦，对不利于自己的感到不悦；与自己意见相符的进行认同，与自己意见不同的加以否认。不同的价值归因，会产生不同的心理倾向，并在后续的阶段用表情、动作或语言外化出来。当个体觉察到自己已发生的情感，如喜、怒、哀、乐并进行再判断时，便进入情感再认知阶段，这便是情感反思。情感反思是较高的情感觉察阶段，情感反思越及时，越能对自己的情感做出相应的调整，以保证情感目标的达成。情感觉察的最高阶段是情感元认知，即对自己已产生的却未表达出来的情感进行价值判断，个体能够意识到即将生发的情感，并及时对它进行控制，不让不利的表情、动作或语言表现出来，或者限制在一个很小的范围内。

情感觉察往往跟人格特质或心理结构有关，后天很难发生重大的改变，共同体只能通过情感共识进行一定的调整。

三、情感输出

情感需要通过人体一定的外部表现形式才能得以输出，如表情、语言、动作等。表情、语言、动作在情感输出的方式和强度方面各不相同。其中，语言对情感的输出最为直接，表情次之，动作再次之；从强度方面看，动作最强，表情次之，语言再次之。如一个人表达愤怒之情，说“我很生气”，这可以直接让人了解到个体的情感，而且准确无误；而“给脸色看”则需要对方去体会——“这板脸孔是天生的，还是因为刚才的事情而生气呢”；在强度不大的时候，个体不将情感表达出来，甚至连表情都不会流露出来，而一旦大叫着摔了椅子，很显然是非常愤怒了。

（一）专业互动情感输出：聚焦对专业本身的喜爱

专业互动时需不需要情感？这好像是一个令人困惑的问题。特别是像物理、数学这样特别强调价值中立、客观普遍的学科，互动时能否掺杂进主观情感因素？

回答是肯定的。列宁曾说过：“没有‘人的感情’，就从来没有也不可能有人对于真理的追求。”因此，无论是人文学科还是科学学科，专业互动表达照样需要情感输出。情感是互动的基础。良好的情感输出，不仅能显示出对对方的尊重，拉近双方的心理距离，还能够显示出自己的自信，引发对方对话的动机。这些都有利于专业互动。相反，如果没有情感输出，不仅会产生刻板的、冰冷的印象，造成一种沉闷的气氛，而且会增加心理距离，人为阻碍对话的开展，很显然，这不利于专业互动。

情感不仅是互动的基础，而且情感本身就传递出对专业的思维指向。因为情感思维是人们通过语言、行为、动作或面部表情等情感因素而表达的某种心理意愿或思维动向的思维活动。

一般来说，无论什么学科，在专业互动时，情感输出要以庄重为主，因为在专业互动时，主要是探讨、解决专业问题，是通过晓之以理而非动之以情的方式进行——情感在这里是一个次要因素，是互动的润滑剂。因此，在互动时，个体要面带微笑，语调平缓，音量适中，节奏不快不慢，在必要的时候伴有肢体语言，对自己的观点加以强调。如带些激情，则更会增加感染力。这样会传达出两种情感：其一，你是真诚的，对学术、对自己、对对方都是真诚的；其二，你是严肃的，对学术、对专业、对要交流的问题都是严肃的。如果过分放松或嬉皮笑脸，会给人一种不真诚、不庄重的印象，甚至给对方一种不尊重人的错误感知。这样不仅会使自己传达出来的信息受到质疑，还会引起对方的不满、反感甚至恼怒，使专业互动无法正常进行。在这里，幽默感将起到重要的调节作用，会让场面瞬间灵动起来，进而放松较为紧张的神经，活跃双方的思维，帮助专业互动向深处发展。但幽默感后天不易培养，因此这也是一种稀缺的品质。共同体中的成员如出现这种品质，就应大力加以弘扬。

专业互动情感输出有其独到的优势，就是言之有物。在专业互动时，情感是随着互动的深入而逐渐发展起来，并与专业问题的层次密切相关的。个体带着专业的目的来交流，交流中渗透了自己的学力、思考或困惑，这些东西本身就容易引起对方的注意和重视。而个体所提出的问题越深刻、越有效，就越容易引起对方的尊重，越容易达到共鸣。在同一区域里，个体学习、思考和碰到的问题具有较大的共性，情感互动也就容易活跃起来。

（二）日常互动情感输出：基于专业的日常情感激发

日常互动是共同体互动的重要组成部分。在共同体里，除了对专业性问题的探讨外，还有一些事务性的活动。这些活动在日常时空里展开，其目的是提高专业互动的有效性，促使专业的深层发展，是高水平的专业互动的基石。

人们对情感的表达是极其丰富的，那么在日常互动中，情感输出以什么为基调呢?

在日常互动中，共同体的情感输出应以正面情感为主，鼓励宽容、接受、鼓励和欣赏对方。因此，在交流中，以肯定性、鼓励性、欣赏性的语言为主，以加深彼此的感情。在互动中，要营造一种轻松和谐的氛围，交流可以以多种方式展开，可以随意一些，让人在一种自然的情境下展开对话。在这里，除了强调情感共识之外，不要做规范性的要求，不要去约束个性化的展示。相反，要激发出个性化的特质，如有的幽默，有的冷静，有的深沉，有的充满激情，有的善于引导，有的善于鼓动。一方面，可以用这些特质来点燃互动过程，增加互动的情趣性；另一方面，在互动中，个性在常态下得到展示和鼓励，会得到充分的挖掘和进一步的发展。

四、情感调整

（一）方向调整：基于共识心

当个体处于某种心境之中时，他的行为举止、思维活动都会蒙上一层相应的情感色彩，即所谓的“人逢喜事精神爽”，人有心事少言寡语。但一个人不可能一直处于愉悦之中，共同体也不可能一直处于和悦之中。这时，就涉及情感调整的问题。

求同存异，是共同体互动的基本原则。保存不同点，不断寻找共识，是一种良好的沟通策略。

在共同体里，要经常询问的问题是“在这些问题里，我们的共同点在哪里”，而不是“在这些问题里，我们的不同点在哪里”；要经常询问的是“在这些不同点里，有没有共同的因素”，而不是“在这些相同的问题里，有什么不同的因素”；在众多的问题里，要经常询问的是“如何才能找到共同点”，而不是“找到共同点有什么用”；在分歧的地方，要经常询问的是“如何在不同的地方找出共同的要素”，而不是“这里面能有什么相同”。

也就是说，任何情感上的冲突，都要以共识心为基本目的进行调整。以共识接纳对方是共同体的基本立场。杜维明在《对话与创新》中说，“没有接受性，即使捕捉到一些谈话内容，它们也无法在我们的心灵深处凝聚和回味。只有在专注的倾听中，我们才真正与他者相遇”，只有以“以仁心说，以学心听，以公心辨”（荀子语），才能将双方的情感调整到同一步调上来。

（二）态度调整：基于同理心

用什么样的感情表达自己的立场和观点，直接关系到互动的真诚性判断。而正常人的感情生发往往具有自发性，很难在未发生之前进行调整，并以符合对方情感的良性互动的方式进行。这种情景在共同体里特别常见，因为共同体是平等的合作伙伴，不存在一方对另一方的压制问题——谁都不会畏惧对方，一旦心情放开了，有时会出现口不择言，伤害对方的情况。这时，就需要调整态度，向对方道歉。

（三）方式调整：推己及人

要调整自己的情感表达方式，将情感调整到对方能够接受的范围。而对方同样要把自己从被冒犯的情感认知中挣脱出来，及时回归到常态。如果没有及时进行情感的调整，场面便可能向不良方向发展，影响互动的效果，甚至出现失控，破坏共同体的互动初衷。因此，情感调整是情感互动中重要的组成部分，甚至是最重要的部分，是共同体中每个人都要修炼的功课。

五、情感吸引

通过人际亲和来提供个体的心理支持是区域规范性教研共同体的重要功能之一。如何密切共同体的人际关系，产生相互吸引是共同体面临的重要任务。一般来说，情感吸引可分为情感认可、情感接近和情感共鸣三个阶段。

（一）情感认可：奠定良好基础

弗洛伊德认为，情感认同“代表新的联系的开端”①。

承认对方的情感付出是情感认可的基础。只有承认并充分认可对方的情感，个体才能充分地接纳对方的立场，进而接受对方的思想。人是情感动物，只有打动对方的心灵，才能说服对方的头脑。因此，从某个层面来看，动之以情比晓之以理更起作用。共同体在互动时，要充分发挥情感共识的优势，营造良好的人际氛围，以推动个体接受情感认可。特别是在共同体的组织阶段，个体之间相对陌生，要多组织一些类似“破冰”的活动，从简单的活动开始，增加情感共识，为个体奠定情感认可的基础。

（二）情感接近：进入情感圈子

情感接近是指不同的个体对某一事物产生较为一致的情感。在情感认可的基础上，互动的双方有继续交往的意愿，想进一步缩短两者之间的心理距离，就会产生情感接近的需求。一旦情感接近到认为“这是自己人”的范畴，就会建立起密切的人际关系，个体与个体之间就会开辟出两人或几人相对私密的空间，这样就出现了所谓的“圈子”。“圈子”的出现，一方面会增进共同体的人际亲和力，另一方面也会促进非正式组织的产生。一般来说，如果没有及时加以引导，非正式组织往往会把组织外的人隔离起来，并形成自己的行为公约，一旦其价值观与共同体相悖，对共同体的影响有害无益。因此，一定要加以防范和引导，让其往需要的方向发展。

---

① 车文博．弗洛伊德文集 6：自我与本我［M］．长春：长春出版社，2004：79.

（三）情感共鸣：激发众人同心

当个体与个体对某个事物形成相同的看法并产生极其一致的情感体验，以很大的强度释放出来，这便是情感共鸣。情感共鸣是情感吸引的高级阶段，能够快速突破个体之间的人际壁垒，急剧缩短个体之间的心理距离，让个体之间的情感在短时间内高度契合，进而产生“真知我者”的惺惺相惜的情感体验。一旦出现情感共鸣，再陌生的个体也会立刻成为知己，“一见钟情”“白头如新，倾盖如旧”指的便是这种心理现象。

在共同体里，其核心人物如能与众多个体产生情感共鸣，则会大大增强团队的向心力和内聚力，产生万众一心的团队精神。这种团队精神，不仅能增进团队的相互吸引，而且能够提升团队的士气，最后凝聚成团队的精神信念，使之成为战无不胜、攻无不克的精神力量，去完成看似无法完成的任务。

六、情感升华

这里说的情感升华包含两个方面。一方面指共同体里个体间的情感升华，另一方面指共同体与专业之间的专业情感。

（一）人与人：从情感到情怀

1. 由情感到情理

个体从情感认可到情感接纳、情感共鸣，便会形成相对固定的联结，产生一种较为深厚的情谊。这时候，如果加进去一些理智的成分，就会增加情感认知，进一步增进情感的亲密度，促进情与理的交融。在共同体里，这个“理”指的是专业学习，有了“理”的护航，就不会为情感而情感，更不会为情感所困——把专业互动时间变成单纯的聊天说笑时间，而把专业学习撇在一边，保证了“情”沿着专业发展这一方向展开，并为专业学习服务。有了“理”这一纽带的联结，个体之间更容易找到互动的话题。实际上，这也克服了互动的情感障碍，推动了个体间情感的进一步发展。

2. 由情理到情趣

个体与个体的专业情感互动到一定的程度，在理智的调节下，慢慢会产生专业共识，个体会有意地寻找专业发展的共同点，将两者的思想情感沿着这个共同点展开。这样，共同的专业话题出现了，共同的专业兴趣出现了。这便是一种专业情趣。专业情趣可将共同体内的个体牢固地联结起来，使专业的联合研究由被动到主动、由他律到自律地发展。专业情趣是一种强度较大、持续性长的情感体验，可以在长时间内保持个体的专注力和吸引力，进而保证共同体足够的学习时间。

3. 由情趣到情怀

情怀不是一个空洞的概念，而是可以达到的境界。到这个阶段，共同体的成员已经完全打破自我中心主义而向他人开放。个体之间情感高度卷入，不仅使人际紧张和组织对抗得以消除，能够使人产生同理心，站在对方的立场考虑问题，而且能使人主动替对方着想，急对方所急，乐对方所乐，哀对方所哀，个体之间完全做到无私奉献——只要对对方专业发展有利，只要对共同体发展有利，就会自觉主动地去做。这样才真正完成了共同体提出的“我为人人，人人为我”这一美好愿景，实现共同体的价值观。

（二）人与专业：从理想到使命

1. 从理想到情怀

一般来说，个体对专业的情感始于个人的教育理想，始于个体的学科教育理想。一个没有教育理想的人，一定不会有教育情怀；同样，一个没有学科教育理想的人，也不会产生学科的教育情怀；而一个没有学科教育情怀的人，是不会真正对学科教育产生兴趣的，也就不会对学科产生教育情感。因此，就共同体的建设而言，要推动学科建设，首先就要加强学科教育理想教育，从学科教育的本质、意义和价值出发，增强个体学科教育的责任心和使命感，进而推动个体学科情怀的发展，使教师能够在日常的学科教育实践中将学科情怀和学科理想展示出来。

2. 从情怀到情感

教育理想与日常教育行为之间有着巨大的鸿沟。不可否认，在一切以经济为中心的前提下，理想不得不沦为一种奢华的摆设。为了填补这个巨大的鸿沟，必须将教育理想和教育情怀投入日常的学科教育中，将其融入每个教育事件和教学行为中，去获取情感体验，获得一种使命感和职业神圣感。

3. 从情感到情理

一旦个体从日常的教学行为和普通的教育事件中获取这种使命感和职

业神圣感，就会推动个体产生专业学习的热情，产生专业探究的欲望，产生更高的专业认知，不仅能够关注其本体价值，觉得学科有用或神奇、好玩，而且乐于分析其为什么这么有用、这么神奇、这么好玩，去找出其背后的机理，实现从学科情感到学科情理的飞跃。

4. 从情理到情趣

个体对专业原理的探究越深入、越明白，专业便会对个体产生越深刻的吸引力。这种吸引力已不是停留在单纯的有用、神奇和好玩的层面上，而是进入一种更深层的求知层面，让个体产生浓厚的兴趣，使其欲罢不能、欲停不休，占据了个体大量的注意力。这时，个体对专业便产生了一种情趣。共同体要解决区域的专业问题，必须促使个体产生专业情趣，使个体能够长时间、高强度地关注、思考和探究专业问题。

5. 从情怀到使命

这是一个反哺的过程，通过个体的教学行为产生一种坚守的指向，完成了从情趣到情怀直至理想的最后升华。个体关注的不仅是学科的深层本质，而且充分理解学科教育的价值与意义，并深入其中而不能自拔。这时，便有了一种明确的学科教育指向，并上升为一种学科教育的责任，产生了学科教育的使命和价值，想通过学科教育造福更多的人，通过专业教学使世界变得更美好。对于学科教育而言，个体会产生两种使命感。一种是提高区域学科教育水平的使命感：使自己的学生爱上这一学科，理解这一学科，培养出本学科的核心素养，并获得继续学习的学科能力、兴趣和动力，使学科教育由低级向高级发展；另一种是普及学科教育的使命感，让学科知识为更多的人所掌握、所理解，并以此增加生活的情趣，使生活更加便利，推动学科从学校向社会发展。

第三节　火热的生活世界：直面现实

在西方，生活世界是一个被许多哲学家论及的话题。早在古希腊时期，亚里士多德就提出，实践哲学必须面对人的全部生活现实。文艺复兴以后，人文主义者主张人们感受并享有他生存于其中的、实实在在的世俗生活。20 世纪以来，生活世界已是不少思想家共同注目的焦点。自 20 世纪初德国哲学家胡塞尔提出“生活世界”概念以来，一些重要的哲学流派都对此表示了关注，如存在主义重要代表海德格尔的“日常共在世界”，日常语言学派的主要代表维特根斯坦的“生活形式”，西方马克思主义者列菲弗尔的“现代世界的日常生活”，东欧新马克思主义者赫勒的“日常生活世界”，批判理论代表哈贝马斯的“生活世界”等①。

胡塞尔在其著作《欧洲科学的危机与超越论的现象学》中虽然对“生活世界”问题进行了深入的研究，但是并未对“生活世界”概念做明确界定。在他的这部著作中，“生活世界”经常与“周围世界”“生活周围世界”等作为同一概念使用。他认为，经验世界就是在“现实和可能的经验直观中，以统一和一贯的方式可一致性直观的世界”，生活世界在它的所有相对性中，拥有唯一作为感知的“普遍结构，而所有相对存在者都与此结构相关联”。因为它自身不再是相对的，由此便相应地规定了时空世界的秩序。②

为什么胡塞尔要提出“生活世界”这个概念？是因为他深刻地认识到“主一客”二元对立下人的异化的严重问题，意在恢复在主客体二元严重对立的情况下，由于人受到工具理性的奴役异化而失去的正常的日常生活。强调每个人都是主体，人与人之间的关系是主体间性。因此，每个人之间的日常生活都不是以对方为认识的对象的客体，而是共建的主体，日常生活的世界才是个体应有的生活原貌。而过分强调工具理性的生活，往往导致个体及个体生活差异性的消失、独特性的泯灭、丰富性的抑制和创造性的枯竭，而变成冰冷刻板的理性载体，千姿百态、各具形态、激动人心的世界也因为高度的抽象而蜕变成人的认识的对象。一句话，在工具理性的作用下，活生生的人不见了，活生生的生活不见了，整个世界因此陷入非存在状态。因此，恢复个体的主体性，恢复人的本真存在，就必须面对生活的世界，真正投入、沉浸到生活世界中，恢复日常生活生动活泼、多姿多彩的原貌。

我国学者对“生活世界”也有着精彩的论述。

孙正聿在《寻找“意义”：哲学的生活价值》一文中指出：“‘生活世界’是‘有意义’的世界。‘生活世界’的‘意义’，在于它是人类创造的、实现人类自身发展的世界。”孙正聿还把日常生活世界分成经验世界、

---

① 李银玲．试论生活世界的教育［D］：曲阜：曲阜师范大学，2004：2－3.

② 赵琳琳．走向“生活世界”的教师培训研究［D］开封：河南大学，2011：3.

概念世界和哲思世界三种类型。

郭元祥在《生活与教育——回归生活世界的基础教育论纲》一书中认为："'生活世界'的概念，绝不是指'生活环境'，也不是指'自然世界'和'社会世界'，而是指对人生有意义的，且人生活在其中的世界，是人生的过程、生活着的心物统一的世界。'生活世界'既是一个实体的世界，又是一个关系的世界，在这个世界中，人的地位是至高无上的，人是能动的主体，人不依附于自然、社会、他人，或者其他某些外在力量。"

庞立生、王艳华在《哲学向生活世界的回归》一文中提出："生活世界的实质就是人的生活，就是生活中的人本身。"

而尹树广在《生活世界的现实及其价值》中指出："'生活世界'的本质在于人的经验活动才能的多样性和交往关系的全面性。"

从以上观点可以看出，共同体是一个温馨的圈子、一个美好的家园，这不意味着把个体圈限在共同体的内部，而把其他生活排斥在共同体之外。相反，它让个体面对生活，面对真实的生活，面对可能的生活，让个体回到生活本身，让个体更好地回到更广阔的生活世界中，建构属于自己的本真意义，成为真正的存在，同时与世界真诚相处，建立起美好的"我—你"生活关系：无论是与共同体内部个体之间，还是与共同体外部的个体之间，无论是与学生之间，还是与学校之间，都要真正构成"'此在'与'存在者'整体的关系"，去摆脱工具理性对人的异化。这是规范性共同体发展的必然结果。

一个虚悬在生活之上的共同体一定是背离了人性的本能，违反了文化的基本精神的，因而是不切合实际的，是无法得到持续发展的，是不存在的。专业共同体与专业互为联结，学科专业有着本身内在的规定性，要提高学科的专业水平，就要提高人的思维能力，提高个体的工具理性层次。很显然，这会让个体从丰富的生活中抽离出来，进一步加剧对个体感性的压制。因此，如何使共同体面对日常生活世界，恢复和丰富个体的主体性，而非进一步使个体受到工具理性的抑制和异化，是共同体必须回答的问题。

一、面向共同体生活：专业生活

（一）专业投射：从愿景到行动

"'生活世界'是人在其中的世界，它的中心是人，是人的生存和人生价值。离开了对人的生存和发展的关注，就没有生活世界，因为生活世界反映的是人与世界的关系。”① 投射意味着与另外主体的主动而善意的联结。投射是开启共同体生活的第一个动作。它表明了个体的一种态度，一种意愿，一种情感指向，一种生活的可能。共同体的行为通过愿景启动，给不同个体甚至是陌生个体联结起来的理由，把他们划入同一圈子，而开始一种具有较高指向性的专业对话互动。这种互动具有自我边界，把其他非圈子内个体的人、其他非专业对话的事隔开，形成一个相对独立的专业学习单元，最后形成一个相对独立的生活单元。这个单元以共同教育价值观为指引，以共同教育愿景为感召，以专业发展为目的，以对话互动为主要存在方式，以人际亲和为支撑，与其之后的生活单元有着完全不同的价值定位、文化精神和运作方式，个体在其他的生活单元里找不到类似的生活模式或生活体验，不能够直接从其他生活单元里完全复制或者快速迁移过来。对于共同体的个体而言，这是一种崭新而又完全陌生的生活体验。因此，对共同体的所有成员除了需要培植截然不同的互动方式外，更重要的是开放自己，将自己真诚地投射进去。

真诚的投射意味着不但认可这个圈子，还意味着热切地进入这个圈子；不但自己盼望着进这个圈子，而且盼望别人能够进这个圈子来共建家园。不断将自己的专业做法、专业知识、专业经验、专业智慧投入圈子里，从知识的汇合、经验的交流、思想的碰撞、智慧的创生到情感的交互直到心灵的共鸣，与其他个体进行互动。同时，要鼓励个体在专业的研究里投入自己的真实情感，不断地将自己的真情、温情、热情和激情投射进去，促使一种共振态的产生，去发现专业的共同点和生活的契合点，努力寻找专业和生活的共鸣点，寻找一种专业和生活的共同载体，在这个整体里水乳交融地生活和学习，而非截然分开。个体要有一种防患意识：不让专业知识脱离生活情境而成为纯学术的名词，不让专业研究脱离个体的体验而变成一种抽象化的活动，甚至是形式化的活动。个体还要有一种联结意识：把专业学习和人际亲和有效地结合起来，以文会友，使专业学习成为日常生活的一个必要交往渠道，增加日常生活的专业性，也增加专业生活的情趣性，并在专业与生活的互动中形成共同体的生活底色。孙正聿所划分的三重世界——经验世界、概念世界、哲思世界，正是专业共同日常生活的三个层次。而其中的切入点，则是经验世界，在专业对话中，投射

① 郭元祥．回归生活世界的教学意蕴［J］．全球教育展望，2005（9）：32—37.

自己的经验，并促进其“完美”化，才能摆脱异化，过上幸福的生活。

（二）专业融入：从接近到亲密

这里的融入包含个体间知识的相互融入、个体间经验的相互融入、个体间思想的相互融入、个体间心理的相互融入、个体间个性的相互融入以及个体间生活的相互融入。

随着个体专业投射和人际卷入的深入，共同体进入一个良好的运作阶段。在共同价值观和共同体文化的共同作用下，专业对话的水平日益加深，个体也日益开放，情感的交流与互动也稳步发展。人与人之间的关系逐渐靠近，达到较为亲密的程度，心理相互融入达到一种相当的程度。在这个阶段，个体能够大方地交流知识，阐述自己对专业知识的理解，扩大知识的边界，充实知识的内容，提高知识的结构程度，使共同体的专业知识得以相互融入；在这个阶段，个体还能够亮出自己的绝活，拿出自己压箱底的本领，交流自己的得意之作或在面临教学困境或教学突发事件之时的应对方法，对于日常的教学实践经验更是无所不谈，使得共同体的专业经验得以相互融入；在这个阶段，随着交流的深入，个体的互动往往不是建立在一题一点上，不是针对某一个情境的表面情境展开讨论，而是会深入问题的内部，深入对方的思维模式、论证方式，甚至是对方的逻辑前提中加以研讨，这时就涉及对知识本质、教育目的、教学信念的理解了，开始了真正的思想碰撞。在共同体共生文化的作用下，在不伤害对方的情感共识下，坦诚而又直接表达出不同的专业观点，思想也会出现相互融入的结果。这种融入的过程是处于“不同情境的教师实现思维碰撞、智慧交锋和知识互补的过程，也是一个把差异变成合作发展之资源的过程”①。这种对差异的理解、尊重和保护，在一定程度上将为精彩观念的诞生创造良好的教育生态。

在这个阶段，就专业发展而言，最大的收获是个体能够无私地奉献专业智慧，通过自我案例分析、自传撰写、自我经验介绍等方式，来揭示个体专业智慧形成的内在机理。通过分享这个产生机理，会激发出共同体内所有个体的思想火花，使共同体沿着已经揭示的机理尝试着去共同解决专业难题，进而产生一种专业智慧的拓展和移植，完成共同体内部的专业智

---

① 孙元涛．教师专业学习共同体：理念、原则与策略［J］．教育发展研究，2011（22）：52—57.

慧的相互融入。同时，由于个体对共同体生活经验不断投射和“完美”化，对共同体互动的生活体验也逐渐深入、日渐完善，个体与个体之间在个性上既能够互相欣赏而取人之长、补己之短，又能相互提醒而以人为鉴、以正得失，使个性得到调整、完善和发展，个体的个性得以相互融入。

很显然，融入的过程是一种生活态度的萃取过程——它把专业研究与人格特征融合起来而形成一种新的生活态度；融入的过程也是一种生活模式的萃取过程——因为这不仅是共同体所形成的一种新的态度，实际上也是共同体一个实际的生活行为、一种实际的生活方式。就这样，共同体完成了由专业能力到生活经验的共生——通过共同生活经验的提取，使个体的专业与专业、个性与个性达到了一个交融的状态，产生了良好的人际支持和专业自信，进而建立起自己的学科专业生活的典范。因此，在这个过程中，实际上不但是一个专业融合视域创造的理性学习过程，也是个性融合生命创造的感性生活的过程。工具理性没有对个体产生负面的压抑、奴役与异化，而是成为个体真实生活的一部分，成为个体与个体之间主体间性重要的联结桥梁，促进个性的丰富、完善，并往深处发展，最终产生创造性和巅峰体验，使个体的共同体生活熠熠生辉。

（三）专业释放：从示范到辐射

正如上面一再所论述的那样，专业学习的目的不仅是为了提高，更是为了辐射，用自己在共同体中美好的生活体验感染更多的人。

1. 标杆式典范感召

个体在共同体这个大熔炉完成“精熟超越”之日，也是个体释放自己之时。所谓的精熟“自我超越”的人，能够不断实现他们内心深处最想实现的愿望，他们对生命的态度就如同艺术家对艺术品一般，全心投入，不断创造与超越，是一种真正的终身学习。此时，个体不仅要在共同体内部释放自己，发挥更多的专业引领作用，而且要走出共同体，将自己的能量在自己所在的备课组、教研组、学校、区域里释放出来。即个体应面对更广阔的生活世界，将自己的教学生活、日常生活和可能的未来生活释放出来，如同一棵树摇动另一棵树，一朵云吹动另一朵云那样，去唤醒别的沉睡的心灵，让他们循着自己的足迹，激发其专业学习的意愿与激情，获得深度的生活体验，而产生专业的愉悦感和生活的幸福感。在共同体里，这种典范的辐射属于标杆式的辐射，具有强大的示范性和感召力，它能够在一瞬间穿透个体冰封的心灵，把他们从迷梦中唤醒。而且，这种示范性和感召力具有超越时空的特点，一旦形成，便会持久存在，在不同的时间，对不同区域的人群产生模范引领作用。因此，树立标杆式典范感召是共同体的一个重要任务。但树立一个标杆式的典范，需要较长的周期，需要共同体持之以恒的培养，还有赖于个体的综合素质和人格特质，即需要等待一个为众多人所认可的标杆式的人物，而这种标杆性人物的综合素质和人格特质往往更加关乎天性，可遇不可求，有一定的偶然性。同时，值得指出的是，标杆性典范的影响力是巨大而长久的，其代表人物的道德便成为一个重要的因素，任何道德的缺陷或人格上的问题都会产生负面作用，因此要特别加以考虑。

2. 典型示范

共同体若难以找到标杆式典范，便要退而求其次，寻找典型示范。所谓典型示范，是指个体在某一个方面具有较强实力，被共同体的多元评价机制筛选出来，在共同体内部值得推广并有提高的可能性的做法。在常态下，这种典型的数目众多，而且做法平易，贴近个体的学习和教学的实际，有很强的迁移值，能够在某一点上对个体的专业知识和实践能力进行突破——这也是常说的一技一法，对于这种典范，共同体要高度重视。要高度尊重分享经验的个体，不要因为其做法只停留一技一法缺乏系统性的完善或原理性的深度而横加挑剔；要给个体搭建施展的平台，让个体能够有用武之地；要对个体的经验或技法进行提炼升华，看是否能够将其提高到一个更高的层次；同时，还要对其操作方法、操作步骤进行精心的打磨，让其能够准确、轻松地复制下来；最后，最重要的是要让个体参与到反馈跟踪体系里，让他对区域实施的情况加以监控，看其他个体是否真正行动起来，是否真的按照个体培训的本意进行，以保证典型带动的实效性。

同样要指出的是，典型的带动也要居于共同体专业生活的实践基础上，让它成为一个完整体系的有机的一环。因为典型的出现跟个体的特质有着密切的关系，不可能按照共同体的意图而系统出现，带有很强的随机性。因此，在进行典范辐射时，要进行有意识的甄别挑选，将典型嵌入共同体专业学习和专业生活系统中，在一个系统的背景下发挥作用。选择最合适的，而不是最好的，是共同体典型示范的基本原则。最合适的，意味着它对共同体整体发挥作用，而不是对某一个枝节发挥作用，作用是系统性的，具有长期普遍的价值。而最好的又不被大力推出，说明它不能对共同体的整体产生推动，不是作用在共同体的关键要素上，只能作为共同体成长的一个补充，一个多元评价机制下出现的完善。另外有一种情况，就是这个典型推广的时间还尚未成熟，不具备大范围内推广的条件，但对于共同体中优秀的个体，一定要做好思想工作，说明共同体的意图，同时要在多元评价框架里对其加以表彰，不让个体有怀才不遇的遗憾，对共同体产生非良性影响。

3. 协商式引领

由于标杆的稀有性和典型的不系统性，在平常的日子，专业的释放就少了一些经常性的样例渗透。所以共同体需要有另外一种日常性的辐射方式来释放共同生活能量——协商性引领。所谓协商式引领，就是在日常专业对话中，通过初步达成的专业共识来引导专业互动。如通过日常教研、网络研讨、论坛发言等，将某一专业问题展开及时的、较为普遍的讨论，取得相对一致的看法。这是建构主义所指出的文化建构而形成的一种临时性的协商意义。值得指出的是，这种意义协商不仅要带着专业的视域，而且要带着生活的视域——生活体验及日常经验，随时随地投射其中、融入其中，让专业的意义带有生活的温度和人性的温情。正因为专业的意义是经过生活经验和情感投射共同协商而取得的暂时性共识，是所有个体专业视域与生活视域共同融合的一个暂时性成果，所以容易为个体马上接受，成为个体研究的一个指引，并且打开了个体专业生活的视野。同时，由于问题在共同体中得到了进一步提炼，还保持了一定的开放性，从而让个体的进一步研讨成为可能。这种临时性的指引由于互联网的特点变得无时不在、无处不在，而且可以长久保存，因此这种日常性的专业辐射作用，让个体的专业生活如空气一般围绕在个体的周围，给个体以营养。

二、面向学校生活：现实生活

共同体对个体教师面向学校生活有何价值或者说发挥着什么作用呢？是否只是做一些辅助性、支持性的工作而让个体去独立面对学校的生活呢？

在这里要辨析两个概念，即要分清楚两个关键问题。面对学校生活，共同体有没有介入的可能？是否这只是教师个体的事，而跟共同体毫无关系？一旦厘清这两个问题，一切都将迎刃而解。

第一个问题涉及教育管理主体的问题，如果共同体介入教师学校的生活，就相当于在学校与教师之间多了个中间层次，这显然是行不通的。因此，共同体没有介入的可能。

第二个问题涉及共同体对个体的援助问题，很显然，共同体可以发挥自己的作用。实际上，共同体正是通过提高教师的专业能力和教育实践能力来面向学校生活的。这并不意味着共同体没有直接面向学校的生活。实际上，共同体时时刻刻都在面向学校生活，从介入主体看，共同体的成员都参与学校的生活。共同体是由教研员或教师个体组成的，而教师个体每时每刻都直接面对学校生活。教研员对专业发展的长期规划也正是源于学校真正的需要。从介入能力看，共同体对个体专业的提高提升了个体面对学校生活的质量。共同体对个体专业发展得越充分，个体面对学校生活的能力也越强。

共同体要从哪几个方面为教师提供助力呢？一般说来，教师直面学校生活，有三个方面无法绕过：一是基于现实的教育价值观，二是基于科层管理的绩效考评方式，三是基于发展中的学生。这三个方面都对个体的学校生活提出了深层次的要求，在城镇化的背景下，此三者变得尤为复杂，要出色地完成这三方面的要求，每个教师都面临着严峻的挑战。正因为如此，共同体的助力作用才被深刻地凸显出来。

（一）面对现实的教育价值观：社会的道义

比起共同体，个体面向学校生活不是那么单纯的专业研讨问题，而是面向教育的问题。在共同体里无须讨论的方面，都会在学校生活里呈现出来，如意识形态问题、绩效评价问题等。

1. 面对学校，学科所承载的主流价值观

个体的学校生活要不要考虑意识形态的问题？这是不言而喻的。任何教育都代表着国家的意志，代表着主流的教育价值观，都会承载着某种意识形态。这种意识形态以价值观的形态沉淀在教育理念和课程里，进而直接通过教师传递出来。对于教师而言，这是无可回避的。我们要考虑的是，这种主流价值观是否对教师个体造成了抑制，对教师个性造成了伤害？反过来说，个体是否认同这个主流价值观？是否愿意践行这个价值观？当然，由于学科特点不一样，不同的学科所承载的意识形态的表达方式不一，教师处理的方式也完全不同。

如果要将学校的学科分成两种类型的话，可粗略分为科学学科和人文

学科。

作为科学学科，一方面，学科价值观不会对教师价值观产生压迫。因为科学学科讲究的是客观普适的价值，对主观的意识形态涉及较少，具有脱离意识形态的中立性，也比较远离个体的价值观。这点很容易从科学史上找到证明。两个价值观完全不同的科学家，他们对学科本质的理解可以是完全相同的，因此不容易发生价值观之间的对抗。换句话说，学科教育主流价值观不会对教师生活价值观产生压迫。另一方面，从日常教育中回归到学科主流价值观，正是对个体乃至共同体专业发展方向的一种调整，是对个体专业生活和体验的一种促进，甚至是一种丰富、一种完善。科学学科具有“求真”“向善”和“臻美”三大特性。科学学科的“求真”本质是对个体日常生活理性思维的一种提炼和培养——理性提高了人的思辨逻辑，提升了人对客观的判断力，加强了人明辨是非的水平，使人能够在复杂的情况下做出明智的决策；科学学科的“向善”追求是对个体日常伦理情操的一种规整和调节——科学的精神、科学的情操和科学的伦理，使人不仅能够充分发挥工具理性的便利，而且能够对其做出反思和批判，摆脱工具理性对人的奴役；科学学科的“臻美”向往是对个体日常生活情趣、艺术修养的一种触动和补充——这改变了科学学科严苛刻板的形象，同时训练了人文审美的理性思维。在这个过程中，个体同样要投入自己的感性理解，投入自己的生活经验和日常体验。因为“求真”需要个体大量的感性认识，“向善”需要个体大量的情感体验和道德体验，“臻美”需要个体大量的审美思考和审美感悟，离开了个体的感性去理解生活经验和日常体验，以上的林林总总都无法实现。

人文学科代表着社会的主流价值观，与意识形态挂钩，关系密切，如何让此主流价值观与教师个体价值观融合起来，不产生冲突，是个永恒的话题。教师不解决好这个问题，就无法完成主流价值观的传递和对优秀传统的继承。

2. 面对教育，教学所承载的时代诉求

就教育教学的现状来看，无可逃遁的是学生升学问题。学校所面临的最大现实挑战是升学，社会所面临的最大压力是升学，家庭所面临的最大诉求依然是升学。无论哪个学科，只要有升学的测评，就必须直面这种挑战。对于共同体，同样摆脱不了这种挑战。因此，面对现实的教育价值观，就是面对这种挑战。共同体对个体专业能力的发展，在很大程度上是为了提升个体迎接这种挑战的能力。设想一下，通过共同体的努力，教师完成升学任务的水平下降了，那将会产生什么后果？同样，通过共同体的努力，教师完成升学任务的水平大大加强了，那又会造成怎样的影响？再缩小一下范围，就个体而言，一个无法完成升学任务的教师，一个影响到整体升学任务的教师，如何能够服众？如何能够在学校立足？

也就是说，升学的问题，不是跟教师的事业追求相联系，而是直接跟教师的职业底线相联系，一旦突破了这个职业底线，教师的生存状态将受到极大的冲击。而解决好升学的问题，教师在学生心目中的地位、在家长心目中的地位、在学校里的地位不言而喻，自然会得到提升。所以，面对升学的现实，由解决升学的能力入手推动教师专业水平的发展，不仅是共同体不得不去啃的“硬骨头”，而且是共同体引领专业发展的最有效抓手。引导个体从升学问题切入，逐步提升专业的境界，直至引发专业思想、专业伦理和教育信念的思考，则是共同体面对现实教育观的有效策略。

（二）面对学校的科层管理和绩效考评：学校的担当

现阶段，在中国，科层发挥着职能作用，更发挥着管理作用。与科层制紧密相连的便是绩效考评。此两者皆为“双刃剑”，学校里不当的处理往往会成为教师面对学校生活的现实之痛。

1. 面对科层管理

科层管理是一种官僚管理，科层制便是等级制。校长和教师之间是典型的领导与被领导、管理与被管理的关系，“科层权力也明显地压倒了专业权力”①。等级制的事务运作方式是指令—执行，等级制的管理方式是管理—服从，等级制的评价方式是上级决定。这种机制，其好处是执行力强、效率高；其坏处是太过压抑、无活力。所产生的必然结果是官大一级压死人。因此，等级制必然产生管理压迫，这是由科层制的结构和功能所决定的。

学校采取科层制，就意味着教师面对学校的生活时，其教学行为、教学方式要通过科层制被约束、规范和管理，不能随心所欲。但这是任何职业的共性，也是被教师所认可和接受的，一般不会对教师产生压制。让教师不满的不是这种管理体制，而是在这种体制之下产生的不公正，如利益

① 杨晓平．论学校科层管理模式对教师非正式学习的消极影响［J］．教学与管理（理论版），2015（10）：54—56.

分配不均、评价暗箱操作等问题。因此，如果不是特别缺乏公正心的领导班子，也不会产生太大的个体压制。

2. 面对绩效考评

现阶段，真正压制教师个性的就是唯成绩导向的绩效考评了。在考评面前，一切以分数论高下。为了分数，有些教师通过硬压硬灌的“题海”进行过度教学；为了分数，有些教师只能耗费大量的时间去辅导那些“学困生”。一旦没有成绩，教师付出再多的努力也得不到一句良好的评价。这样造成的结果是，完全不同的教学个性被装进同样的框子，教师最本质的特点——创造性被抹杀了。过度教学又占据了教师大量的业余时间，教师生活的空间被占用。更重要的是，学校只有这个主要甚至唯一的考评标准，教师再多才多艺，也得不到应有的肯定，哪怕是教学研究能力特别突出的人，如果教学成绩不好，也会被人说“他只会研究”，其潜台词不言自明——他不会教书，在学校是没有立足之地的，其背后流露出来的价值观令人不寒而栗。因此，绩效考评才是个体生活世界被扭曲异化的本质原因。共同体要恢复个体的生活世界，就必须面对绩效考评，面对现有的“唯分数论”，过好“分数关”，去提高个体的教育实践能力，使个体能够应付好应试教育，再在此基础上发展教学个性和教学乐趣，这样才能逐渐建立起学校教学的生活基础，使个体真正体验到教学世界的价值，并逐渐培养自己的情趣，寻回自己的生活时间和生活空间，成就个体自己的生活——无论是为教学而生活，还是为生活而教学，都是个体自愿的选择，个体因此主宰自己的喜怒哀乐，成为真实的存在。

（三）面对学生：人性的关怀

课堂是教师教学生活的主要场所，学生是教师教学不可缺少的要素。学生使教学成为可能。因此可以说，面向教学就是面向学生，面向教育的生活就是面向学生的生活，这是教师学校生活的最重要部分。赵文平在《论回归生活世界的教学》一文中指出，现阶段，“教学被沦落为一种片面的知识的授受和文化的传递的工具和手段，脱离生活世界的教学是一种工具理性的教学价值取向，主张知识至上、科学至上、书本至上、教师权威至上，忽视了作为人之存在的学生的发展”。

面向学生，就是要恢复学生作为存在的本体论意义，就是要跟学生建立起多重结构的主体间性关系和多重的意义世界。一个成功的教师，不会只囿于学校的生活，只面对课堂上或学校里的学生，他的视角会延伸得更加广阔，从课上到课外，从学习到生活，从学校到社会，从现在到未来。教师也只有如此，才能成为知识的引导者、灵魂的缔造者和天国的引路人。

1. 面向课堂，承认学生是学习的主体，帮助学生建构课程意义

范蔚在《我国人格心理学的发展与人格教育实践》一文中指出，教育并非单纯的文化传递，教育之所以为教育，正因为它是对人格心灵的唤醒，这是教育的核心所在。学习是学生想要或必须面对的学习，学生是学习的主体。教师的教学行为必须围绕着学生的学习行为进行预设和调整。教师在学识、能力、经验上都必须高出学生，给学生以准确的指导，但是不能代替学生学习，更不能压制学生学习。在大班制条件下，教学进度整齐划一，使学力水平、差异水平不同的学生按照同一步调前进，已经使部分学生受到压制，这要求教师要有充分的教学弹性，来满足不同学生的需要。在这里，教师要建立的观念是，自己面对的不是几十个人组成的一个班级，而是一个班级里几十个不同的人。面对课堂的生活，就是面对几十个不同的人并与之进行教学互动的生活。教师的任务就是建立起自己与每个学生、每个学生与每个学生之间的交互主体，在此交互主体里，人人都是课堂的主人，无论是学生还是教师，都是学习意义共同的建构者、参与者与亲历者，而非旁观者。而这正是大班化的教学条件下教师所面临的真正困境。

教师能否建立起有效的教学机制，用一种良好的教学模式建立起一个人与多个人、多个人与多个人之间的交互主体呢？这检验的不仅仅是教师的专业能力和教学智慧，更重要的是教师的教育信念。其实这种模式早已存在并被运用，只是从未被觉察；或许这种模式很难建立，未曾确立，便告倒塌；或许这种模式根本不曾存在，只能被设想，而不能被建立——一切只是个美好的乌托邦。

但这并不重要。重要的是，教师是否有这种教育信念？是否本着一颗善心来做这种善事：每个人都是一个值得尊重和成全的目的，而非用来实现“升学”任务的手段？因此，作为面向学习的学生的教师，在课堂上应用此信念来缔造一种共同体文化，倡导一种普适价值观：尊重学习的差异和不同诉求，真正让学生成为为自己的学习负责的个体，而把他们从某些桎梏里解放出来，让每个人的自由天性在学习中得到激发、栽培、充实和完善，而非得到扼杀、扭曲和抑制，并通过学习和师生互动、生生互动来

包容之、涵养之、完善之，或许这便是真正的教育价值所在。

因此，教师用这种教育信念来推动班级学习文化的建设，推动课堂生态的建设，使越来越多的学生，直至所有的学生都被卷到这种教育信念中来，逐渐以此信念来指导自己的学习，那么这种教育信念便得到了夯实和光大，而学习的交互主体也就建立了起来。一旦真正建构起学习交互主体，包含教师和学生在内的所有人在课堂上就拥有了更广阔的意义世界。

在这里要注意的是，教师也是课堂交互主体不可缺少的一部分，领导、引领着学生共同建构学习的意义，也是学生学习的践行者和亲历者，而非旁观者。也只有教师与每个学生之间都有了个体之间的交互，教师被建构进学生个体的社会性自我，才是真正面对了课堂。

2. 面向日常，承认学生是生活的主体，帮助学生建构生活意义

如果说学生是学习的主体是有所疑义的，那么学生是生活的主体则看起来是毋庸置疑的。实际上则不然。因为学生的生活主体的建构受到更为严格的挑战。

如果说学习主体受到的挑战是教育信念所带来的，需要改变的只是教学方式或师生的教学视域，那么生活主体所受到的挑战则更本质得多，因为它不仅同样面临学习主体所面临的问题，更面临学习主体对生活主体的压迫问题——学习主体对生活主体的时间掠夺！

现阶段，在严峻的升学压力下，学校通过过量的作业控制了学生的生活——学生的学习时间几乎是他所有的时间，学生几乎投入全部的课外时间来学习。换句话说，学生根本就没有足够的生活时间。没有足够的生活时间，如何去感受生活、体验生活、践行生活，又如何成为生活的主体呢？那些课业负担较重的，学生连休息的时间都要牺牲，更奢谈足够的生活时间。因此，面对学生的日常生活，在教学内容上就要打破狭隘的专业边界，去贴近学生的生活世界，联系生活，使“教学内容不应仅仅是单一化、理论化、体系化、抽象化的书本知识，而且要给学生呈现人类群体的生活经验，并把他们纳入到学生生活世界加以组织，使文化进入学生的‘生活经验’和‘履历情境’”[①]。首先，要把日常时间还给学生，让学生有时间去生活。教师应该在提高课堂效率、保障教学质量的基础上，把必要

---

① 赵文平．论回归生活世界的教学［J］．天津师范大学学报（基础教育版），2006，7（4）：7—9，46.

的生活时间还给学生，来实现对学生生活时间的归还。其次，让学生明白，学习只是生活的一部分，虽然是最主要、最重要的部分，但不是生活的全部。鼓励学生学会去感受生活、体验生活、践行生活、享受生活，感悟生活中的真、善、美和人性中一切美好的东西；学会在生活中建立起正确的是非观、价值观和审美观，成为一个心智健全的完整的人。

因此，教师要体验学生的日常生活，接受学生对生活的认知，接受学生生活的情感体验，并给学生提供应有的指导和帮助，让学生能够树立起正确的生活观念。

在这里，最重要的是要进入学生的生活世界里。随着城镇化的发展，人口流动日益加剧，学校生源结构发生了巨大的改变。同一个班级的学生，其生活背景、学习经历、文化习惯截然不同，这不仅给学科教学和班级凝聚带来了挑战，也给教师的学校生活带来了挑战。组成班级的个体不再是单一地方来源，个体差异是如此不同，个体对教学期望是如此不同，甚至个体对教师教学个性的要求也如此不同，如何处理好各种教学关系呢？那就是要深入学生当中，面向学生的个体生活，充分了解学生的个体差异、文化背景、家庭情况和教育诉求，充分体谅学生的学习情感和生活境况，这样才能真正了解学生，使自己融入学生生活视域中，与他们产生共鸣，成为他们生活的明灯，照亮他们的主体自觉与发展之路。

3. 面向未来，承认学生是发展的主体，培养学生可迁移的学习能力和生活能力

面向学生的现在，是为了面向学生的未来。因此，培养学生可迁移的学习能力和生活能力是教学所必须解决的问题。

在这里，教师只有把学生看作未来学习和生活的主体，才会真正放手，让学生去不断探索、不断体验、不断积累，以最终形成自己对学习和生活的真实理解。因此，面向学生生活的最高境界就是培养学生成为学习和生活的主角，让学生为自己的学习负责，为自己的生活负责，为自己的未来负责。而教师只能提供足够的指导和必要的帮助，不能包办替代和压制，这是必要的态度。

让学生直面生活世界，增加其对生命的体验，使其感受到生活的美好，并对未来产生向往，并不是反对学科学习能力的培养而使生命停留在低级的感官层面。教师要关注学生学科核心素养的形成，形成远程迁移，激励学生形成自己的思维模式，培养自己学科意义建构的能力，保持自己的开放性，使自己能够在不同的情境里自然迁移。没有这种远程的迁移模

式，学生就失去了对知识的探究能力，无法进行自主学习。

教师还要培养学生的学习情趣，激发学生内在的求知欲。因为“生活世界是一个直观的世界”，“是一个直观地被经验之物的世界，因而随经验主体的不同而具有相对性”[①]。只有通过激发学习情趣来把握住这个相对性，才能吸引学生持续的关注力和学习热情，使其顺利地向未来发展。远程的迁移模式保证了个体远程的学习能力，但不能保证其远程的学习动机。只有学生真正对学科产生兴趣，才能培养出学习欲望。亚里士多德说，求知欲是人的天性。只有培养出学习的情趣，这种天性才能被释放出来，并得到发扬光大，进而推动个体面向未来的学习需求。

教师要开启学生的生活模式，将学习与生活有机结合，让学生成为生活中的人。

一是引导学生锻炼生活能力。带领学生不仅面对自己的学习，面对自己的生活，更面对广阔的现实世界，不害怕生活。使学生有勇气、有能力在现实的世界里生活，以建立正确的生活态度，培养应有的生活认知水平，建立适当的生活方式，激发必要的生活情趣，积累足够多的生活经验，真正建立起日常生活的独立性。

二是引导学生迎接生活挑战。引导学生不仅适应生活，还要迎接生活的挑战。让学生明白，生活里既有着人性美好、境遇顺利的一面，也有人性丑陋、处于生活逆境的时候；既要珍惜美好生活，也要坚强度过人生困境。

三是引导学生创造美好生活。使学生能够体会到生活的美好和幸福，并将这种生活的理念投射到未来的生活上，对它产生美好的期待，愿意为之付出努力。

第四节　深度的意义生成：动态建构

美国斯坦福大学的舒尔曼教授把教师知识分为七种类型：一是学科内容知识，指所任学科内容的专门知识；二是一般性教学知识，指超越具体

① 郭元祥．论“生活世界”的教育——兼论教育中的生活问题［J］．教育研究与实验，2000（5）：8—13.

学科之上的、各科都使用的一般教学原则与策略，包括如何激发学生学习动机、在课堂中如何组织学生群体学习、如何设计和实施测验等的知识；三是课程知识，指对整个教学计划整体架构的理解，包含课程理论、教科书、教师手册、实验指导等内容的知识；四是学科教学知识，指适用于某一学科的专门知识，包括如何阐明某一概念、如何用实例说明和在理论上解释解题的步骤与方法、如何更正学生有关学科内容的朴素理论和错误概念等；五是关于学生及其特性的知识，指学生学习过程中身心状况的各种知识；六是相关教育情境知识，指教师对于学习环境的知识；七是关于教育目标、目的、价值以及教育哲学与历史基础的知识，指的是集合教育哲学、心理学、社会学等形式的知识。

一、教育学意义建构

建构主义认为，知识都是建构起来的，是作为一种产品，是一种特定环境下的建构，这种建构带有使其发生和被建构过程的印记，跟个体有着千丝万缕的联系。皮亚杰在《发生认识论》一书中指出："人类的知识本质上是主动的……认识一个对象并不意味着反映一个对象，而意味着对一个对象发生行动。认识一个对象就意味着建立一些以这个对象为依据的转变体系。"如果不分析知识的建构，也就不能理解知识本身。教育学意义沿两个纬度进行：一是专业本体意义；二是专业实践意义。

（一）专业本体意义：从知识到素养

1. 形成初步专业共识

在日常的对话中通过专业阅读、阐释、激辩，促使共同体中的个体与专业文本的视域融合，求同存异，形成初步一致的见解，为大多数个体所接受，这就是专业共识。初步共识能够被直接运用在教学中或为后续的探究打下基础。对于区域教研来讲，专业共识是专业发展的一个重要成果。专业共识越多，意味着全区对专业的理解融合度也越高。值得注意的是，共同体的共识处于一个不断发展变化的状态。共识可以从少到多、从低级到高级，这是它发展的一方面；在某一个情境下相同的观点，在另一个情境下可能变得不同，这是共识变化的方面。共同体在建构专业共识的同时，既要考虑到其发展的要素，也要考虑到其变化的要素，尽量把共识放进不同的场域进行考察提炼，以促进对专业的深层理解。

2. 发现不同的见解、思维方式和个体创见

安维复在《社会建构主义：后现代知识论的“终结”》一文中提到，建构主义认为，知识具有“超越性”，是“通过主观知识（个体知识）与客观知识（社会或公共知识）的不断循环，达到不断超越自我、不断超越知识的目的。社会地建构知识的辩证性不仅体现为制度与行为之间的内化与外化之间的辩证法，而且还体现为个人知识与公共知识（或主观知识与客观知识）之间相互转化的辩证法”。因此，一部分人会提出十分独特的见解，这正反映出个体知识与客观知识转化的辩证法。

这种见解往往有两种情况：或者高深，或者极端。高深的见解是对专业极度的理解，并达到个体高度内化的境界。因此，能够发人之所未发，见人之所未见，从普通的情境中提取出精辟的观念来，这是极具创造的部分，是共同体最值得珍惜的成果。至于极端的见解，同样也属于个性创造的一部分，即使不能为大家所接受，也应该加以保留。有的人甚至会推出极其怪异的想法，这想法甚至违反专业的基本理念，一样是值得留意的。此二者的背后，都有着极其独特的专业假设和创造性思维，其中专业假设可以打开共同体新的研究思路，而其个性化思维方式则完善了共同体的创造，值得大家效法。

3. 提炼有价值的问题

由于个体的天资禀赋不一，学力不同，教学经历与教学经验迥异，甚至教学理念和基本价值观也不同，对同一文本的解读就会出现巨大的差异，因此，在对话中出现不同的观点、不同的看法是必然的结果。共同体除了肯定初步的共识成为成果的一部分外，还要明确讨论中所产生的问题也是成果的一部分，对问题要进行筛选和提炼，并根据教研主题进行框架性引导，为下一步讨论奠定基础。

（二）专业实践意义：从教到学

共同体的教育学意义还表现在教学实践方面。教学的最重要的功能是转识成智，这种能力与个体的实践经验密切相关。杜威特别看重经验的价值。他指出，教育就是经验的改造或改进，既能增加经验的意义，又能提高指导后来经验进程的能力。按照杜威的观点，教育是对学生经验的改造或改组，实际上，这种经验改造或改组的源头是教师，是教师自己对自己经验的改造或改组。教学实践能力远远比专业知识难以获取，光靠个体的文本钻研和埋头苦干是难以达到较高水平的。

从专业实践的意义上讲，无论是现代主义、后现代主义还是建构主义，都对知识本身的实践性提出了要求。“现代主义主要从本质主义的角度理解知识大厦是什么以及由什么构成等问题（如逻辑实证主义等）；后现代主义从解构主义的立场出发，告诫我们要在知识大厦的拆毁过程中来理解知识是什么（如夏平的《真理社会史》和哈丁的《科学的文化多元性》等）；而社会建构主义则从发生学的角度，建议我们从知识大厦的建构过程中了解知识本身（如塞蒂纳的《制造知识》和拉图尔等人的《实验室生活》）。”①

更多的时候，它是通过经验交流而非文本学习获取的，通过不同个体不断交流、切磋来激活自己的行为系统，使其能够在真实的场景里自如输出。共同体所产生的教学实践共识意义非凡。

1. 整合实践共识加以推广

在教学中，不同的个体往往用不同的教学模式、教学策略、教学方法来践行自己的教学理念，显示出多姿多彩的教育场面，但这些实践能力常常以某个技能或某个细节呈现，很难变成共性的财富。因此，在对话中，共同体要提炼出它们的共同要素，将其整合到同一教学实践框架里，形成共识，以促进其传播，提高共性实践能力。这种共性实践能力体现了教师把教转化成学的基本规律，具有很高的教学价值。

2. 分解独特风格加以吸收

对于那些独特的教学风格，特别是那些卓然不凡的教学特色，是区域教研不可多得的财富。个体所形成的这种极具个性化的特色很难被复制，不容易在区域里推广。如能通过挖掘其形成的内在机理，把这种特色分解成相关的几个要素，让人有章可循、有法可依、有样可学，便可以推动这种优秀的特质在区域内普及和发展，成为每个个体的实践智慧，进而大大丰富个体从教到学转化的策略。

3. 强化某一技能加以帮扶

课堂管理是高效课堂的必备条件，但有些个体特别是新教师普遍缺少这方面的能力，给自己的心理带来极大的压力。共同体可在对话中，通过引导，让一些课堂组织能力强的教师针对此进行主题交流，把自己的经

① 安维夏．社会建构主义：后现代知识论的“终结”［J］．哲学研究，2005（9）：60－67.

验、做法与他人分享。一般来说，这些东西都经过了提炼，形成了法则类的东西并与区域的实际教学情况相联系，因此可以直接复制运用，将其迁移到新的情境里。这种互动还可以通过互联网得到持续的强化，因此被帮扶者会得到及时的援助，将这一技能内化为自己的东西，提高个体从教到学转化的基本技能。

要指出的是，无论共同体是一个如何温馨的家，无论共同体对个体有着如何非凡的作用，个体知识建构的过程依然要本着自己的主体地位，“依循着不同的学习情境而适当地统合自己的所有资源，组织、调适自己的结构和活动方式，从而最优地完成学习的任务，发挥出它的共同主体性”①。

二、心理学意义建构

区域规范性教研共同体以“我为人人，人人为我”为愿景，在个体间建立起初步的联系，并开始个体间真诚的对话。在对话中，个体将自己的专业理解、生活经验和真实情感投射进来，便有了一种持续的、温馨的人际互动产生。查尔斯·泰勒在其著作《自我的根源：现代认同的形成》一书中指出：“一个人不能基于他自身而是自我。只有在与某些对话者的关系中，我才是自我。”共同体对于个体的心理学意义，不仅营造了一种放松的心理状态，能够消除心理的隔阂，拉近个体的距离，让人感觉舒适安心，沉浸其中，并有继续对话的意愿，而且让个体在对话中发现了自己本身。实际上，这是一种共同体个体身份的建构。正如赵健在《学习共同体的建构》一书中指出的那样，“学习共同体是一种关于学习和学习者的社会性安排，它提供给学习者围绕共同的知识建构目标而进行社会交互的机会，以活动为载体的社会交互中蕴含着多种层次的参与：边缘的和核心的，在场的和虚拟的。每一个成员从不同水平和不同角度加入到围绕知识的合作、争论和评价中，并且从中获得来自他人的和人工制品的支持，在形成共同体的共识性知识的过程中确立自己的身份感”。实际上，这正是共同体里个体意义建构的心理学上的本质意义。仔细划分，可以发现它具备以下四个层次的含义。

① 郑葳．学习共同体：文化生态学习环境的理想架构［M］．北京：教育科学出版社，2007：62.

（一）建立沟通的桥梁：善的联结

善意是人与人沟通、接纳的前提。善意地表达自己，善意地接纳他人，激发善，弘扬善，是建构共同体心理学意义的本质。

向对方敞开心扉，释放善意，这样双方就有了沟通的意愿。在此意愿上展开专业话题互动，在对话过程中不断地寻找共识，求同存异，推动两者视域的融合，那么在观点接近的过程中，便产生了一种稳定的心理趋向，架起了沟通的桥梁，让共识能够畅通无阻，让不同的想法也有安全的投放渠道。在对话过程中建立起的这种沟通通道使对话的双方能够就事论事，对事不对人，为产生良好的心理联系打下了基础。这样，不仅为互动开设了例行通道，大大简化了互动的启动仪式（如寒暄、客套等），缩短了互动时相互试探的环节，提高了效率，而且保证了互动通道的畅通，实现了一种开放性的联结。在这里要特别强调的是，此心理沟通桥梁的特点便是全方位敞开，既能使双方相近的信息得以交流，也能使双方不同的观点得到呈现。

（二）形成心理默契：心理契约

一旦双方建立起良好的沟通桥梁，对话便能够持续下去，深度发展，去面对共同的专业挑战。在艰难的专业学习中，个体的能力局限往往会暴露出来，产生“书到用时方恨少”“人多力量大”的想法，意识到团队的重要性。这时，个体就会产生与对方进一步结盟的意愿，采取积极的互相投射的行为，促进两者行动进一步交融。实际上，这时便形成了牢固的心理联系。心理联系是深度对话的必然结果，是个体面临专业难题时，在双方积极的专业和情感互动下产生的，它是在一系列互动的行为中提炼出来的心理默契。这种心理默契需要经过一定时间的心理、情感、活动的积累，具有一定的指向性和约定性，对心理、情感进行一定的约束，遵循这内在的指向则关系融洽和睦，违背这内在的指向则关系疏远不协，可以说形成了个体都默认的心理契约。

20 世纪 60 年代 Levinson 等人给心理契约下了定义。他们认为，心理契约是组织与员工之间隐含的、未公开说明的相互期望的总和。Kotter 则把心理契约定义为存在于个人与组织之间的所期望双方付出的一份“内隐的协议”。有研究者进一步指出，心理契约所涉及的责任与任务是基于可以预料和可见的承诺，但这些承诺未必必然被组织的代理人所认识到，心理契约就是员工和组织之间的相互理解和信任。

这对于共同体至关重要。很显然，形成心理契约的心理学的意义不仅在于它一下子解决了什么专业问题，更在于打开某一关节，建立某种默契，使对方的各种信息和能量能够及时按照两人所形成的约定（这种契约在更多的时候并无语言约定，甚至不被个体所觉察，但确实存在）通道输出，进而进入到快速的心理交互中。

心理契约的形成是自发、自觉、自然的，靠外部的力量很难达成。哪怕有共同体的精神进行感召，由于缺少必要的心理情感交往的积累，往往出现“像其形而无其神”的现象。因此，在共同体活动初期，个体往往能够做到“心往一处想”，却很难做到“劲往一块用”，其原因便在此。在共同体推进过程中要意识到这个特点，认识到心理契约是个体通过对话及时建构出来的互动意义，并沉淀为对方共同的心理资产。要提高个体的心理联系，就要创造互动的机会，促使这种意义的即时建构和有意积累，这比单纯诉诸共同体的愿景要务实得多。即互动永远大于语言，哪怕是一种重要的心理疏导语言。牢固的心理联系使双方沟通更高效、更有默契，并推动心理互赖的产生，进而出现心理支持的共同体人际凝聚。

（三）获得心理支持：团队精神

所谓的心理支持，就是相互依靠支援，共同抱团取暖。这应该是共同体生存的最本质意义的精神特质了。这个特质使共同体真正成为一个温馨的家。如同家人一样，这种支持表现为无条件的悦纳、理解和欣赏，并对外来的压迫产生共同的抵抗。

在这个温馨的家里，自己，与他人，与文化、历史和生活对话，“通过与客体的对话、他者的对话和自身的对话中获得当下的人生意义，并最终走向自我完善”①。共同体的悦纳使个体的自我完善成为可能。

共同体的悦纳建立在宽容的基础上，不仅表现在接受对方好的、能够被乐意接受的个性品质上，更表现在对对方难以理解甚至是难以容忍的个性的接受和尊重上——承认其存在的理由，给对方个性品质以容纳的空间，并在可能的情况下帮助个体改变。共同体的心理支持还表现在对对方的理解上，理解对方的立场、生存方式和价值观，求同存异，和而不党。共同体对个体的心理支持还表现在对对方的欣赏上。嫉妒是一种普遍的社

① 舒悦．当代美国学校学习共同体问题探析［J］．外国教育研究，2007，34(2)：21－25.

会心理现象。人们容易同情弱者，憎恨强者。“木秀于林，风必摧之”“枪打出头鸟”往往成为常态之痛。有时候，个体甚至能够容忍身边之恶，却不堪忍受身边之善。把不同个体的优秀品质提取出来，为每个个体所认可接受，并在共同体里得到弘扬并不是一件容易的事。只有当对优秀品质的欣赏、推崇成为个体日常心态，觉得“这人这方面很不错，值得我们学习”，而非觉得“这有什么了不起，要是我有那个条件，我做得比他更好”时，共同体的心理支持机制才能成熟起来。同时，被人欣赏是一种最高贵的肯定，它赋予人自信，并让人体会到一种持续的高峰感受，使被尊重的个体“投之以桃，报之以李”，以积极的态度回应对方，给予对方足够的尊重。可以说，欣赏对方是建立在一种优质特质基础上的一种高层次的互动，能大大增加团队的凝聚力。

因此，共同体在互动中要特别注意培养建立在相互欣赏基础上的批判性思维，让相互欣赏、相互学习成为个体的必备品质，把共同体建设成一个精良的团队以应付艰难的挑战。共同体提供心理支持的最有力的表现就是团结起来共同对抗艰难。这种挑战包括碰到专业难题时相互鼓励和共同应对，包括对对方教学碰到困难时的体谅和及时援助，包括对对方遭遇生活不幸时的安慰、理解和支持，还包括对不合理的压迫的团结反压迫，当个体或团队遭受压迫时，共同体不是出现“树倒猢狲散”或“墙倒众人推”的溃败乱象，而是团结起来，群策群力，共渡难关。在当今社会，这种心理支持的品质显得尤为可贵，它标志着共同体的意义建构达到了一种全新的水平。

（四）形成心理自由：自我效能

心理学家罗杰斯认为，“心理安全”或“心理自由”是创造性活动的一般条件。①

共同体的团队建设会不会造成自由的丧失？进一步说，由于心理的相互敞开，会不会对个体产生心理压迫而使之失去心理的自由呢？鲍曼认为“共同体与自由不可得兼”。实际上恰恰相反，共同体不仅不会造成心理压迫，反而会赋予个体充分的自由。自由愿意是共同体的两大基石之一，求同存异是共同体的基本互动原则。这里的自由愿意是指不受压迫，不受奴役；这里的“同”是在两者之“同”的基础上，通过“求”得以发现和扩

---

① 郅庭瑾．教会学生思维［M］．北京：教育科学出版社，2001：114.

大的，而不是通过去两者之"异"而获取的，即通过不断发现两者之间的"同"，在"同"的基础上，继续寻求共识，一同调整方向，使这个"同"不断扩大、不断充实，进而产生联系两者的心理纽带，最终共同获取心理依存和共鸣。因此，没有对个体的"异"造成压迫。反过来，这里的"异"则通过"存"而得以保留。也就是说，共同体在建立时，首先承认个体的"异"——个体的独特性和差异性，并将其保存下来。在互动过程中，这个"异"继续得到承认、保留、改善，发展成为个体优异的品质乃至优异的特质，进而促进个体独特性和差异性全面、深刻、完善地发展，以实现共同体的最终目的。共同体的最终目的，不仅是提取共性、发展共性，还是更好地实现个性。一句话，共同体的求"同"不仅是为了存"异"，更重要的是要发展"异"、完善"异"、弘扬"异"，并最终促进个体"异"的实现。

三、文化学意义建构

文化是指人们共同拥有的知识，是使他们能以相同的方式阐述他们的经验，并依据共同约定的规范来行动的知识。[①] 组织文化是组织成员在探索适应外部环境和整合内部资源的过程形成的，得到组织全体成员普遍接受，包括价值观念、行为准则、团队意识、思维方式、工作作风、心理预期和团体归属感等。建设区域教研共同体的文化学意义，就是在组织文化的基础上，继续提炼、改造和升华，上升到共性价值观的层面。

区域规范性教研共同体内同时存在三种性质的文化，由低到高，保证共同体的正常运转。这三种文化就是规范性文化、激励性文化和凝聚性文化，三者各有侧重，既在共同体的日常事务中发挥不同的作用，又互相辉映、互相交融，共同推动共同体由低级向高级发展。因此，在对话互动中，要引导个体进行此三种文化的意义建构，让其与专业研讨、培训、执行和管理紧密结合起来，成为各个活动的有机部分，而非一种现象工程，一种面子仪式。

（一）规范性文化建构：契约文化

建构共同体公约，建设规范性文化，这是基础。

这里要澄清或者要更正的一个观念是，共同体拒绝规范，换句话说，

① （美）维纳·艾莉．知识的进化［M］．珠海：珠海出版社，1998：309.

认为在共同体里树立规范是有悖于共同体成立初衷的这种认识是错误的。因为其潜台词是“纪律是没有价值的”，甚至是“纪律是有害的”。实际上，人有一种天生对秩序的向往，人们反抗纪律，是反抗纪律对人的禁锢、异化和迫害，人们反抗的并非纪律本身。因此，只要消除了禁锢、异化和迫害等负面功能，纪律对团队的巨大推动作用就会得到呈现。而这正是共同体规范性文化的价值所在。

区域规范性教研共同体依托于区教研部门，与学科教研同根同体，其重要活动的发起、开展和评价都由区（县）进修学校发起，因此具有合法性和规范性。个体对此不会有任何疑义。然而，这是其先天优点，也是其先天缺点。其先天优点的规范性是由合法性赋予的，是不容置疑的，这是其他专业共同体所不具备的；其先天缺点就是这合法的规范性具有较强的强制性，会伤害到共同体文化的另一基础——自愿自发性。如何处理好两者的辩证关系，既发挥其先天的规范功能，顺利建立起各种规则，又克服其先天弱点，让个体感到没有受到剥夺、压抑，建立起共同体的规范性文化，关系到共同体的成败。因此，在共同体互动中，在自愿的基础上，要特别引导个体建立起规则意识、制度意识，发动个体协商建构必要的规章制度——共同体公约，并内化成每个个体能够自觉执行的要素。共同体公约是共同体全体成员的行为准则，不仅对全体成员起约束作用，而且能够促进一种公平感的产生，推动共同体“不存在从属和受限制的平等状态”的产生和维持。

从本质上说，共同体里的规范性文化不是为了限制人的自由，而恰恰是为了保护人的自由，正如一个自由的国度，法律的目的不是废除和限制自由而是保护和扩大自由。对于共同体而言，纪律规范的目的不是仅此而已，纪律规范的过程与专业视域的融合过程、人际吸引的密切过程和愿景树立的感召过程水乳交融。

因此，在初期的对话互动过程中，也承载着共同体建构自身规范性文化的任务。互动的过程，既是价值感召的过程，也是专业视域融合的过程、个体情感密切的过程，更是规范建设和内化的过程。

（二）激励性文化建构：激励文化

规范只能保证不能做什么，或者说不让个体去做什么。而激励则指引和推动个体去做什么。对共同体而言，要完成艰巨的专业突破，激励发挥着不可替代的作用。作为一个心理学术语，激励指持续地激发人的动机的心理过程。通过激励，在某种内部或外部刺激的影响下，使人始终维持在一个兴奋的状态中。激励可分狭义和广义两种。狭义的激励就是激发、鼓励之义；广义的激励则是指运用各种手段激发人的热情，启动人的积极性、主动性，发挥人的创造精神和潜能，使其行为朝着所期望的目标而努力。在共同体里，激励是激发人的动机，诱导人的行为，使其发挥内在潜力，为实现所追求目标而努力的过程，即通过激励调动和发挥人的积极性，使朝着所期望（或既定）的目标前进的心理活动过程。

因此，在共同体互动中，要引导个体建构出一系列激励的规则，来鼓舞共同体向前发展。一般来说，共同体可以通过激发成就动机、建立多种榜样群、赋予挑战性任务等方式引导个体在互动中建构起激励性文化。

1. 激发成就动机

一种文化如果能够有效地引发个体的成就动机，那该是一种怎样的情景。它促使个体点燃希望，催生必胜的信念，激发成功的热情，迸出心底的力量——赋予每个个体理想、行动力并使个体在激情的点燃下奋勇向前，披荆斩棘，克服各种艰难险阻，取得最后的成功。

2. 建立多种榜样群

共同体激发个体成就动机的最佳途径是建立多种榜样群。加德纳指出，人的智能具有多元性。一般说来，像达·芬奇这样的全才是少有的。不同的个体只能在某一智能领域占有优势。因此，共同体要采取多元评价的方式，在不同的领域、不同的方面设置榜样参照群，使每个个体的优势方面都得到展示和肯定，激发出成就动机，然后将其迎向所需要却又较为劣势的方面，让个体有信心、有勇气去克服困难。在专业阅读和专业问题探讨中，这种小心的引导尤为必要。在读书会的运作过程中，要特别注意把任务安排在个体的强项上，除了出于提高工作效率的目的外，更重要的是用人之长，激发个体的效能感。

3. 赋予挑战性任务

可以说，赋予挑战性任务是一个比较高明的方法。正如俗话所说的“遣将不如激将”，当把一项富有挑战性的任务慎重地交给某个人的时候，就完成了对这个人的激励。因为这不但意味着对其能力的认可，也意味着对其人格的认可。而前者更为重要，因为其潜台词不但是“你行”，而且是“只有你行”，正是“只有”这两个字，把个体从其他个体里凸显出来，将他放在高处，进而完成对个体的激励。共同体要灵活运用这一原则，给那些有能力却被动的人或给那些有热情却能力不足的人赋予挑战性的任务，这样就能够推动个体发展起来。而对几个人或几个小组同时使用这个策略，便可产生一种良好的竞争氛围，激发出个体或团队奋勇争胜的力量，去完成更大的挑战。因此，在主题互动中，共同体要有意识地将其分解成几个主题，然后交给需要激发的团队或个体，鼓励他们克服困难，这样就能将整个共同体置于某种激发状态，形成持久的激励，并最终沉淀成一种令人鼓舞、催人向上的团队意识和行为准则，这样便形成了的宝贵的激励性文化。

（三）凝聚性文化建设：感召文化

建设凝聚性文化，这是核心。

如果说规范性文化规定了个体行为的底线，保障了共同体的“稳”，激励性文化激发了个体向上的激情，保障了共同体的“高”发展，凝聚性文化则使共同体形成了一块铁板，保证了共同体的“强”。无数的事实证明，一个团队有多团结，力量就有多大。人们所说的“上阵父子兵”“人心齐，泰山移”正是对“人多力量大”的一种恰当诠释。一个精诚团结的团队，是凝聚力强的团队。在共同体互动中，如何建设凝聚性文化，使不同的个体拧成一股绳呢？

1. 强化共同价值观，产生一致共生指向

共同的价值观决定了共同的行动方向。在共同体互动过程中，通过不断重申共同体共同价值观，促进个体行为步调一致，从而不断地创造出“共生性意识”，有力地克服各自为战的混乱局面。个体不仅生活在组织、共同体当中，组织、共同体也生活在个体当中并通过个体而存在，即“我中有你，你中有我”。在这种共生性环境中，能完成个体与群体主体性的建构与生成。[①] 同时，共生性意识的积累，不断进行价值观强化，会促进价值观的内化吸收，成为个体行为的判断准则，在日常教学生活中起着指导和纠偏的作用，保证个体的行为都回到相同的范畴里，这意味着共同体的凝聚力在各自的工作中得到了强化。

2. 明确愿景目标，产生共同目标吸引

沃伦·本尼斯说过：“在人类组织中，愿景是唯一最有力的、最具激

---

① 陈宗章．文化生态意识与“学习共同体”的建构［J］．南京社会科学，2010(3)：151－155.

励性的因素。它可以把不同的人联结在一起。”比起价值观，愿景和目标更加具体、更加直观并与个体的工作密切相连，一个良好的目标，能让个体看清方向和实现的可能性，进而推动行动的开展。当“一个新的个体融入一个学习共同体而获得合法性身份后，首先就是要体验并承继共同体先定的文化和意识，以保持自我合法地位的延续”①。共同体通过设置共同的目标，就能推动个体都沿着团队意愿前进，去实现团队目标，这正是凝聚力的体现。

3. 进行公正评价，激发凝聚力量

不平则鸣，引起个体不满和团队解散的，是团队间的不平等的规则、评价和待遇。共同体中个体的关系是平等的伙伴关系，共同体的公约是共同协商的结果，共同体根据多元评价机制对个体进行合理评价。因此，不存在不平等的地位、规则、评价和待遇，不会产生不满和涣散情绪。由于这些东西（平等的地位、评价等）是日常生活中少有的，所以个体会倍感珍惜，会自觉团结起来去爱护它、弘扬它，不忍让其消失，这样，一种凝聚的力量便自然而然地产生了。

4. 密切人际关系，增强内部吸引

密切的人际关系，使个体产生心理安全、产生心理亲近、产生心理共鸣、产生心理支持，让个体倍感温暖、充满力量，使个体沉浸于此，流连于此，不忍离去。共同体内部人与人之间吸引力加强，情感相互渗透，个性相互交融，形成了不可拆分的整体。这同样大大提高了共同体的凝聚力。值得指出的是，这种由人际亲和而建立起来的凝聚力会使人产生知音感，这是一种深刻的认同，实际上，共同体内便形成了吉登斯现代认同理论中的一个核心概念——本体性安全，让个体获得“时间上的连续和有序的感受”，使之具有持久的力量。其一旦产生，便不会轻易消失。

5. 设定假想敌，产生共同危机感

当有外部强敌来临时，共同体便会集中起来共同抵御侵犯。因此，假想敌的设置是必要的。给整个共同体设置一个竞争对手，并提高对手对共同体的压迫水平，会促使集体危机感的产生，迫使共同体抱团取暖。在日常互动中，要不断宣扬假想敌的存在，让假想敌深入到每个人的心里，发

---

① 陈宗章．文化生态意识与“学习共同体”的建构［J］．南京社会科学，2010(3)：151－155.

挥其警醒的作用，推动共同体向心力的产生。

第五节　深刻的个性完善：自我实现

一、追思人的本质

自我实现是人本主义的观点，意味着个体能够充分实现自我的理想，展示自我的价值，并获得社会尊重而产生一种高峰体验。按马克思的观点，实现自我理想，就是能够充分解放自己，实现个体自由，它以个体既能进入整个社会关系中，又能超越社会关系为标志。

海德格尔曾经指出，人是被抛到这个世界上来的。我是谁，我从哪里来，向哪里去，无时不困扰着那些凝思的心灵。在茫茫人海里，我何其渺小；在茫茫大地上，人类何其渺小；在茫茫宇宙中，地球何其渺小。所以我是谁、世界是什么、宇宙有多大，都是无关紧要的，都是伪命题，都是常人无法忍受的生命之轻。从本质上来讲，每个人都是一个孤儿，孤苦无依；每个人生都是一个孤岛，任凭风吹雨打。

人的进场无法控制，人的出场无法预料，要命的是，这不是悲凉的独断论，也不是危言耸听的预言，这是实情，这是世界的真相。引导共同体互动，一方面要善于在互动中相互发现、相互激发、共同建构生命意义，另一方面要善于积极体悟、发现自我、发现个性、发现并能建构自己的生命意义。从某种意义来说，没有相互发现、相互建构的生命是孤独的，是片面的；没有自我发现、自我建构的生命是肤浅的，不是自己的。共同体通过主体间的互动，将“你—我”的关系放到生命意义的框架中进行建构，既通过自我激发、自我发现、自我确立来建构独特的生命意义，又通过互相激发、互相发现、互相推动来完整、丰富个性，使个体的生命在更完整、更广阔的社会中得以充实、发展、完善，最终实现其独特性、完整性和圆满性。

（一）发现生命载体：身体

身与心的关系是哲学的大命题，身心二元、身心平行还是身心一元，哲学家们争论不休。这里并不是要论证身心的哲学关系，这里要指出的是，任何生命的发现，都以身体的发现为前提。我们看到老虎、看到鲜花、看到细菌，不是首先看到它的威猛、它的鲜美、它的毒性，而是先看到它的外部现状——用哲学的名词来表达，是看到了它的广延性。没有看到老虎的巨大体型、血盆大口、锋利爪牙、快捷行动，是不会产生“威猛”的感觉的。同样，没有看到花枝摇摇、花朵亭亭、花瓣舒展、花色鲜艳，谈何花之鲜、花之美？因此，精神和意志需要身体来传递，来表达，来实现。同样，对人而言，无论是自己还是别人，首先发现的是个体的身体，是身体的外壳，然后才是这个人的特性和精神。在某些时候，身体本身包含了精神的某些特征，如魁伟的身躯、挺拔的腰身和结实的肌肉给人力量的感觉；温和的眼神、柔和的微笑、轻柔的语言给人亲和的感觉。身体自己的结构导致了它的自我遮蔽，它自身构成了最难被认识之物，因此，从这个角度说，个体对自身生命的发现始于身体。

身体可以从内部加以审察和发现，从理性主义的角度看，在更多时候，身体只不过是同外部世界一样是可观察的一个客体罢了，甚至连人的生命、欲望、意志、情感一同客体化了；与之相反，非理性主义的观点则完全相反，如叔本华同外部世界一样，身体不过是意志的表象，“我的身体与我的意志就是同一事物”，这句话就很好地说明了一切。

1. 发现身体优美

“多么优美!”这是莎士比亚对人体的赞美，当我们观看古希腊掷铅球者的人体雕像时，也会情不自禁地发出此番感叹。

(1) 健全。身体的优美首先指身体的健全，没有肢体器官上的残缺和变异，如我们无法觉得没有鼻子的人或少了一个耳朵的人是优美的，也不会觉得一个长着尾巴的人是优美的。

(2) 健康。健康也应该是优美的组成部分，失去健康的人往往在外形上表现出某种不协调。古希腊人认为，美是一种协调。不协调很难传达出美的元素，没有一个人会因生病而变得更加优美和高贵。传说西施捧着心的姿势非常优雅，甚至有人效仿。但我敢说，这个人心不疼而欢笑时，一定更有催人心魄的力量。不是病赋予西施以美，而是西施赋予病以美的形态。否则就不会有东施效颦的笑话了。相同的动作、相同的表情，却有着截然不同的审美感受，这就是原因。同时，一个病态慵慵的人往往传递出一种消极的东西，如悲观厌世，如怨天尤人，也不会给人带来审美感受。

(3) 美。包含面容美丽和形体美丽。“天生丽质难自弃”，“淡扫峨眉朝至尊”，这是貌美；“回眸一笑百媚生，六宫粉黛无颜色”，这是表情之美；“娉娉婷婷十三余”，“及其醉也，如玉山之将颓”，这是体形美。

（4）优雅。言谈优雅产生一种高贵，举止高雅体现一种威仪，这是长期修养的结果，具有长久的美感。发现优美，会给个体带来自信，会给团队带来愉悦。

2. 接受身体缺憾

（1）接受他人缺憾。个体必备的修养，一般情况下比较容易做到。共同体的宽容精神可使对有身体缺憾个体的排斥减到最小。通过接纳、尊重，最后使对方达到自如的程度。

（2）接纳自己的缺憾。接纳自己外表及性格上的不足。个体对自己性格上的不足往往容易接受，例如，当有人说你“看看，又出口伤人了”，你说“不好意思，我这个人有点急脾气，着急了”；又有人说“你别老宅在家里，要出去多走走”，你说“我这个人好静”，总能给自己找到一个理由对缺点进行美化。实际上，这是对自己性格缺点的容忍。但有人说“你这个人鼻子太扁了”，你一定说“鼻子扁关你什么事”；又有人对你说“你皮肤很黑”，你一定大怒，说“贫血的人，皮肤才白”。为什么你会感到愤怒？是因为你感到被冒犯了。为什么你会感到被冒犯？那是因为你在意。为什么你会在意？是因为你觉得那确实是缺点，而且你深受其痛，你以“鼻子扁”为耻，以“皮肤黑”为耻。一句话，你以自己的缺陷为耻，你不能接受、容忍。但谁是完整的美人？谁是性格的完人？因此，发现自己的一个重要核心是无条件接受自己，接受自己的身体特征、性格特点，以平常心来看待自身缺陷。只有对自己的身体、外貌及性格特点完全接受的人，才不会在外表优美、性格完善的人面前失去尊严，也才不会产生那种可怕的毒素——嫉恨，这样，个体才能关注对方，用审美的眼光欣赏对方，吸收对方的优点来完善自己。

3. 还身体以自由

通过身体，个体与世界发生联系，获得经验、情感或者意义。怀特海在其著作《思维方式》一书中指出，人体提供了我们对自然界的现实事物的相互作用的最密切的经验。日常语言、生理学和心理学提供了一种证明，这种证明有三个方面，即身体是自然界的一部分，身体为情感和感性活动提供了基础，人的经验的振动传递为其后的身体活动。杜威则说：“活的身体将活的生物与其环境主动联系起来，因此，提供了意义真正的可能性。”可以说，身体的自由是其他自由的基础，是实现精神自由的基本条件。

庄子曾经说过一个绝妙的故事：两个人去放羊，都把羊弄丢了，一问，一个人在睡大觉，一个人在读书。虽然在做着不同的事，看起来一个高贵一些（读书），一个不务正业一些（睡觉），但本质都是一样的——两个人都把羊弄丢了。道家强调养生，强调生命自由，反对为了外在的功名利禄而失去身心自由，因此在庄子的眼里，做一个宰相，不如做一只摇头摆尾在泥巴里打滚的龟。古希腊也有类似的比拟，他们的表达是“你要做一头快乐的猪，还是要做个痛苦的苏格拉底”。实际上，此二者都指向身心的自由。反过来，那些作奸犯科的人被囚禁在极小的空间里，就是要让其失去身体的自由。没有身体的自由，生命的自由是谈不上的。哪怕完美的苏格拉底，当他被囚禁在小房子里的时候，也一定比不上他在街上随意走路时心情自在、精神愉悦，因为身体自由是精神自由的保障。因此，在共同体的互动中，要解放人的身心，不能引导个体为了专业问题而付出身体的代价。

（二）发现个性：性格

1. 发现个性独特

世界上没有两片完全相同的树叶，这不但指人的相貌，也指人的性格。正是人性格的独特，才使得世界变得多姿多彩。发现个性的首要任务就是要发现自己与众不同的独到之处。在很大程度上，它不仅是你外在的个人识别标签，而且是你优势的可能所在。当然，这里也可能存在致命的隐患，给你的人生带来“灭顶之灾”。因此，发现独特性，不仅要发现与众不同之处，更要对此进行鉴别，把优势揭示出来以发扬光大，把缺点进行改正或限制在一个安全的范围内，让个体真正因为“独”而“特”——因为不一样的个性，而做出不一样的成绩。

不同的独特性会使个体“身上所产生的多种多样的倾向在人的行为的有意识的或无意识的调节中得到了自己的有效的表现”[①]，进而使共同体的互动更多姿多彩。

---

① （苏）谢·列·鲁宾斯坦．存在和意识——关于心理的东西在物质世界现象的普遍相互联系中的地位［M］．赵璧如译．北京：生活·读书·新知三联书店，1980：330.

2. 尊重个体差异

“差异充塞着整个存在空间，从宏观宇宙到微观粒子，从天地自然到人类社会差异处处无不显现着自己的身影，它是绝对的、无限的。”① 差异无所不在，构成世界的常态。“差异本是世界的原生态。差异作为方法，其目的就是为了保证差异这一世界的原生态。”② 一方面，要承认你与众不同，是一个独特的存在；另一方面，也要承认别人与你不同，同样是个独特的存在。尊重个体的差异，一方面，赋予对方独特性合法的地位，并在此基础上鉴别它，让其优秀的部分有用武之地；涵养它，让其能顺利发展；欣赏它，让其在更大的范围内得到弘扬；学习它，让其成为自己成长的养分。另一方面，要善于发现这种差异，揭示这种差异性，让它形成互动中的一种张力，带动不同的个体思考；同时还要勇于展示自己的差异性，同样让它成为互动中的一种张力，促进差异之间的互补、发展、融合和完善，让共同体的互动过程成为促使差异变成合作发展之资源的过程。

3. 建立个性独立

还有什么比个性独立更美好的？个性独立意味着思想的自立，不受奴化；生活的自立，不依靠他人。他不给社会添乱，不给家庭增压，有着自己的发展理想和追求方向，能够靠自己的劳动创造美好生活。美好的生活有多种多样，对于个性独立之人，其可贵之处，就是这种美好生活是自己喜欢的，是自己选择的，是通过自己努力奋斗获取的，不是他人恩赐的，因此它释放的是个体自强不息的光辉。这种光辉赋予社会正能量，激励着个体努力向前，因此不仅具有个性的意义，还具有社会学的意义。这样，个性独立很容易成为社会的标杆，给普通人一种看得见、感觉得到的模样，进而依此建立起自己的奋斗准则和行为底线。很显然，具有独立个性的人越多，这个社会的思想越开放、创造性越强大、社会越文明。因此，共同体的互动一定是建立在个性独立上的互动，也是推动个性产生、发展和独立的互动。换句话说，共同体的专业视域建构、生命情感体验、生活世界投入、深度意义生成都建立在个性独立的基础上，没有个性独立，就没有视域扩大、情感融合、意义丰富的获得。

---

① 易小明．社会差异研究［M］．长沙：湖南人民出版社，1999：3－4．

② 金惠敏．差异［M］．开封：河南大学出版社，2003：前言．

（三）发现潜能：禀赋

亚里士多德认为，人的本质是以潜能的方式存在于其形式当中。种子之所以会长成大树，是因为它有长成大树的潜能。我们经常听到两个截然不同的观点，一个是“那人太厉害了，一定是天才”，另一个是“我哪里是天才，我只不过把别人喝咖啡的时间都用在工作上”，当然还有第三方的观点是“天才是99%的汗水，加上1%的灵感”。第三句话好像是“和稀泥”派的，是前两者的折中，其实它还有后半句“没有1%的灵感，前面99%的汗水是没有用的”，这就表明了立场。因为有了成为天才的潜能（1%的灵感），经过努力（99%的汗水），才激发出创造性，修成了正果。这在日常生活中比比皆是。譬如写文章，当没有灵感时“7天写6字”或许是夸张，但也道出开篇之难；而有了灵感，则思如泉涌、下笔千言、文不加点、一挥而就。现代心理学也证明了亚里士多德观点的正确。那些能够成为大文学家、大诗人的都是因为有着杰出的语言天赋，具备亚里士多德所说的潜能。对于天才，不同的人有不同的看法。康德认为天才就是天生的内心素质，而黑格尔认为天才是主体心灵创造活动，但是天才不全是天生的。

比较困难的是，你怎么知道自己有没有天赋？又怎么知道自己具有这种天赋而非那种天赋？有的人小时是神童，长大了却非常平庸；有的人小时候不见得有什么出彩之处，长大后却能成就一番事业。可见，天赋以一种非常隐蔽的方式存在，隐蔽到一般的人无法看到，甚至是摆在你面前你还会矢口否认，只好等待伯乐前瞻性的目光。可见，我们将共同体对话互动的功能之一定位为相互发现是非常必要的了。

综上所言，每个人都有自己独特的个性、长处。从某种角度来看，尊重个体，就是尊重个体独特的思想、不同的价值追求和相异的性格特征，也就是尊重个体之间的差异。

独特的个性容易被发现，而独特的长处却不易被觉察。发现独特禀赋是一个十分漫长的过程。它不但需要有明察秋毫的眼光，还要有足够的耐心：既能从日常活动中发现天赋的蛛丝马迹，又能提供足够的时间，给个体进一步表现的机会加以进一步考察，让此幽暗的天性明朗起来，让怯弱的创造性勇敢起来，最后得到确认。共同体里不同的观点之所以显得特别重要，不仅因为它代表着不同的视域，还因为它代表了一种观察问题的角度，而在这背后则可能代表了一种不同的思维方式——这种独特的思维方式正是个体独特禀赋的集中体现。因此，在共同体里，求同存异的互动原则在这里又一次得到充分的阐释，求同不是为了消除异，而是为了保存异、发展异、完善异。在这里要特别指出的是，个体一定要抓住对话中的“灵光一闪”，它是独特禀赋被激活的重要特征。分析它出现的情境，就能分析出它产生的条件、产生的过程，并揭示出它产生的机理，这具有无比重要的价值。

（四）激发独到体验：体悟

如果深入生命深处，便会有一种独到的体验。这种体验以一种弥漫的状态出现，把人席卷其中，使人达到物我两忘的境地。这时，人不见了，万物不见了，世界也不见了。人的一切与世界合而为一。在这种独特的体验里，个体把握了时间，找到了自我，找到了归宿。

作为一种独特的禀赋，体悟的一个明显的特征是，个体常有一种与众不同的体验，能在平常的事物里看到不同寻常的东西，品出一种不同寻常的味道来。如法布尔之于蚂蚁、张衡之于星星。当法布尔花一天的时间观察蚂蚁时，所有的人都觉得他很傻，他却能够沉浸其中乐此不疲，这就是他的独到体验；当张衡仰望星空，做众人认为徒劳无功的事时，他同样沉浸其中乐此不疲。法布尔是幸福的，张衡也是幸福的，因为他们找到了自我，找到了归宿。

因此，在共同体的对话互动中，如果个体发现了某一特殊的方面，引起长时间的思考，并沉浸其中乐此不疲，请不要嘲笑他，而要尊重他，因为他可能正经历着一种独到的体验，如同法布尔和张衡一样。这种独到的体验是值得提倡的，值得学习的——因为这种沉浸实际上意味着一种对规律的把握，一种克服“身—心”二元的超越性。因为“对象的形式或者对象的联系规律，……在被领会上，恰恰就是因你这方面的‘身—心’活动而定的”[①]，个体越是沉浸其中，把握规律的可能性就越大，与规律的联系就越紧密。

令人遗憾的是，由于我们缺少这方面的训练，这种看似无谓的“出神”其实最接近“凝思”的生活方式，往往被视为负面的行为而被排斥。这使得沉浸式的体验越来越少，而缺少这种独到体验的共同体的生命总会

① （英）鲍山葵．美学三讲［M］．周煦良译．上海：上海译文出版社，1983：11.

缺少一些深刻和意味，对共同体的长期发展不利。因此，共同体要有意提倡这种“凝思”式的专业体验，以弥补个体在这方面的缺失，让个体沉湎其中，以一种深刻的生命感动体验专业的本质意义和教育精神，这样可赋予共同体更深沉的生命感动。

（五）发现长久趣味：情趣

梁实秋曾经撰文道，为什么打麻将时人们会乐此不疲，是因为里面存在着浓厚的趣味。因此主张学习要从有趣味的方面入手，这样才能自然生成。这个观点与杜威的有所相近。钱文忠提出了不同的看法，他说，学习从来就不是一件有趣的事，需要人们艰苦的付出。但教学实践表明，那些读书特别用功的人，成绩特别突出的人，有很大一部分并不觉得读书是一件痛苦的事。相反，很多人在读书做题时觉得时间过得很快。仔细观察这些人可以发现，他们在自己强项里花的时间远远多于别人，而且这不是出于外力的强迫，而是他们不自觉的付出。这种不自觉的付出可以证明，这里存在着一种持久的吸引力，一种长久的趣味。

兴趣和人的求知欲密切相连。越是感兴趣的地方，越容易打破砂锅问到底。到底是兴趣引发了求知，还是求知引发了兴趣？这是一个值得探讨的问题。但无论如何，趣味和求知紧密联系。

心理学家说，兴趣是一种持续的推动力。爱因斯坦则坦言，兴趣是最好的老师。兴趣不仅会吸引人的注意力，使人长久沉浸其中，而且能够发展人的理解力，提高人的智力水平，并促进创造力的产生，使人对世界的理解上升到更高的层次，最终成为自己的老师，自行教会自己解决原来困扰自己的问题。

（六）实现持久趋向：使命

我们知道，人的天赋之所以以潜能的形式存在，是因为它难以被觉察、被发现；独特的体验和长久的趣味之所以重要，是因为它揭开了潜能的面纱，使人有可能发现天赋的真实面目；而持久的趋向最为难得，是因为它找到了开启潜能的钥匙。苏格拉底曾经说，他心底有个精灵，当他做坏事的时候，精灵会发出警告，阻止他去做不道德的事；世人敬仰的周恩来在少年时代就定下了“为中华之崛起而读书”的宏伟志向，并为此奋斗终生；在选择职业和配偶的时候常听人说“你要听从心底的声音”。这些都指出了心理趋向的重要性。实际上，“心底的声音”有时会变，但苏格拉底的精灵和周恩来的志向，则是一种极其长久的指向，这一指向成为他们毕生的生命准则，对这两个非同凡响的人物而言，都持续了一生，使他们一个作为圣人——道德的楷模而被亘古效仿，一个作为造福苍生的伟人而被永世景仰。我们都是芸芸众生，是极其普通的个体，不能也不必要成为圣人或伟人。但凡人也有凡人的使命，寻求到这种持久的趋向性，就能帮助个体建立起自己的使命感，从而无愧于这个时代。

二、追寻社会皈依

人是什么？是自然人、社会人、经济人还是宗教人？不同的人有不同的看法。无论是什么人，都不能脱离社会而存在，无论是什么社会，人总是处于关系之中。因此，人的确定性要在社会中得到确定，人的价值要在社会中得到衡量，人的生命意义要在社会中得到建构。

那么，要通过什么样的方式来发现自我意识并在社会做准确的定位呢？黑格尔认为，自我意识的发现过程是双重的，“自我意识有另一个自我意识和它对立；它走到它自身之外。这有双重的意义，第一，它丧失了它自身，因为它发现它自身是另外一个东西；第二，它因而扬弃了那另外的东西，因为它也看见对方没有真实的存在，反而在对方中看见它自己本身”①。按照这个观点，我们可以看到人的“自我意识的发现过程经历了三个阶段：首先，自我意识还处于混沌未开的状态，即自我意识没有意识到自己的存在；然后，自我意识走出自身与他人交往，并异化出一个个自己，即他者；最后，自我意识回归自身，反向自观，在他者中认识自己，意识到自己的存在”②。也就是说，通过自我意识“正、反、合”三个阶段，个体发现自我，而其中在社会中异化成他者，并由此回归自身是自我发现的关键所在。这个观点，为社会学家库利所接受和弘扬。

（一）寻觅社会镜像：发现真实自我

库利指出，自我是通过他人的看法而得到反映的。因此，他提出了“镜像自我”的概念。镜像自我给个体一个良好的参照，帮助个体能够准确地认识自己。简单地说，社会镜像就是通过别人的眼睛看到真实的自己。

---

① （德）黑格尔．精神现象学（上卷）[M]．贺麟，王玖兴译．北京：商务印书馆，1979：123.

② 王文兰．自我意识的自由向度及其实现——对马克思《博士论文》的解读[D]．武汉：华中科技大学，2012：9.

1. 寻找他人镜像：寻找准确的眼睛

对于个体而言，寻找一个公正的标准定位是极其重要的。只有通过一双公平的眼睛，才能反映出真实的镜像，才能给个体有用的参照。而这种公平的眼睛越多，就能从越多的角度对个体进行观察，给个体提供全方位、多层次的反馈信息。共同体多元评价体系和多元榜样群恰好提供了这种功能。

共同体为什么能够给个体一双看到自己的准确的眼睛？这涉及共同体建立的基础。共同体的核心价值和愿景是由个体共建而成，每一条评价标准和每一个榜样参照体都渗透了个体的意愿。对于共同体中的个体而言，这评价和参照不仅是公平的，也是应当的。正是基于这种文化，个体才会把评价和参照当成一种方向和一个行为标准，而不是限制和研制自己的一个外在束缚。个体通过多元评价体系和多元榜样参照群，给自己一个客观的定位坐标。

2. 去除有色眼镜：保持最大真实

任何团队都会存在一种内部的定见，一种不成文的规则，并以此来衡量所有的人。当这种定见过分强烈时，就会失去公平的意义。这时，定见便变成了偏见。共同体通过全开放的反馈通道及时清除这种偏见，以防戴上有色眼镜，给整体判断带来方向性的错误。特别是当个体的价值观及其个性和众人发生极大差异的时候，个体更要引起注意、小心防范，及时表明自己的感受、提出自己的观点，免得使共同体戴上有色眼镜，为自己提供错误的镜像，沦为抑制自己个性的工具；同时要注意，这时候或许是共同体对了——这也是完全可能的。这时候，求同存异又显示出它的价值。个体要明白的是，外来的观点都是参考。镜里的像反映人本身，但不是人本身，哪怕它是真实的反映，也只是反映而已，要不排斥、不拒绝它，把它保存下来。

共同体为什么能够去除有色眼镜？这首先源于共同体的情感认同，源于共同体“一家人”“自己人”的感觉。共同体是为对方提供专业援助和心理支持的家，有了这个共识，个体之间便充满了善意和友好：欣赏对方是出于纯粹的欣赏，没有其他目的；批评对方是出于纯粹的事件，而非针对某个人。这样，人与人之间便形成了一种信赖的关系，这种信赖的关系让个体坚信对方一定不会欺骗自己，或者说不会故意欺骗自己。如果两者观点不一，或对自己的看法与自己的感觉不同，个体也会想是不是自己的自我认知出了一定的偏差，或者说是不是从他者的角度来看，自己的真实面目可能就是那样。这样，就为个体提供了自我认知的新的视角。而共同体的高度互动和对话使个体能够不断地接收到诸如此类的信息，这种信息源于不同的人、不同的事件，从不同的侧面勾勒出个体在不同场合里的印象。个体可以通过深度的对话，对他人形成的这种社会印象与自我认知进行比较，形成一个稳定一致的社会镜像。

3. 确定自我镜像：发现个体位置

个体把从各方面得来的镜像整合起来，结合自己的判断，确定自我镜像。

确定自我镜像是一个艰难的过程，因为自我寻找与定位本身就相当不易，个体自我统一性的建立也是一个漫长的过程，或许穷尽一生都无法做到。而且，自我镜像的寻找不仅要考虑个体的因素，还要考虑社会的因素。在很大程度上，在现代社会里，人不能自主。这是当人被“抛到”这个世界里立刻就注定了的。每个人都是一座孤岛，处于社会的汪洋大海之中，哪怕再卓越的人物也是如此。而人更无法割断与历史的联系，无论是以传统的形式还是以心理的形式，这种文化深入骨髓，成为人血液的一部分。因此，是否存在一个“我”——一个真正的个体，拷问着夜深人静时依然清醒的每一个人。此时，共同体的价值便得以展示，无论你身在何方，你是谁，你总有这样拷问自己的权利，而不至于过分孤独。

（二）确立社会关系：契入社会坐标

马克思说过人的本质不是单个人所固有的抽象物，在其现实性上，它是一切社会关系的总和。这真是极其精辟的见解。一个成熟的人，一定是与社会的方方面面保持着良性互动的人。人的一生就是获得人格、学习社会和群体方式的社会互动过程，并在社会互动中完成社会化，而“通过社会化，个体便获得在社会中进行正常生活活动所必须的品质、价值、信念以及社会所赞许的行为方式”①，进而很好地发现自己的社会位置，进行准确的社会定位。区域规范性教研共同体里的人如何契入各种各样的社会关系呢？

1. 确立人与物的关系

人与物的关系还需要确定？人与物会有什么关系？这问题确实让人感

① 朱智贤．心理学大词典［M］．北京：北京师范大学出版社，1989：226.

到疑惑。但假如换一种问的方式——是人在使用物，还是物在使用人？问题就会明朗得多。还用问吗？当然是人在使用物，你一定会这么回答。把物换成钱或者财富，我们可以进一步设问，于是问题变成了这样：是人为钱生存，还是钱为人生存？是人为财富奋斗，还是财富为人奋斗？问题就变得复杂起来。实际上，这只是人与物的关系中的一部分。人与物的关系包含了人与财富的关系，包含了人与自然的关系。确定人与物的关系，便是确定人与世界的关系。

2. 确立人与人的关系

人与人是什么关系？人在共同体小组里是什么关系？在整个共同体里的人与人是什么关系？人与共同体外的人是什么关系？共同体的人是一种互赖关系，一种陪伴关系，这与血缘的互赖或陪伴关系有什么不同？与朋友、知音之间的互赖或陪伴又有什么不同？

3. 确定人与组织的关系

人与小组的关系、人与共同体的关系和人与共同体之外的组织的关系分别是什么？如人与备课组、教研组、学校的关系，人与班级、年级的关系，人与家长组织的关系等。

三、实现自我价值

（一）获得经济独立：物质基础

一个没有获得经济自立的人能否称之为实现自我的人？或许有人真的这么想。比如颜回，比如陶渊明。孔子说颜回一壶酒一石浆，居陋巷，人不堪其忧，而回不改其乐，因此赞叹说“贤哉，回也”。而陶渊明则更是潇洒，不为三斗米而折腰，径自回去“采菊东篱下，悠然见南山”，飘飘然有神仙之概，应该是完全实现了自我。颜回确实保持了超然的心态，做到安贫乐道和精神自由，但只活了33岁。有人推测，他的早夭是因为营养不良。

这就给我们提出了一个问题：自我实现的基础是什么？面黄肌瘦，穷困一生，在陋巷大声唱歌，而不改其乐，这确实是非常人所能达到的境界。但这是颜回的理想吗？很显然不是。儒家的价值观是入世而非出世，是要到社会上去承担家国道义的，空着肚子在小巷子里唱歌，决不是首选。作为孔子最得意的弟子，颜回岂能不懂得此中真谛？因此，可以断言，颜回躲在陋巷里是出于无奈，是少了让他施展才华的基础——社会条件和物质条件。而物质条件的匮乏，使他甚至达不到儒家目标的下线：独善其身。陶渊明也陷入同样的困境：家遭火灾，稚子饿死，到处乞食。纵观这两位文化名人，极度匮乏的物资不仅大大损害了他们的身体健康，也严重限制了他们社会价值的发挥。如果这两人都有子贡的富足的经济实力，他们的才华会得到更好的发挥，哪怕社会不给他们施展的平台，他们思想、文化上的创造也有更多迂回的空间，他们对思想、文化的贡献也会越大。换句话说，他们离自己的理想也就更近一些。因此，从这个意义上说，获得必要的经济独立，是实现自我价值的必备条件。

（二）获得闲暇时间：时间基础

亚里士多德说过，勤劳和闲暇的确都是必需的。马克思说过，没有闲暇就没有自由。如果社会越发展、经济越发达，人的闲暇时间也越多，那么人就越自由。试想，一个整天被拴在机器旁或办公室里的人，即使再富有，又如何谈得上自由呢？构建共同体的一个重要目的就是通过团队努力来完善个体专业能力，使个体能够更加高效地完成教学任务，有效地把人从繁重的事务中解脱出来。

（三）社会价值观融入：人性基础

这是个性完善发展的必然结果。一个真正个性完善的人，一定能够从社会角度看问题，“因为人性恰恰是在公共生活中形成并展示的，也只有在公共生活里才能够被提升”①，使人找到自己真正的位置，并用自己完善的人格完成从个性到共性的融入，发挥对社会主流价值观的影响和完善作用。

教师作为社会主流价值观的传播者、践行者，其个体价值观对社会价值观的融入意味着该价值观是否形成普遍基础和继续发展的可能。

四、扣问终极追思

（一）什么是生命的终极意义

当个体有自己的生命信念，知道自己要什么，要向哪里去，就可以说个体获得了生命的意义。但这只是个性的生命意义，而不是生命的终极意义。个性的生命意义只跟个人的追求有关，跟共性的需求没有关系。它可

---

① 金生鈜．人性的教化何以可能——论共同体、公民性与人性的关系［J］．教育学报，2011，7（3）：26－33.

能是善的，也可能是恶的。生命的终极意义则与类属的共性有关，而且一定是指向善，也只能指向善。因为终极意义只存在于类属之中，不可能存在于类属之外。正如一滴水放入大海里才不会干涸，一个个体只有在类属里才能得到永生。

（二）如何完成生命的终极意义

因此，个体生命的终极意义一定在于践行类属的共性意义。只有在个体身上实现了类属的光辉，个体的精神才能在类属中得到认可、延续，进而成为共性的一部分。作为一名教师，个体生命的终极意义就在于立足于教师职业，去弘扬教育理想，去实现人性精神，甚至去完成传统文化中所强调的、人类天性中所渴求的“天人合一”的宗教需要的追寻。

机制建设篇

区域规范性教研共同体的机制建设

结构决定功能，这是组织学的一条基本原理。要实现什么样的功能，就必须建设与之相配套的组织。

常见的学习组织有两种形态。一种是行政型学习组织，以行政目的为学习目的，以行政命令为学习规范，以科层制为组织形式。这种组织规划性强，执行力高，效益好，但个体选择性少，针对性差，人与人之间的壁垒较大，缺少真正的互动和情感投入，会抑制个人的创造性。另一种是学习共同体，以个体的价值愿景为建设基础，以扁平化结构为组织形态。成员间具有较强的向心力，针对性强，能够产生较好的创造力，但缺少硬性的纪律规范，稳定性较差，在实际操作过程中，往往没有建立起必要的组织结构，运作效益较为低下，也很难进行长远的规划。

而规范性共同体则吸收两者之长，回避两者之短。在组织结构上，把扁平化结构和科层制结构有效结合，以发挥两者之长；在组织文化上，把价值愿景与纪律规范相融合，以克服两者之短。

但无论是什么类型的组织，组织学习都不是一个自发的过程，必须要有一定的内外因素做支撑。华东师范大学的易凌峰教授认为，要判断组织学习能否运作，首先需要分析组织学习运行过程的主要支持因子，并探讨有利各支持因子协调运行的支持系统的结构。易凌峰教授指出，组织学习的内部支持因子，主要由学习推动者、组织结构、组织文化、学习制度、信息技术等构成，对组织学习与知识创新过程产生支持；而知识联盟、知识生态和地方政策与文化（外部运作环境）等，成为组织学习的外部支持因子，主要为组织学习提供外部的知识源，并营造有利于组织学习的外部环境与氛围。[①]

本共同体的组织结构功能与之有一定的相似性。

第一节　“4·1·6”总体组织构成概览

和传统的学习共同体不同，区域规范性教研共同体有着严密的系统组织结构，通过组织设置、运作策略，用共同体组织的力量，推动个体及共

① 易凌峰．知识视角的组织学习运行模式研究［D］．上海：复旦大学，2004：62—63.

同体知识创新、知识共享与知识应用。“正是通过知识创新、共享和应用，知识才成为与组织绩效密切相关的因素，组织记忆也不断得以更新和发展”①，使共同体日益壮大，在区域教育中发挥越来越大的功能，从而实现区域教师的专业发展和学科教育的均衡发展。

一、区域规范性教研共同体的“4·1·6”组织构成

所谓的“4·1·6”组织构成，是指区域规范性教研共同体由4大组织运作系统、1个全开放的反馈环境组成，并形成了6条专业运作线。

（一）4大组织运作系统

区域规范性教研共同体组织构成中的4大组织运作系统分别是读书系统、调研系统、培训系统、管理执行系统。其中，读书系统开启了专业阅读，为专业发展开掘源头，通过专业阅读，直接与学科专业知识进行互动，建构新的专业视域，为教师的专业发展注入源头活水。调研系统具有调研和研究两大功能，通过区域的共同研究，集中区域所有优势力量，并借助区域外部的专家团队，解决教育教学中的重点与难点问题，突破教师专业发展的瓶颈。从某种意义上说，研究系统质量的高低直接关系到区域教师专业发展水平的高低，也直接关系到共同体突破区域发展瓶颈所能达到的高度。培训系统是专业成果的转化器，通过适当的培训，将先进的教育教学理念、最新的教学成果、先进的经验和有效的做法向整个区域推广普及。培训质量的高低直接关系到成果转化的水平和普及的尺度，培训的质量高，不但能够转化更多更好的教育成果，而且能够帮助受训教师取得良好的内化效果，进而使教育成果在区域内快速地、大范围地得到推广。管理执行系统则兼有规划管理、执行推进和评价激励三方面功能，能充分发挥区域规范性教研共同体的规范管理优势，提高教师的专业执行能力。和行政部门的硬性约束不同，区域规范性教研共同体的管理执行系统基于内部的公约章程、价值愿景，通过感召说服和多元评价来规范个体行为，并激励个体努力向前。

（二）1个全开放的反馈环境

这一全开放的反馈环境是4大组织运作系统赖以生存和发挥最大作用

① 左美云，许珂，陈禹．企业知识管理的内容框架研究［J］．中国人民大学学报，2003（5）：69－76.

的内外部运作保障。反馈环境通过各种渠道沟通信息和能量，完成对共同体的良性塑造。这种良性塑造通过推动 4 大组织运作系统、6 条专业运作线的正常运转，来促进教师专业能力的提升，并最终落实到课堂教学中，进而实现区域学科教学进步和教育均衡发展。

与传统意义上的环境不同的是，反馈环境不仅与 4 大组织运作系统紧密联系，为系统提供了良好的运作条件，具有完全开放的特征，所有的系统均通过此反馈环境才能实现效能最大化，而且反馈环境本身也具有精密的体系，能够对反馈过来的信息进行及时的处理，并以最快速、最直接的方式回馈，让所有的系统能够在第一时间内得到信息和能量流动的回馈，这样就保障了所有系统均能实现效能最大化。

（三）6 条专业运作线

4 大组织运作系统与 1 个全开放的反馈环境相互作用形成了 6 条专业运作线。这 6 条专业运作线将共同体的 4 大组织运作系统和 1 个全开放的反馈环境与教师专业水平及教学实践、教育事件连接起来，使整个共同体处于有序、高效的运作状态，让共同体能够有效地处理教师专业发展水平、教学实践和教育事件，从而推动整个区域教育的均衡发展。这 6 条专业运作线分别是专业读书线、专业调研线、专业培训线、专业执行线、专业反馈线、专业评价线。它们的运作路径如下。

（1）专业读书线：教研员—读书系统—教师—课堂。

（2）专业调研线：课堂—调研系统—教研员。

（3）专业培训线：教研员—培训系统—教师—课堂。

（4）专业执行线：教研员—管理执行系统—教师—课堂。

（5）专业反馈线：教师（课堂、各个系统）—全开放反馈环境—教研员。

（6）专业评价线：教研员—管理执行系统—教师—课堂。

二、组织结构图

（一）组织结构简图

区域规范性教研共同体组织结构图如下页图所示。

（二）结构图简要析义

1. 符号的角度：箭头、线与空白

（1）箭头。箭头表示信息与能量的流动方向。单箭头表示信息、能量

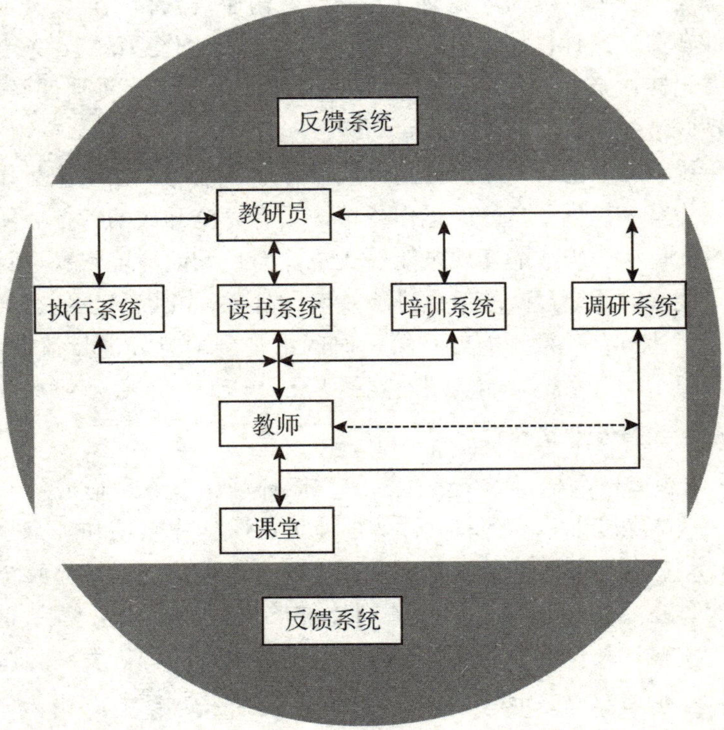

的单向流动，双向箭头表示信息、能量的双向流动。这里的信息具有广义性，包含知识、资讯、指令等；这里的能量也具有广义性，包含价值、权力、威望、情绪等。

（2）线。线表示系统与系统之间的连接，是信息与能量流通的管道，用实线相连的表示主要通道，用虚线相连的表示辅助通道。

（3）空白。空白处表示环境，从图中可以看出，4 大组织运作系统、6 条专业运作线都被空白所围绕，这意味着它们都处于全开放的反馈环境中，与相应系统、运作线及整个共同体紧密联系，时时刻刻进行信息与能量的交流。

2. 组织的角度：层次、结构与功能

（1）层次。层次的高低反映位势的高低，也反映控制力的高低，层次越高，位势越高，控制力也越高。这一点类似于科层制，充分发挥着规范和指挥的作用，这也是传统共同体所无法具备的长处。从图中可以看出，教研员位于系统的顶层，拥有最高的控制权，在共同体中发挥核心作用。课堂则处于系统的底层，这意味着它是所有信息和能量流向的最终目的地。所有的心力、精力、物力最终都指向课堂，并通过它发挥作用。

(2) 结构。从图中可以看出，本共同体是一个扁平化结构。从教研员到教师只有3个层次，如专业读书线为教研员—读书系统—教师，专业培训线为教研员—培训系统—教师，专业执行线为教研员—管理执行系统—教师。

扁平化结构大大减少了信息与能量的流通环节，减少了能量的衰竭和信息的失真，促进了整体效能的提高。具体落实到区域教学层面，它能够快速提高最新的教学成果和经验的转化能力，促进教学成绩的大范围提高，也能够快速地了解区域共性问题并及时加以解决，从而保证区域学科教育水平的快速提高和区域教育均衡发展。如从成果推广看，从教研员到课堂也只有4个层次：教研员—各个系统—教师—课堂。这样就保证了区域的最新教学成果能够快速地落实到课堂上；从共性问题的掌握上看，从课堂到教研员则只需经过3个层次：课堂—调研系统—教研员，这大大提高了发现问题的时效性，能让教研员掌握第一手的教学信息、教学中的问题，及时提供解决问题的方案。

扁平化结构减少了控制。层次代表一种边界，也代表一种限制，多一个层次就多一重限制，也多一层对个性和创造性的束缚和抑制。而扁平化结构大大减少了运作的层次，也就减少了对个体的束缚和控制，从而有效地把教师的创造力释放出来。

(3) 功能。区域教研共同体的本质是通过共同体区域的顶层设计提高教师的专业能力，解决教学问题，提高教学质量。

① 规划功能。从宏观的角度看，教研员位于整个系统的顶端，是运作的中枢，课堂则是系统运作的最终目的地。教研员通过顶层设计、整体规划，运作各个系统，最终服务于课堂。也就是说，区域规范性教研共同体的专业成果主要是以课堂的实现力来体现的，如果没有一个统一的规划，这种课堂的实现力将大大被削弱。

② 转化功能。孙元涛博士在《教师专业学习共同体：理念、原则与策略》一文中指出，“教师专业学习共同体中的所谓‘专业学习’，其核心旨趣是聚焦体现教师这一特定专业之独特性的‘转化’环节，以‘共同体’的精神和形式来研究如何根据学生成长需求与年段特征以实现教与学的有机转化；进一步讲，这意味着教师的学习、研究与培训，都是以促进学生有效学习和学业成就提升为内核的”。因此，转化功能是共同体成败的关键，也是共同体运作的核心。在本共同体里，转化有着更广阔的含义，共

分为两个层次：一是将共同体的专业水平转化成教师的专业水平，二是将教师的专业水平转化成课堂的实践能力。前者实现了专业水平从共同体到教师个体的转化，后者实现了专业水平从教师到学生的转化。

③ 研究功能。从专业调研的角度来看，真正的教学问题主要来源于课堂，而非教师。课堂是调研的主阵地。那么如何处理教师反馈的教学问题呢？方法是把教师提出的问题还原到课堂上，并把教师当成课堂教学中不可缺少的组成部分，归为问题的一个要素。也就是说，要把教师当成教学问题的一个要素来看待，而不是教学问题的旁观者。

④ 控制功能。从反馈的角度来看，反馈无所不在。整个运作组织都处于反馈环境里，反馈系统上连教研员和 4 大系统，下连教师和课堂。反馈系统的全开放表现在两个方面：一方面，各系统之间的协调运作是通过反馈环境进行信息和能量的传递来实现的；另一方面，更重要的是，各系统本身就在反馈环境系统之中，各系统内部的运作也靠反馈环境进行信息和能量的流通来实现。

3. 人的角度：教研员、教师和重要“他者”

(1) 教研员是整个区域规范性教研共同体的核心和灵魂。教研员对整个区域规范性教研共同体的价值定位、系统建制、学科建设、教研主题设置、组织协调和管理评价等方面进行顶层设计。区域教师教研活动以业务教研、专业学习和区域推进为核心任务，对区域教研的教育价值，教研员有自己的思考和追求。这种思考与追求往往代表着一个区域教研发展的方向和所能达到的教育境界。无论教研员是否真切地意识到这一点，也无论教研员是否明确提出了对区域教研进行规范和引领，教研员的心中总有一个价值取向，并在日常的教研活动中体现出来，代表着区域教研的一种定位，而所有的教研活动都将围绕其展开。因此，无论从教研员的功能定位、职责权利来看，还是从教研员本身的教育价值定位来看，在区域教研中，教研员永远发挥着统领作用。

对于区域规范性教研共同体而言，教研员的作用更为明显。因为正是在教研员的组织和协调下，才提炼出共同体的共同教育价值观和教育理念，提炼出团队真切、动人的愿景，并围绕着核心价值和共同愿景展开相应的活动。在这些活动中，教研员在教研价值上起明确的定位作用，确立团队发展的标杆和所要达到的教育境界；在学科建设上进行整体规划，让区域学科建设从无到有，从经验到专业，从弱到强，从个性到共性再回到个性发展；在学科专业上起引领作用，引导共同体的成员开展本体知识研究、条件知识研究和策略知识研究，提高整体的专业水平，促进个体专业教育实践能力的提升，推动个体教学个性的发展以及教学风格和教学智慧的产生；在组织建设上，教研员要亲自带领团队核心人员进行组织要素研究、组织系统搭建、组织文化确立，形成最后的低成本、易运作、高效益的组织结构；在共同体的运作上，教研员更要注意组织运作的合理性、协调性和效能性，处理好个体、备课组、教研组、学校、区域共同体之间的关系，减少共同体的内部能耗，发挥团队优势，以人之长补己之短，进行适当的任务分解和合理分工，把每个成员的发展与共同体的整体发展有机地结合起来，带动大家共同努力，齐步发展；在日常集体事务中，教研员通过区域层面的统一活动的安排，做到定目标、定人头、定地点、定样式、定共同时效，进行常规管理；在最重要的核心价值上，教育员根据共同价值观、团队文化、团队制度和团队评价方案，对活动的作用、功能、价值进行评判，并发挥核心的裁决作用。少了教研员，共同体会缺乏核心价值理念、共同愿景和长远规划，团队的组织将处于无效状态，无法高效开展教研活动，造成的直接结果便是教研低效化、碎片化，教师的专业水平得不到真正的发展，连资源共享也难以得到高效共享。

（2）教师是组成区域规范性教研共同体的主干部分。区别于其他自发参与的共同体，区域规范性教研共同体的一个重要目标就是面向区域学科教学，服务于区域学科教学。众所周知，教师是教学组织的主体，每一位学科教师都是区域规范性教研共同体的成员。服务于区域学科教学，就是直接指向每位教师的教学。实现共同体的共同价值就是实现教师个体的价值，共同体的愿景也是这些教师的愿景。离开了教师，共同体的价值和愿景就无从谈起。任何一位学科教师都对所教班级的教学起直接的影响，对所在的学校起重要的作用。对所教班级而言，学科教师强，则学科教学强，学生得到的学科教育强，对学校学科教学就能起到重大的推动作用。实践证明，一所学校的学科建设往往由一两位教师发挥引领作用，只有当学校大部分教师都具有较高水平时，学科才会得到真正的发展；对于整个区域的学科建设也是如此，只有每位教师都得到相应的发展，绝大多数教师具有较高水平，区域教育水平才能得到较大的提升。如果只有部分教师发展，大部分教师处于停滞或发展较差的状态，便会大大影响区域的研究水平，使区域教研流于常规、陷于平庸，进而影响到区域教育的总体质量。只有把每位教师都纳入专业教研和专业学习共同体内，才能将常规研讨和专题研究紧密结合起来，使每位教师都得到快速的发展，进而推动整体专业水平的提高。

同时，从区域规范性教研共同体的组建来看，其有别于传统共同体的自发性，是一个具有较强规范性的组织。依托于区域教学业务指导部门——区（县）教师进修学校（或教育局教研室）开展工作，而进修学校教研部门的指导和服务对象是区域内每一位学科教师。从这个角度来看，每位学科教师也应该是区域规范性教研共同体的成员。

（3）重要“他者”是区域规范性教研共同体的协作者。在共同体中这些重要“他者”以隐蔽的方式发挥着重要作用。这里的重要“他者”有别于心理学的重要他人，包含着更为广泛的对象，是指不是区域学科教师，却能对学科教师产生重要影响的人或部门，由两部分组成：一是有行政和指导职能的部门与领导；二是专家团队。

① 相关部门与领导。主要有上级行政部门和业务指导部门、本区的教育行政部门、区属学校、各级领导。其中，各级领导既包括上级领导、校长，也包括教务主任和教研室主任，这些人间接参与共同体教师的规范管理工作。

区域教研服务于区域的整体教育，其工作千头万绪，十分复杂。上级行政部门、业务指导部门和下面的学校都有自己特定的工作和任务。区域规范性教研共同体只有协调好与上级行政部门、业务指导部门和区属学校之间的关系，把自己的任务与几者的任务相结合，在共性中找突破，才不会使共同体与其他行政或业务部门发生冲突，不会让共同体成员面临“多个婆婆”的教学困境。否则，区域规范性教研共同体将步履维艰，难以开展工作。区域规范性教研共同体如果将自己的事务与有关部门的相关事务有机融合，不但会减少困难，还能够借势、借力，促进工作的顺利开展，进而以实现区域规范性教研共同体与众不同的差异化价值，推动各方的共同发展。

从宏观的层面来看，区域规范性教研共同体可以利用教育政策和国培活动，嵌入相应的需求和活动，借政策之势谋发展；从中观的层面来看，区域规范性教研共同体可以分解上级行政部门和业务指导部门的任务，将其与自己的需要相结合，借上级之势求突破；从微观的层面来看，区域规范性教研共同体可以根据本区教育行政部门的阶段性目标合理布局，借行政之手求推进。如果更进一步探究，区域规范性教研共同体还可以借助学校的各种平台和相应活动，借学校之力求融合提升。如通过学校公开周来推动区域教学风格融合，通过学校的行政管理力量对共同体内部的教师进行行为管理，通过教案、作业的常规检查完成自身的规范。还可以通过校长、有权威的行政人员对那些难以规范的个体产生直接的影响。这些部门和个人都在某一层面上影响着共同体的发展，是共同体的重要“他者”。

② 专家团队。主要由区外的名师和专家组成，对区域教研定期或不定期地开展一些指导、培训和评价工作，同时以局外人的视角来鉴别区域规范性教研共同体发展的方向和价值。

有别于其他的培训，区域规范性教研共同体的指导和培训更具有针对性。没有针对性的指导，培训往往流于通识性质，虽然可以在一定程度上提高区域教研的共性水平，如一些共同规范、常规要素和普通技能，但无法直接与个人的真实水平和自我需要紧密结合。这对于区域规范性教研共同体而言，是远远不够的。因为只有个体得到充分的发展，整体才能获得高度的发展。由于个体天赋禀性不一、教育背景不同、价值追求迥异、爱好兴趣不尽一致、教学经历有所区别，个体的发展点与需求点完全不同，如果缺乏针对性，就没有高级个性的发展。因此，需要一支队伍来提供相应的研究、指导和培训。这样的队伍会对区域规范性教研共同体产生影响，是区域规范性教研共同体的重要推手，属于区域规范性教研共同体的重要“他者”。

三、6条专业运作线概述

（一）专业读书线：教研员—读书系统—教师—课堂

专业读书线是专业知识来源的主要渠道，是区域专业共识形成的基础。没有专业读书，教师的专业知识将成为无本之木、无源之水。区域规范性教研共同体通过顶层设计，对区域学科教学所需要的专业知识进行有机整合，确定出系列主题，由教研员运作读书系统，使每位教师深入专业阅读中，在全开放的反馈环境中形成区域专业视域，以此开阔教师的专业视野，提高教师的专业理解能力，保持并提升教师专业的独创性。

实际上，专业读书线有下行和上行两条通道，它们都与全开放的反馈环境相连，并最终作用到课堂上，实现专业能力的转化。

下行通道为教研员—读书会—教师。共同体统一进行规划，拟订读书主题，通过读书会布置给每位教师，规定教师读书的方向、范围和必须达到的层次，启动全员读书。教师通过专业读书这种最直接的方式提高自身的专业水平，并直接作用到课堂上。

上行通道为教师—读书会—共同体。教师通过专业阅读形成个人专业视域，在读书会里通过思想交流、思维碰撞、智慧交锋求同存异，形成小组专业视域，并保留个体的专业视角，然后通过共同体读书小组之间的融合，促进共同体专业共识及专业视域的形成，再与教师的个体视域融合后，作用到课堂上。这个过程符合建构主义的核心——“学习并非学生对于教师所授予知识的被动接受，而是依据其已有的知识和经验所做的主动建构”①。

值得注意的是，无论是下行通道还是上行通道，都处于全开放的反馈环境中。如下行通道，在进行整体规划和拟订阅读主题时，各学校、各读书会和各个体都可通过全开放的反馈环境将意见和建议反馈给教研员或中心组，让共同体能够根据实际情况进行规划，不至于闭门造车。

（二）专业调研线：课堂—调研系统—教研员

调研系统有两大任务：一是调研跟踪教学成果在区域推广的成效并根据实际情况提出进一步的推进计划；二是调研区域教学的共性难题（包括专业难题），以突破专业发展的瓶颈。

从系统的运作图可以看出，专业调研线始于一线课堂。也就是说，区域规范性教研共同体直接着眼于课堂，从课堂上评估教学成果转化的成效和区域专业的共性问题，而非着眼于教师。当然，教也是课堂教学的重要要素之一，因此，直接着眼于课堂并不意味着把教师撇开，而是把教师当作组成课堂整体的一部分进行考查。就成果推广而言，课堂成效好，那么教师就是课堂成效的一部分；反之，课堂成效不好，那么教师就是课堂问题的一部分。

为什么专业调研线要直接切入课堂而非教师身上？这是因为，只有课堂才能够真正反映区域的教学质量，课堂好则教学质量好，课堂不好则教学质量不好。从教学实践经验来看，也反映出这一规律。好教师不一定意味好课堂，不好的教师也不一定意味着不好的课堂。教师只是课堂的一个因素而已，教师不是课堂的全部。换句话说，从教师身上不能直接看到成果推广的成效，也不能得出共性问题。只有把教师当成课堂的一个组成因素，并直接从课堂入手，才能把握问题的本质。只有直接抓住课堂，才能

① 郑毓信．建构主义之慎思［J］．开放教育研究，2004（1）：4－8．

真正抓住调研的核心。

（三）专业培训线：教研员—培训系统—教师—课堂

根据统计，一位教师的知识，10%是在大学里习得的，而90%是大学毕业后习得的，在岗学习是教师专业成长的基本路径。早在1999年，梁伟国在《教育部将重点培训1万名国家级中小学骨干教师》一文中指出，国家级骨干教师的培训目标已被确定为“使其具有现代教育观念，广博的专业文化知识，掌握现代教育技术，了解国内外学科教育发展趋势，能够主持和指导较高水平教育科学研究的学科教育带头人乃至教育专家”。实际上，这里所指出的培训目标，已经成为现在区、县骨干教师乃至普通教师的基本要求，这一点已为广大教师所认可，已成为各类教师培训的主题。

但要真正达到上述目标，需要开展深入的系列化、项目化乃至个性化的全员专题培训，而这些培训靠现有的培训体系难以完成。因为在现有的培训体系里，如要进行专项系列培训，只对省学科带头人开展。学科专项培训的时间非常有限，而受训人数也远远不够。而常见的专项培训，如计算机培训，白板交互培训，教学理念、教学模式、教育科研等方面的培训基本上都是全员培训，受训人数多，专题也突出，但只是停留在通识层面，在初始普及阶段这种方法是行之有效的，但随着受训人员水平的提高，个性化的需求不断涌现，这种通识培训的效果便大大降低了。在各类培训中，往往会出现这样的矛盾：针对性、专业性强的培训受众面极其小，而受众面大的培训又往往是通识培训，针对性和专业性不强。

如何把两者结合起来，使培训既具有专业的针对性，又能满足个体的需求，提高受众的数量，对学校教师进行全员培训呢？

现在较为一致的看法是进行校本培训，即“由学校自行策划、自行组织、自行实施、自行考核的教师培训模式，其核心是培训的自主化和培训的个性化，即培训完全服务于本校的实际需要，培训的内容和形式完全根据本校及本校教师的特点来编制设定，培训者基本由本校的教师来担任”①。

很显然，对于普通中小学来说，这是一个美好的愿望。因为这里所涉及的培训核心要素难以达到专业继续教育的水平——课程策划（自行策

---

① 吴志宏，冯大鸣，周嘉方．新编教育管理学［M］．上海：华东师范大学出版社，2000：211.

划，学校基本无法知道教师的真正需求，甚至教师自己也很难发现自己专业发展的需求点）、课程编写（学校几乎没有开发专业化、个性化校本课程的能力，课程往往需要更高一级的机构组织人员进行专门开发，才能达到希望达到的高度，普通教师很难开发出能推动专业发展的课程）、课程考核（不能开发出专业培训课程，就意味着没有恰当的专业发展标准；更准确地说，正因为学校没有能力确定专业发展标准，才无法开发出促进专业发展的校本培训课程）、培训人员水平（由于培训者来自本校，他们的水平或许代表了学校的最高水平，但不一定就是本阶段本区域发展的最高水平，更不一定达到本阶段区域外的较高水平），仅靠学校或许能够促进专业自主性和针对性的提高，但提高的水平相当有限。

区域规范性教研共同体则能够解决以上所述的培训困境。因为在教研员的领导和组织协调下，区域规范性教研共同体的读书系统可以激发个体的专业发展动机，去寻找自己的个性化发展点；调研系统可以发现教师专业发展的个性需求，并组织区域内外的专家进行专业的深化，定出专业发展内容和进阶标准；管理执行系统则协调调研系统与培训系统，进行统一的课程策划，并组织人员进行编写；而区域专业培训系统则能够根据教师的需要展开有针对性的培训，在专业的管理执行系统的保障下，把培训的成果推进到课堂上。

专业培训线可分解成两部分：一是教研员—培训系统—教师；一是教师—课堂。前者保证了教师专业发展的针对性，共同体的深度互动，如个体与文本、个体与个体、个体与小组、个体与共同体之间的专业对话，又保证了个体专业发展的自主性和深刻性；后者保证了教师的专业能力得以提高。这样的专业培训线目的是将先进的教育成果转化成每位教师的成果，从而实现价值最大化，培训的是教师，呈现成果的是学生。在这里，教师具有双重的培训定位，既是成果的受训者，又是成果的培训者。双重定位的特性要求我们努力去克服培训学习中出现的一些弊端，“尤其应注意把形式学习与内容学习相区分，克服形式主义倾向，从‘形质’模仿走向‘精神’引导，从表象的肤浅、平庸、浮躁、初步阶段走向内在的实质、深刻”①。只有这样，才能充分发挥区域规范性教研共同体的特殊优势，将高深的专业知识和能力从书本真正落地到学生身上。

---

① 温小军. 文化自觉下的课堂教学改革［J］. 天津师范大学学报（基础教育版），2009，10（1）：5—8.

（四）专业执行线：教研员—管理执行系统—教师—课堂

专业执行是区域规范性教研共同体与传统共同体的巨大差别之一。传统的共同体个体的参与基于自发，个体的行为基于自愿，没有严格的规划和执行标准，因此很难产生可持续的良好效果，或者说很难对良好的结果做出明确的期许；而区域规范性教研共同体对个体的行为动机、行为模式、执行标准都有明确的期许和约束性的要求，对最终的结果更是按事先约定好的标准进行测评和考量，并根据这个结果来调整个体的行为，使其更专业地执行。

在专业执行线里，由教研员发动执行系统，推动教师执行行为的产生、展开和持续深入，并对其行为进行观测、评价，及时进行矫正，以提高教师执行的质量，把成果推行到课堂上。也就是说，管理执行线的最终目的是通过教师作用于课堂。因此，完整的专业执行线应描述为教研员—管理执行系统—教师—课堂。

专业执行系统由五级执行链组成。教研员运作五级推进链，让教师把优秀的教学行为落实到课堂。这五级推进链是学科中心组—片区中心组—学校教学教研部门—学科教研组—学科备课组。教研员及中心组成员整合这五级推进链的组织、配合、规范、管理、协调力量，提高教师的执行力。

从前面的共同体组织结构图中可以看出，专业执行线可以分成两部分：一是教研员—管理执行系统—教师，一是教师—课堂。前者推动教师的执行力达到预期的目的；后者发挥教师的主观能动性，促使教师在课堂上创造性地执行任务。很显然，教师在专业执行线里也具备两种身份：一是五级推进链的接受者，一是课堂执行的发动者。

在这里，特别要指出的是，专业执行线所发挥的管理规范功能与教育行政部门和学校的管理规范功能有着本质的不同。教育行政部门和学校对教师的管理与规范采用的是一种行政手段，是硬性的规定。它们与教师之间是命令与执行、管理与服从的关系，具有法律上的合法性。而区域规范性教研共同体的管理规范主要是靠内部的纪律和章程，是基于自愿约定而形成的，其运作方式是沟通与说服。区域规范性教研共同体也有着硬性规范的一面，但其作用是间接的，即通过建议、评价的方式，借用教育行政部门或学校的行政力量来进行管理。区域规范性教研共同体要有准确的定位，把握其中的权限界线，否则很容易越过权限，这会直接摧毁共同体与学校的联结基础，使自身陷入困境之中。区域规范性教研共同体要合理利用自己的评价权和建议权，从专业发展的角度发挥自己的作用，这样才能和教育行政部门、学校形成一种管理的合力，进而最大限度地发挥专业执行线的作用。

（五）专业反馈线：教师（课堂、各个系统）—全开放反馈环境—教研员

反馈能够使一个系统自我修正。专业反馈线的设置，就是要促进区域规范性教研共同体进行内部的自我修正。

专业反馈线也可以描述为课堂（教师）—全开放反馈环境—教研员。

这是一条比较特殊的运作线，准确地说，这不是一条线，而是一个运作体系，它无所不在，像空气一样围绕在个体的周围。所谓的反馈运作线，并非压缩信息、能量的来源和流通的通道，而是通过规范来凸显信息和能量流动的管道，它使反馈更直接、更快速、更有效，回馈更快捷、更到位、更有针对性。

专业反馈线由三部分组成：课堂（教师）、反馈环境、教研员。可以看出，一个完整的反馈过程只需要三个组织层，信息与能量在两个组织层次里流通，教师—反馈环境为第一层次，反馈系统—教研员为另一层次。这样的反馈结构极其扁平，能够把反馈的价值充分发挥出来。

专业反馈线的重要特点是拥有全开放的反馈通道。这个通道对所有的人员（教研员、教师、学生、重要“他者”）、所有的系统（读书系统、调研系统、培训系统、管理执行系统）、所有的教学对象（学生）、所有的教学事件（日常教学行为和重大教育事件）开放，并把人员、系统、对象和事件全部连接起来，顺畅地沟通和协调，促进区域规范性教研共同体高效运作。

全开放反馈通道还有另一个含义，就是对于每个系统内部、每条专业运作线，本身也拥有反馈的功能，通过内部反馈线对系统的运作进行调整。拿专业培训线来说，其运作的路线是教研员—培训系统—教师—课堂，然而从培训的效果来看，则存在着这么一条内部的反馈线：课堂—教师—培训系统—教研员。即培训是自上而下，从教研员开始发动，最后落实到课堂上的，但培训的效果则是自下而上，从课堂的教学效果反馈到教研员身上。当测评效果能够支持原来的培训预期假设时，培训系统的行为就会得到加强，如果评估的结果没有达到预期的目标，培训系统就会对自己的行为进行修正，直到达到预期的目标，这样，专业培训才能真正转化成教学的效果。同样，在培训的过程中，专业培训实施的路线是教研员—培训系统—教师，而培训效果的路线则是教师—培训系统（主要是培训师）—教研员。如果反馈上来的培训效果好，则会推动培训系统继续实施原来的方案；反之，培训系统便会做出相应的修正。这种内部的反馈更为直截了当，与外部反馈环境相结合，会大大提高区域教研共同体专业运作的效率。

又如专业读书线的上行通道是教师—读书会—共同体，其实就是一条反馈线路。通过这个通道，共同体对专业阅读的主题、内容、进度进行监控和调整，最大限度地发挥读书系统的专业阅读功能。

有时，调研系统也会成为反馈环境的一部分，如对共同体布置的任务和培训的效果进行评估时，调研系统就会成为共同体的专业反馈工具。

（六）专业评价线：教研员—管理执行系统—教师—课堂

管理执行系统有三个重要功能——规范管理、执行推进、评价。区域规范性教研共同体通过评价体系树立各类标准，使其运作有章可循、有法可依、有样可学。运作专业评价线的过程，既是展开评价的过程，也是行为定位和激励的过程。

实际上，共同体发展的过程，就是规划、执行、反馈和评价的过程。共同体通过多元评价机制，树立起各类参照和榜样群，根据成员的特点和长处来树立各类标杆，激励成员前进。评价是否科学合理，直接影响共同体发展的好坏。一个好的评价，有助于理顺共同体内的种种关系，有助于规范各种行为，同时给个体指出前进的方向，并推动个体发挥自身的潜能以做到最好。毫不夸张地说，对于缺少行政硬性管理能力的共同体来说，评价是一条生命线。没有评价，就没有发展；没有良好的评价，就没有良好的发展。

专业评价线由教研员、管理执行系统、教师、课堂四个部分组成，其运作路线是教研员—管理执行系统—教师—课堂，即评价由教研员发动，通过管理执行系统对教师和课堂直接展开评价。从区域规范性教研共同体的宗旨来看，最重要的评价对象是课堂，是学生的学业表现和学业成绩，是通过评价学生的学业表现和学业成绩来对教师进行评价。因此，专业评价线也可简化为教研员—管理执行系统—课堂（或学生）。当然，对于一些具体的事务，其评价对象就是教师，此时的专业评价线则变成教研员—管理执行系统—教师。

评价的目的是促进人的发展，而非对人的行为进行管制。因此，评价要以正面评价为主，以激励教师的上进心。同时，要树立多元评价机制，让不同个体的个性都能够被肯定，这样会激发他们的自信心和自豪感，同时会进一步增进个体对共同体的认同。多元评价的另一个好处是，能够树立起不同类型的榜样群，集中各个个体的长处，这样涉及专业发展的各个层次，深入专业学习的各个侧面，能使个体的学习能力、学习态度、学习方式、学习水平、学习思考等都得到提高和完善。简言之，共同体运作专业评价线时，既可对专业水平、能力高低、成果好坏进行评价，也可对学习动机、学习态度展开评价，还可对学习方式或思考方法进行评价；对于那些专业能力较弱的个体，还可对其专业水平较强的某一侧面进行评价。

恰当地评价是一件不容易的事，因此，对于重大的事件，光靠管理执行系统是不够的，共同体应该同时开启调研系统，对此进行调查研究，拟订出合理的方案，然后由教研员运作专业评价线进行评价。

另外，共同体的评价能否借助于行政部门的力量，这也是一个值得探讨的问题。

第二节　读书系统

读书系统也称读书会，是共同体专业阅读的专门组织。读书系统的目的是通过专业读书来提高个体的专业水平，并在此基础上通过小组互动形成小组专业视域。

一、读书会的目的与功能

（一）读书：进行专业阅读，促进专业成长

每个人都有自己的专业视野，这视野往往会形成一个圈子，或开放或封闭。没有专业阅读，圈子会日益封闭。弗莱尔曾说：“阅读是让我在理论上证明实践的方法之一，如果我没有得到这种证明，你认为会发生什么？作为普通的教育者，我们就会开始在一个划定的圈子里漫步，永远不

会超越这个圈子。”① 读书会最重要的目的就是通过专业阅读来补充、深化、完善个体的专业本体知识和教育条件性知识，提高教师的课堂教学水平。读书会的专业阅读具有以下几个明显特点。

1. 针对共性问题或需要的阅读

根据区域教育教学的需要或出现的共性问题，寻找相关的材料进行阅读，具有典型的“要什么、学什么，缺什么、补什么”的特征。原因很简单，教师的主要任务是教学，而不是专业学习，专业学习只是为了提升教师的教学能力，所以根据缺漏进行知识的补充和更新是专业阅读的首选目标。

2. 相对实践转化的专业阅读

这是区域规范性教研共同体专业阅读的本质。共同体读书会的专业阅读直指课堂实践，用以解决课堂的实践问题。其专题阅读不仅仅停留在专业本体知识的提高上，而且要提高教师的课堂教学能力。因此，无论是针对课堂实践出现的问题进行专题阅读以期寻求破解的对策，还是针对专业发展的需要进行选择性学习以促进教师教学能力的提升，都是为了提升个体教育教学的实践水平，使教育教学的方向更加明确，行为更加有力，策略更加有效，以取得更大的效益。

3. 相对系统的足够学习

这里的足够主要指三个方面：一是指时间足够，即围绕着某一专业用足够的时间来进行学习，给予足够甚至是过量的时间进行阅读、研读、问读，直至真正解决问题，时间可以是一个月，也可以是一年，甚至更长；二是指系统支持足够，即围绕着知识和实践的需要开展系列学习，把相关的方方面面的资料整合起来，形成结构性的项目；三是指转化的足够，即专业学习和共同体的研究系统、培训系统、管理执行系统等紧密配合，真正把这些专业学习转化成个体的实践行为。

与个体在高校接受的专业教育和入职后参加的各种培训以及其他读书会相比较，共同体读书会有其优点，也有其缺点。比起高校的专业性学习，共同体读书会在专业精深程度、广博程度、系统程度、最新成果获取的快捷程度及研究的深度等方面都远远不够；比起入职后的某些培训，共

① （美）布鲁克菲尔德．批判反思型教师 ABC［M］．张伟译．北京：中国轻工业出版社，2002：229.

同体读书会在理念的先进程度方面有所不足；比起其他读书会，共同体读书会的自发程度有所不如。但是与这几类组织相比，共同体读书会有三大特点。

一是专业阅读的针对性方面。共同体读书会是针对区域共性需要开展专业读书活动的。通过全开放的反馈环境和日常调研，可以快速发现区域共性问题或区域教育最近发展区，并通过系统研究对其进行价值排序，根据区域教育需要和现有条件，提炼出各种主题或板块内容。哪一板块是专业迫切需要提高的，就学习哪一板块，哪一个主题对区域教育有着直接、较大的推动作用的，就侧重学习哪一主题，一切围绕着区域的需要出发。

二是专业的实践转化性方面。共同体读书会最直接、最主要的任务是通过专业学习来解决教学实践中存在的问题，即实现由知识到能力的转化，以提高个体的课堂教学水平。而且，无论是本体知识的学习还是条件性知识的学习，无不围绕着“实践转化”这一目的。

三是专业阅读的规划性方面。高校的专业学习针对整个知识体系的建构，具有完整性和系统性，但高校学科知识的专业性和系统性是围绕“学科建设”和“理论建立”而展开体系建构的。共同体内学科知识的专业性和系统性是围绕“学科教育”和“学科评价”而展开体系建构的，学科知识的专业性和系统性受到受教育者年龄特征、主流教育价值观和教育评价的制约。它必须是能够被学生理解的，必须是教师能够传递的，必须是符合教育方针的，还必须是能够被评价的。学科教育的定位造成了区域共同体的专业需要的专业性、系统性更具有“教”与“育”的特性，而与学科本义的专业性与系统性有着巨大的不同。这意味着区域专业阅读的专业性和系统性是围绕着区域学科的教育展开，是为区域学科教育服务的，它必须针对区域内学科教育的需要和共性问题，展开系统的专业阅读，而且要把这种阅读嵌入整个培训系统中，是整个培训系统里有机的一环，因为系统学习不是单独为个体建构知识而存在的，而是为整个共同体培训服务的。

（二）省悟：深化教育反思，坚定教育信念

教育实践表明，学校的课堂改革并非完全依靠教育制度、教育政策的改变或教育机构对教师的相关培训便可取得成功，在很大程度上，课堂教学往往依赖于教师的教育理想、教育信念和教育价值观。问题是，教师个体的教育理想、教育信念和教育价值观并不总是合理或正确的，正如有人

指出的那样，“我们积累经历的过程中，就会形成思想习惯、偏见和预设，这些会导致我们的思想拒绝接近新的观点、新的感受和另类的思考方式”①，而通过阅读，则可以纠正、升华教师的教学观念。因为“人类那些最伟大的教育智慧、最伟大的思想往往都在那些最伟大的著作之中”②。而在共同体读书会里，由于有着宽松和自由的氛围，通过个体充分互动，能够促进教师进行深度的教育反思，进而激发教师的教育理想，改变教师的教育信念，并进一步提炼教师的教育价值观。

1. 平等的主体性，促进真正交流

由于共同体读书会是由不同学校的个体组成的，个体之间没有隶属关系，个体的主体地位容易得到彰显，这有助于个体畅所欲言，形成“有话就说、有话能说、有话可说”的习惯，这种专业研讨的氛围最终将促进“有话必说”——个体勇于把自己的观点表达出来，无论理解深刻还是浅显，无论对还是错，个体都趋向于把自己真正的看法说出来，和大家进行交流。很显然，这种交流不是例行公事的应付，而是真正的思想沟通。

2. 专业阅读后反思，提高判断能力

个体根据自己的需要进行专业阅读，能提高自己的专业水平，解决困扰自己已久的问题，进而有能力对自己的教育教学展开更深入的反思，提高教育教学的反思水平。实际上，这种反思是经历了多次的学习、实践和深度思考的，具有较高的水平。弗莱尔很亲切地将其描述为“当我会见一些书时——我之所以用‘会见’一词，因为这些书就像人一样——当我会见这些书时，可以在理念上重新创造自己的实践。而在我的实践中，可以更好地理解这些理论”。其过程为专业学习（要教的内容）—内化成自己的理论（教案或学案）—实践（课堂教学）—反思（第一次反思：思考得失及下次的教学策略）—学习（有针对性的学习）—反思（第二次反思：下一次教学实践之前的反思）。

3. 集体反思，深化反思的质地

这是其他读书会无法替代的地方。由于共同体读书会来自区域内不同

---

① （美）布鲁克菲尔德．批判反思型教师ABC［M］．张伟译．北京：中国轻工业出版社，2002：273.

② 朱永新．论新教育实验的教师专业发展［J］．大连教育学院学报，2010（2）：1—6.

的学校，往往有着不同的教育理想、教育信念和教育价值观。读书会围绕一个主题展开全员的教育探讨、激辩，可以让不同的教育理想、教育信念和教育价值观得到充分的展示、辨析、激荡，使每一个个体置身于这一开放的思想动态中，有力促进教育理想、教育信念和教育价值观的融合和再造。

4. 实践中的反思，更新教育理念

在实践中反思，通过行为能建立更为牢固的教育信念。读书会的反思是建立在个体的教学实践、专业阅读基础之上的，以教学观摩、课堂观察等实践为出发点，对教师的教育理想、教育信念和教育价值观进行观察、分析、质疑、反省和追问，判断其教育假设的真实性和可行性。个体的教育理想、教育信念和教育价值观在其中得到直接的观照、对比，并投入进一步的实践中，进行最直接的检验。在这种不断的学习、思考、实践和验证中，个体要么坚持自己的观点，要么修正自己的立场，要么放弃自己的习惯，这样就有力地促进了教育理想、教育信念和教育价值观的解构、消解、提炼和再建立。可以看出，这种反思表现为以改变教师的教育认知为切入点，影响教师的教育态度，改变教师的教育行为，进而使教师形成新的教育教学习惯，最终建立新的教育信念和教育价值观。

（三）发现：开展教学研讨，提高研究能力

叶澜认为，阅读有助于深化教师的认识，提高教学实践能力和教育科研能力。

1. 独立的专业研读，增强了问题发现意识

发现有价值的问题是教学研究的前提，也是进行教学研究的重要能力之一。而个体之所以不能发现有价值的问题，就是因为缺乏发现问题的能力，特别是主动发现问题的意识。通过独立的专业阅读，特别是有关如何提高科研水平的阅读，能够提高个体对教学现象和教学行为的判断力，使个体发现同一教学行为产生的不同机理，对常见的教学行为产生不同的看法，对熟视无睹的常态产生疑问，这些都会增强个体的问题意识。

2. 深度的对话互动，提高了问题洞察水平

读书会通过深度的专业对话，把个体的阅读观点、思考成果展示出来，一方面丰富了个体的思维视域，另一方面使个体习得不同的思维方式，从而更全面地观察问题，从不同角度、不同层次思考教学现象。同

时，个体间的相互追问、质疑，能够促使个体对问题进行再思考，对观点进行再确认，使自己的认知更接近事实，提高透过现象看本质的能力，对问题进行良好的归因。

3. 无私的经验分享，提升了问题解决能力

读书会的一个重要功能是经验分享，专业阅读“有助于使教师的教育实践成为一个自觉的理性行为”①，教师在读书会里分享的已不是单纯的实践经验，而是理论与实践相融合的一种实践理性。个体在互动中针对自己在实践中的研究过程、研究方法、研究成果、研究经验进行交流，说自己的心得体会、经验成果、困难困惑，这是一种有益的补充。由于区域教学相对的一致性，一位优秀教师的经验可以填补很多教师的空白，使他们少走弯路；一种好的研究方法的运用，可以提高一批人的研究实力，让他们快速成长；一个新的研究视角，能够激发一批人的思想，使他们因此进入一个新的意义建构阶段：这些最终都会作用于个体的问题研究和问题解决系统。因此，这种共享不仅起到了巨大的知识补充作用，而且缩短了个体经验与问题之间的距离，提高了个体解决问题的能力。实际上，读书会的研究是一种边学习、边实践、边研究、边补充、边改革的研究过程，经验联结理论与实践，也联结问题与方案，对一线教师而言，经验的分享尤其具有解决教育问题的实用价值。

（四）共构：打破学校壁垒，推动思想解放

教育的保守缘于思想的禁锢，思想的禁锢缘于个性的压抑。而校际的壁垒则加大了这种压抑。区域规范性教研共同体通过打破学校壁垒来建构扁平式的新组织，推动了区域教育思想的解放。按照马克思·韦伯的理论，学校这种组织具有劳动分工、非人格化取向、权威等级、规章制度、职业取向五个基本特征。校长和教师之间是典型的领导与被领导、管理与被管理的关系，而且在一所学校里，从校长室到一线教师存在5个管理层次（校级管理部门—中层管理部门—教研组—备课组—教师），位于教学一线的教师往往处于管理系统的底层，受到上面几个科层的规范管理和压制，对他们的教育思想、教学方法和教学行为有着十分具体甚至苛刻的要求，教师的个性难以得到充分的解放，因此在一所学校里，教师总带有明显的共性，而真正有个性的教师则少之又少。这造成了教师与学校之间、

① 易凌云．教师个人教育观念［M］．北京：教育科学出版社，2010：178.

教师与教师之间的沟通很难纵深进行，只停留在一种简单的知识对话中，思想层面的对话则很少。对于教师而言，思想的解放才是产生创造力的源泉。只有开放的教师，才能有开放的教学行为，才能培养出开放的教学特质，进而在学生身上深植。而要解放思想，首先要打破这个科层结构。不同的学校由于建立的时间不同（有的历史悠久，有的则刚刚建立）、文化传统不同、教学定位不同、教学特色不同而形成了不同的教育思想，但由于存在校际壁垒，在区域内，学校与学校之间的竞争大于合作，学校的教育思想也很难得到充分交流与融合。不同的学校，除了区域教研活动之外，基本没有交流的机会。一般来说，区域教研的次数较少，每次活动时间也相当有限，又有着具体的非要完成不可的教研任务。要依靠这有限的时间进行充分的思想交流显然是不现实的。因此，要解放教师的思想，不但要打破学校的科层压制，打破学校之间的沟通壁垒，更要通过有效的渠道，增加区域内各学校教师之间的互动时间，让思想元素充分地流通起来，用来武装各位教师的思想，同时激发出教师本人的思想火花。

共同体读书会正是本着这种思想进行组织的，它由不同学校、不同年龄的教师组成，并充分考虑性别的协配问题，最大限度地解放了教师的思想。

1. 自愿组合，打破了学校对教师的禁锢

读书会由不同学校的教师自愿组成，这便打破了学校原来的组织结构，使教师从学校的圈子里挣脱出来。

2. 扁平化结构，有效克服科层压制

读书会是一种扁平式结构，只有协调人或学术领袖。同时，只有双层的职能结构（组长—教师），十分扁平，使科层的束缚力大大减弱；更重要的是，在共同体里大家可以分享领导权，人人都可以是领导者，领导权对个体的抑制也大大减弱。这样就把个体的思想从学校的禁锢里解放了出来。

3. 多学校构成，打破学校壁垒

读书会由不同学校的教师组成，打破了学校之间的沟通壁垒，每所学校的人数相当，不会存在一校独大的现象，让每所学校的文化都能够得到彰显。同时，读书会通过各种渠道开展活动，个体的互动机会大大增加，使各个学校优秀的思想文化得以交流、融合。

4. 多年龄构成，融合不同层次的思想

一般说来，不同年龄段的教师，其专业所处的发展阶段不同，教学思想也会有所差异。读书会由不同年龄段的教师组成，把不同发展层次的教师的教学思想集中起来，也能推动教师思想的逐步提高。

5. 男女协配的构成，激发了思想活力

同一个读书会，男女比例协调，则可发挥男女间天生的性别吸引作用以产生凝聚力，更可发挥男性与女性不同思维的特点，激发出蓬勃的活力，使思想得到进一步的激发和解放。

（五）融合：密切人际亲和，促进区域凝聚

读书会建立在平等、自愿、合作的基础上，自愿组合，自行推举组长，自发制订行为章程，自由策划行动方案，能够充分营造民主的工作氛围。这种温馨、和谐的氛围没有压迫，能够推动人际关系的快速建立。团队中，通过愿景形成凝聚力，从理念和价值观的层面上促进了人际之间的密切亲和关系。

1. 自愿组合，激发原始人际亲和

凭着印象和以往的感觉进行组合，是利用了原始的吸引力，正如平常所说的“有缘千里来相会”。看似随机，其实有着心理学依据。茫茫人海之中，凭什么就看你顺眼？这里应该存在着人际间不自觉爆发出来的吸引力。

2. 情感投射，密切人际关系

读书会里通过平等互动，个体会逐步投入自己的情感。心理学研究表明，在某个活动中，人的情感卷入程度越高，个体之间的认同度也越高，越容易形成密切的人际关系。读书会频繁而深入的互动，无疑会促进人际关系的日益密切。

3. 共同协助，增强心理互信

读书会里的个体围绕专业学习主题进行分工合作，独立学习，分享成果，提高了专业阅读的广度，增强了心理的互信，而信任是团队发展的前提。

4. 共迎挑战，激发心理互赖

共同体布置较难的任务，让读书小组去解决问题，成员们就会团结起来，相互依靠，共迎挑战。

由于读书小组成员相对固定，随着了解的深入，大家会慢慢地掌握表达、沟通、互动的分寸，促进分享合作的进行，懂得如何用正确的方式去影响其他成员的行为，慢慢地，不同个性的人也会相处融洽，最终建立起和谐的人际关系。反过来，密切的人际关系会使读书会形成一个相对封闭的圈子，有助于增强个体的归属感，进一步提高个体的人际交往水平。一旦个体认为自己是这个圈子里的一分子，彼此间就会互相关怀与依赖。个体就可通过倾听与倾诉，有效地释放压力，应对工作中的难题，提高职业的效能感。

实践表明，通过读书会中的深入互动，个体“在人际交往、工作认同感、组织认同感、职业承诺、工作投入、工作满意度、利他精神等方面均有显著的改变”①。

二、读书会的成立原则

（一）开放性原则

成立读书会的目的是打破学校科层壁垒。学校的学习发动往往经过以下几个科层：校长室、中层管理部门、教研组、备课组，最后落实到教师个体身上，而教师位于读书学习系统的末端，这样就不可避免地受科层的压制，教师的主体地位无法得到真正的确立，从而失去学习的积极性。而从学习发动到学习落实，实际上经过了 5 个层次，执行力层层消解，读书系统对教师读书的推动力也大打折扣。因此，为了提高区域专业阅读水平，确立教师的主体地位，必须打破学校的科层禁锢，确立一种全开放的扁平化的读书系统——读书会。

（二）全年龄性原则

在同一小组内，往往包含各个年龄段的教师。一般来说，不同年龄段的教师处于教学发展的不同阶段，各个阶段对专业及教学的理解视角有较大的区别，其专业性研究力也不同。把不同年龄段的教师放在一起，有助于学科专业的理解和教学实践能力的融合，也有助于克服学校师资结构不合理带来的种种问题。

---

① 孙炳海等．读书会与学校读书会：对教师专业发展的意义［J］．教师教育研究，2010，22（6）：48—52.

（三）自愿性原则

教师根据自己的兴趣爱好，选择加入某一读书会，所以说读书会的参与者是一群有着共同兴趣的人。读书会主要是基于人际亲和而建立的专业性学习组织，没有明显的外在强制束缚。读书会的运作，基本上靠愿景和组内文化来规范保证。而组内的制度、规范、文化、愿景也是建立在平等协商基础上的，同样不具有任何的强制性。因此，自愿性原则在读书会建立中特别重要，是读书会成立的基石。

（四）男女协配原则

俗话说，男女搭配，干活不累。男女协调搭配在任何一个组织内都起着重要的作用，读书会同样如此。因此，读书会进行男女协调搭配，有助于增强团队的凝聚力。对某些学科（诸如物理、数学）而言，男教师会多些，有的学校男女教师比例严重失调。读书会按照男女协配原则组成，不但增强了小组活力，也解决了学校相关的困扰。

（五）规模性原则

读书会的组建旨在提高区域内每位学科教师的专业水平，使每个个体深入专业阅读中，在组内交流时能够进行充分的互动研讨。因此，为了保证全员深入参与，就必须对读书会的规模进行控制。有研究指出，读书会成立的规模是影响读书会效率的重要因素：规模太大，组内要形成一致步调的难度会很大，难以保证全员参与，即使全员参与，留给个体互动和交流的机会和时间也不会很多，互动的深度也难以得到保证；规模太小，交流起来思路不够开阔，思维碰撞不够激烈，研讨的深度不够，无法解决一些专业难题，同时整个区域被切割成众多的小组，也不便于统一安排主题活动。因此，只有确定一个合适的规模，才能获得最佳的效果。实践表明，读书会的规模以6～10人为最佳。

（六）情感性原则

读书会是最能体现共同体精神的一种系统，其完全扁平式的结构，成员构成的多元性及内部控制的非强制性，都决定了情感成为维系组织运作的重要因素。因此，组织内人际亲和就变得特别重要。读书会一定要高度重视情感性原则，要充分进行情感沟通，发动读书会成员进行情感互动，增加心理卷入与融合的程度，以充分提高组内的人际亲和水平，促使早日产生“自己人”的感觉，提升读书会的凝聚力。

三、读书会的建设

（一）成立读书会：自发组合

根据读书会的宗旨及组建原则，将区域内所有学科教师自由组合，随机形成各个读书小组。这些读书小组便形成了专业阅读系统——读书会。这些小组之间是平行的关系，没有上下科层之间的隶属关系，是一种完全扁平化的组织。读书会直接由管理系统管理，只有管理系统、小组长、个体三个层级。实际上，管理系统与小组长的主要职能都是协调组织，因此不会对个体产生压制作用。

这种随机组合表现在两个方面，一是由成员自发组成读书会；二是由组员自愿选举组长。

这里要指出的是，自愿选举组长特别重要。读书小组不仅是共同体专业成长的发祥地——共同体正是通过小组的专业阅读来启动个体的专业学习并推动主题学习的深化的，没有一个大家共同认可的好的组长来组织这种学习，读书会连正常的运作都很困难，更谈不上创造性地运作和发展了，这就使得共同体的专业学习失去了源头。读书会是完全本着共同体的精神进行建立，是一个小型的共同体典范，它集中体现共同体所有文化要素、组织特质和价值追求，这就不能绕过共同体的重要基础——自愿性。

（二）进行小组建制：组织建设

为了提高专业阅读的效率，读书小组首要的任务是推选组长，然后进行必要的组织建设，对人员进行合理分工。

根据自愿的原则，由成员选出读书小组的组长，通过协商完成组内分工。读书会有效运作的一个重要条件是要有明确的领导（组长）与人员分工。组长在小组中起引导与协调的作用，具体表现在以下三个方面。

1. 明确阅读的主题与方向

除了共同体布置的阅读主题之外，读书小组可根据成员需要自行确定读书主题，主题一旦确定，组长就要引导组员紧扣主题进行阅读，不能偏离方向。当组员意见不一时，组长可直接决定读书的主题及阅读的进程。

2. 确定读书及互动的形式

是集中学习还是分散学习，是面对面沟通还是利用网络沟通，组长要有条理、有层次地引导讨论活动的进行，以提高讨论的水平与效益。

3. 围绕讨论焦点，开展头脑风暴

组长要时刻引导组员围绕核心问题展开讨论，进行发散思维，让不同的观点激烈碰撞，加强对话的力度与深度，同时注意争论时要就事论事，不能伤害个体情感。

一般来说，读书小组的内部分工，除了组长外，还应根据读书小组的规模设立一两个助手。助手既能够承担相应的事务，减轻组长的负担，也能及时协调各项关系，促进读书活动的顺利开展。对于比较大的读书会，还要进一步建立完善的组织，让个体分别承担读书会事务，协同规划读书活动。这不仅能够增强个体参与的意识，培养其主体性，还能让个体的专业阅读与领导能力、任务意识与责任意识都得到发展，进而推动个体与读书会共同成长。

读书小组内部的工作包括阅读材料选定、阅读讨论方式设计、各项内务的组织，可由组长和助手共同完成，也可由组内成员分工完成。这三个方面的工作，前两个方面主要关系到阅读主题内容的确定及互动形式的安排，而各项内务工作的组织安排则涉及大到活动宗旨的把握，小到阅读场所的确定等，保证了阅读工作落到实处。这些事务虽然比较琐碎，但绝不是可有可无的。

读书小组的组长及其助手能否轮换？这是一个有趣的问题。在一般的学校里，教务处、教研室、总务处、德育处等所有的中层机构职能是完全不同的，但其主要领导人往往可以轮换，也就是所谓的轮岗。轮岗是一种组织的调整，既可以实现特定的意图，也可以激发组织的活力。那么，读书小组需不需要这种轮岗制？我们知道，读书会是一个微型的共同体，其成员来自不同的学校，打破了校际的壁垒，是根据自愿的方式自由组建起来的，其核心人员往往是自发形成而非外界指定的。由于共同体的精神特质，个体的核心地位一旦确立，就很难改变。也就是说，组长由成员自发推举，在活动过程中，其地位往往能够得到认可并得到进一步的确立，成员一般不会产生更换组长的念头。而组长助手往往是根据个体的特长或所拥有的资源由成员推举而出的，在活动过程中，地位也会得到进一步的巩固，成员也不会产生更换的念头。因此，读书小组的组长和助手一旦确定下来，就无须进行轮换。

（三）创建愿景规范：从愿景到章程

1. 建立小组读书愿景

愿景可以起到价值的可视化作用，是一个看得见、感受得到的中长程目标，对成员起着号召、凝聚和激励的作用。自愿组织的读书小组，其愿景就更加不可忽视。实践表明，从时间角度来看，读书小组要有近程、中程、长程的阶段性愿景，没有愿景的读书小组，很难进行高水平的运作，一旦碰到专业难题，便会知难而退。

读书小组可以从两个方面来建立愿景。

（1）分解共同体总愿景为小组愿景。总愿景是共同体所有人通过共识建立起来的，是共同体所有人价值观的体现，体现了共同体个体专业追求的普遍性。同时，总愿景又是通过个体—备课组—教研组逐级征集、讨论、协商形成的，有各学校的文化传统和文化特质，反映了各学校的个性追求和价值观，体现出各学校的共性追求。此外，愿景是经过打破学校科层管理的开放式的个体充分讨论、协商建构出来的，体现了每个个体的主观意愿。而读书小组是根据自愿原则，把不同学校的个体组织起来的小团队，同样是一个小型的共同体。与区域规范性教研共同体的不同之处只是，区域规范性教研共同体是由学校的教研组组成，而读书小组则是由不同学校的单个人组成。

因此，通过分解共同体的总体愿景来确立读书小组的愿景是一种行之有效的方法。特别是在小组创建之初，当小组还没有充分建构起自己的核心文化时，读书小组可以分解共同体的愿景，将其与专业阅读结合起来，以共同体总愿景为小组愿景，可起到一种价值导向、方向指引和纪律规范的作用，让小组快速地运作起来，从而进入一个较快的发展阶段。

（2）创建小组独特的读书愿景。经过一段时间的发展，随着读书小组成员互动的逐渐深入，个体之间日渐熟悉，个体的专业特长、读书诉求也逐渐呈现，同时较为频繁的互动使个体之间的价值、观念、文化的交叉点日益增多，可共享部分也日渐丰富，这使得建设小组文化成为可能。这时，读书小组可以根据读书会的宗旨与任务，把小组的价值、文化的共识部分与个体的特长和个性要素、教育追求结合起来，通过充分的协商来设计小组的愿景，以此感召全组成员。在这个阶段，读书小组开始逐渐形成自己的共享文化，并体现出一定的特性。

小组愿景集中每个个体的主观意愿，在尊重个体个性的基础上通过充分的民主协商，提炼并建构出可共享的文化意义。这个文化既代表了个体的教育信念、教育理念和文化追求，又高于个体的教育信念、教育理念和文化追求，是对个体教育信念、教育理念和文化追求的一种升华。在升华的过程中，个体的个性得到充分的交流、碰撞，也得到充分的修整、完善。小组愿景的形成，意味着共同体个性开始相融。

由于这种价值观和文化特性是在一个更小（往往小于学校的教研组）的开放（没有学校科层的层级压制）范围内形成的，因此在形成过程中，个体的地位会得到充分的彰显。比起共同体的总愿景，读书小组的愿景更体现了个体的愿景，也更激发了个体的个性；比起学校的科层式的执行系统，读书小组的愿景更加充分地凝聚了个体的特长，更加充分地建构了个体的个性，也更加充分地保护了个体的个性。因此，读书小组愿景的形成过程，也是主体地位得到确立、主体个性得到发展的过程。

2. 建立章程：形成硬性约束

当然，光有愿景是不够的，读书小组还需要一定的内部约束，需要在组织过程中逐步制订章程或规范。实践表明，在一个没有章程约束的自愿组合的团队里，随着建队初期陌生感和神秘感的消失，缺乏组织建制的弱点便会暴露出来。缺少必要的组织框架，就缺少了个体彼此的可靠纽带和约束措施，也就缺少了信息、能量的流通通道和纠正能力，这会使系统无法连续良性运作，会逐渐涣散甚至瓦解。读书会同样如此。明确的章程对读书小组不仅是有意义的，而且是不可缺少的。因此，对于读书小组而言，不是要不要约束规范的问题，而是如何进行约束规范的问题，也就是如何确立一个更合乎人文价值的规范体系，来保证专业阅读的正常运作和持续发展。

读书小组可以根据共同体和读书会的愿景，通过集体协商，达成一定的共识，寻求保证小组良性运作的约束措施，制订出组内的运作规范，并在此基础上不断调整，以形成良好的章程，指导日常的运作。读书小组章程的制订要本着务实的原则，由粗到细，不断提炼。在读书小组运作的阶段，可简单地“约法三章”，制订有关出勤、交流方式等粗线条的规定，随着小组的发展，再逐步细化。但无论如何，读书小组的章程要围绕核心事务制订，要本着务实的原则进行。制订出来的章程，既要真诚实用，又要简单易记，便于个体内化；既要起到约束与凝聚的作用，又要有较大的弹性空间，如对出席情况、讨论要求、读书笔记都要做硬性规定，而对时间、地点等可做灵活规定。

3. 形成亲和：形成凝聚规范

读书小组的宗旨是通过情感交流来完成专业学习。因此，只有硬性的章程是远远不够的。应该说，章程只是做了原则上的规范，保证读书小组能够正常运作。要使日常运作高效，则需要人的情感维系。读书小组要在学习过程中不断推动和深化人际互动，努力寻找情感的共鸣点，用情感来指导专业阅读活动。读书小组要本着接纳的态度对待每个个体——不仅要接纳个体身上令人尊重、令人愉悦的部分，还要接纳个体身上不那么值得尊重、不那么令人愉悦的部分；读书小组要本着关心的态度对待每个个体的专业成长——不仅要关心每个个体的学习，还要延伸到个体的日常教学甚至日常生活上去，营造一种温馨的团队氛围；读书小组要本着宽容的态度接受每个个体的行为——不仅赞赏个体在读书小组中的优异表现和突出贡献，也要容忍个体在读书小组中不那么令人愉快的举动或交流方式；读书小组要本着尊重的态度对待每个个体——不仅认可与自己具有相同价值追求和文化立场的个体，也认可与自己具有不同价值追求与文化立场的个体；读书小组应本着鼓励的态度看待每个个体的专业学习——不仅鼓励那些有明显进步的个体，还鼓励那些没有多大进步的个体；最后，读书小组还应本着欣赏的态度看待每个个体身上的优点——不仅欣赏那些突出的长处，还欣赏那些不那么突出的优点，甚至是微不足道的特点，这会给个体的发展带来意想不到的效果。

通过长时间的情感运作，个体便会逐渐敞开心扉，开放自己的情感系统，让其他个体进入其中，从而形成一种真正的情感交流与互动，最后达到一种情感的融合。读书小组变成了个体巨大的心理激发资源：个体与个体之间友好相处，关系融洽，既能相互尊敬，又能相互激励、相互督促。

（四）培养领导者：组长

读书小组是专业学习的起点，而组长则是这个起点的发动者、执行者、推动者和督促落实者。从某种意义上说，在共同体的学习中，专业阅读既是开端，又是终端，发挥着重要作用。因此，组长的培养有着深远的意义。

1. 组长的素质

读书小组的组长要具备怎样的素质呢？换句话说，什么样的特质是读书小组的组长不可缺少的素质呢？是专业水平、领导能力，还是奉献精神？这些当然都是组长所必须具备的素质，但对于读书小组而言，其最重要的功能是引导成员进行专业阅读。如果组长本身能够在这方面起到表率、示范作用，对读书小组的发展会更有好处。也就是说，对于读书小组而言，组长最重要的素质是学习意愿和学习能力。有了学习意愿，组长可把自己的读书精神、求学激情传递给每个成员，感染每个成员，带领小组开展专业阅读；有了学习能力，组长就能不断地把理论和知识转化成实践能力，提高自己的专业水平，这不但会树立自己在成员面前的威信，也会给小组起到良好的示范作用，让小组成员认识到学习的价值，进而一道展开专业阅读，这对以专业阅读促进教师专业成长的校本培训有直接的推动作用。共同体在成立读书小组时，要对组长的这种素质加以宣传，使之深入人心，为组长的推选打下基础。

2. 组长的选用

组长的选用一般以自愿为主，引导为辅。一般来说，在共同体的宣传和不断强调下，小组成员会依据学习意愿和学习能力的标准来选出合适的组长，但有时也会出现意外的情况——选举的组长不但没有学习的特质，而且没有任何的领导与协调能力，甚至没有一点儿主动性，之所以选他，是因为谁都不想当这个组长。这是共同体最不想看到的一种情况，这时共同体就要进行干预，让小组选出称职的组长，如果从小组内确实选不出合适人选，可从外组调一个大家都能接受的人当组长。

3. 组长的培训

组长的领导、执行能力和专业能力直接影响读书小组的运作质量，也直接影响读书小组知识的交流互动和共享，从某种意义上来说，也会影响个体专业水平及共同体专业水平的发展。因此，对组长的领导能力和专业能力进行强化培训是必要的。

（1）培养领导能力，特别是领导意识和组织能力。这方面的能力需要长期积累形成，难以一步到位。这里的领导能力是指领导意识和基本的领导技能；组织能力则是指一些基本的管理技能和管理技巧。对于读书小组的组长而言，最重要的领导意识包括专业意识、大局意识和督促意识。

组长要明确读书会的宗旨、功能和意义，时刻把专业发展放在心上，并与成员不断交流，然后在此基础上培养成员的学习动机，促使成员形成正确的学习态度，最终升华为每个个体的专业学习理念。这是组长领导能力的最高体现——个体能够自觉地进行专业学习。

组长要有宏观的思维，这里的宏观思维包含两个方面：一方面是从学习的宏观思路来推动小组建设，即从小组全局的观点来安排小组学习的目标、内容和进度，设计出合理的专业学习内容和阶段性规划；另一方面是从组织的宏观思路来安排小组的活动，如谁的专业水平强、谁的协调能力强、谁的奉献精神强等，形成一个相对稳定的组织形态及互动模式。在这里，学习的宏观思路要摆在首位，因为它涉及专业学习的方向，规定了整个小组的学习走向，方向发生偏差，整个专业学习也会发生偏差，不但会偏离本小组最迫切的共性需要，使学习效果大打折扣，而且会影响整个共同体的发展。

组长的督促意识则表现在能够及时组织小组成员开展专业交流，开展实时组内学习反馈，告知小组成员专业学习进度，使小组成员具有必要的学习压力。同时，还要开展必要的评价，对个体进行鼓励性评价，调动大家的学习积极性；及时树立榜样，激励小组成员努力向前；对于那些不积极的个体，要做好思想工作，提醒其及时跟上小组进度；对于一些所谓的“学习缓慢者”或害羞的人，鼓励他们参与到团队的学习中，然后随着信心的增强和技能的提高，逐步加入到共同体核心中①。读书会更强调通过知识的共享和创造来提高个体的专业水平，共享的文化越多，产生的推动作用越大，对个体专业发展的帮助也越大。因此，组长对个体进行必要的督促，能保证大部分个体及时完成专业阅读任务，在最大限度内形成知识的共享。组长进行督促时，要本着鼓励的原则，采用提醒的方式，鼓励个体进行专业学习，而非给个体下达命令；提醒个体注意学习进程，而非指责个体影响到小组学习进度。只有这样，才能激励小组成员继续向前。反之，则会引起小组成员的心理对抗，使之产生逆反心理，从而产生负面作用，阻碍个体和小组继续前进。

（2）培养专业能力，针对一点超越。不可否认，专业能力直接影响组长在组内的权威及影响力。专业能力越强，组长的威望就越高，就越便于开展小组工作。对于组长而言，专业能力的培养有三方面的意义：一是提升自己的专业水平，促进自己的专业发展；二是给小组一个专业的示范，让小组有个学习的榜样和参照，使小组学习的方向感更强一些；三是提高自身的权威性，以便于开展组内的工作。但个体专业能力是长期积累的结

① 韩艳．基于“共同体”的英语阅读课堂研究［J］．教学与管理，2006（9）：111－112．

果，很难在短时间内得到较大的改变。要提升组长的专业能力，必须制订有效的策略：针对一点超越。针对某一点对组长进行强化培养，做到超越其他的个体，让所有的人信服。这一点必须与小组的专业学习紧密联系，有着直接的示范作用和长期的规范性。如组长可在短时间内使自己形成某一方面的强项，并远远超过别人，以形成自己的专业威望。一般来说，单项的突破可以在较短时间内完成。如对某一方面的理论理解，对某一个教学理念的领悟，对某一种教学模式、教学方法的实施，对某一种课型的驾驭，对某一项教学技能的提升等，在一两个月便能形成。以中学教师特别看重的专业能力——考点分析来说，看起来难度很大，其实只需几个月时间便可形成。把近几年某一个考点涉及的考题进行汇编，列出其考核要点，找出没有考的知识点，形成一个待考的知识点排布，便能给大部分人以参考；如果找出这些考点的考法，总结其考核的规律，进行经验总结，那么会得到大部分人的认可；如果在此基础上，指出考核的概率有多大，会以什么形式考，那么就能够获得绝大多数人的尊重。这种研究实际上也不会碰到太大的困难，只要个体可以从某一章节、某一个题型，甚至某一个考点入手进行分析，研究其考核的方法、背景，便能总结出一定的规律，并为以后的考核趋势做出有依据的大体判断。如果能够在此基础上从一点到一节到一章，再扩大到某一板块乃至整个学科的考核内容，其权威性也就会得到广泛的认可。实际上这也是一种个体专业能力突破的方法，共同体教会组长这样学习，就是给组长做了一个示范，让组长迁移到小组的专业学习中。

(3) 培养系统学习习惯。如果说上面的“针对一点超越”是从微观入手，从点到线、到面、到体的一种专业能力的突破的话，那么培养系统学习习惯则是从方法论的角度，由宏观到微观对个体的专业学习进行指导。这种指导由于具有宏观的原则框架，因此更有指导意义和迁移价值。

（五）推动专业阅读：开启专业学习

共同体通过三条主线推动专业阅读。

1. 基于共同体系列主题的专业阅读

共同体根据区域学科教师的专业水平、区域教育目标和教学现状，进行长期的专业阅读规划，以推动区域教师的专业发展。共同体专业阅读具有较强的系统性，能从各方面提升教师的专业能力，周期较长，往往需要2～3年。读书小组可以配合共同体的主题阅读活动，根据共同体提供的阅读主题，确定小组阅读的主题和内容。这个主题要跟共同体提供的阅读主题保持方向一致，内容可保持一致，也可以不太一致。在时间上也可以穿插开来，不一定与共同体保持一致，只要在规定的时间内完成便可，顺序可以随机调整。当然，共同体读书系统如要展开某些主题的讨论，则会把任务直接安排下来，此时小组必须无条件配合。

2. 基于问题解决的专业阅读

当共同体或读书小组碰到教育和教学的共性问题而无法解决时，就要展开基于问题解决的专业阅读。这是一种研究性的读书活动，主题非常明确，目标十分清晰，要求非常明了。这时，要集中整个读书系统的力量、集中时间、集中一切资源来进行研读。为了能够快速解决问题，所有的读书小组、所有的阅读行为都必须指向同一个目标——问题解决。

基于问题解决的专业阅读只需确定方向和目标，而对阅读内容不做强制要求，只要围绕要解决的问题展开即可。阅读的材料越丰富越好，阅读涉及的面越广越好，以拓展视野，打开思维，推动阅读向深处发展，最终促成问题的解决。这种阅读活动，因为涉及教师的课堂实践，能够在短时间内解决教师碰到的问题，效果较好，具有很强的实用性，很受教师的欢迎。读书会成立初期采取这种方式开展活动，也有助于打开局面。

基于问题解决的读书活动要注意解决好以下几个关系。

一是紧迫性与重要性的关系。根据紧迫性和重要性这两个要素，可将问题划分成四类：有些问题紧迫而且重要，有些问题紧迫但不重要，有些问题重要但不紧迫，有些问题既不重要也不紧迫。很显然，共同体首先要处理的是既重要又紧迫的问题，这时，共同体要集中读书系统的所有力量、集中时间、集中一切资源，进行攻坚学习，必要的时候还要集中外来的力量，在短时间将问题突破；其次，共同体要处理那些紧迫的问题，按其重要程度排序，先解决紧迫且较为重要的问题，以保证准时完成，这时要集中大部分力量，针对那一点发力，以快速取得突破；再次，共同体要处理那些重要但不紧迫的问题，这时要按照紧迫程度进行排序，找出重要事情里较为紧迫的问题，首先加以解决。

二是个性与共性的关系。读书会解决问题的顺序是先共性后个性，先满足共性需要，再满足个性要求。因此，读书会首先要解决共性问题。一个问题越具有普遍性，越能在较大范围内代表需求的共性。解决了这个问题，就解决了大部分人的需求。当然，这里没有明确的分界线，先共性后个性只是一个原则。共同体是一个较大的团队，有时个性的问题很突出，读书会也可先安排部分力量来帮助个体解决问题。

三是阶段性和长期性的关系。有些问题关系到全局，在很长的时间里有着重要的作用，对这些问题要认真研究，仔细安排，有序突破。有些问题很重要，虽然只是针对某一阶段而言，但不解决这个问题，后续工作就无法开展，这时要把主要精力放在这一点上，先把它解决好，再开展后续的活动。

3. 基于最近发展区的专业阅读

所谓基于最近发展区的专业阅读，是指在个体专业发展的临近水平上的阅读。这是基于个体发展水平的一种提高性的学习，具有很强的针对意义。

一方面，这是一种基于阅读吸引的读书。这种阅读能对个体产生很强的吸引力：读下去面临挑战，不读又觉得可惜，处于一种欲罢不能的状态。读书小组如能把握这个契机，以此为主题展开阅读，就会赋予个体阅读的力量。读书小组中的各个成员处于不同的发展阶段，一个成员的待发展阶段，可能是另一成员的已发展阶段，成员之间的相互协助便显示出其重要作用。在小组的协助下，个体容易突破发展的瓶颈，取得专业的发展。同时，由于这是不同个体对一个问题的共同探讨，也会增加专业理解的层次和观察的视角，使每个个体对该主题的理解进一步深入。

另一方面，这也是一种基于内在需要的读书，真正坚持阅读下去，个体的专业可以获得不断发展。这样通过自主选择内容，不断阅读、不断突破、不断发展，个体就能逐渐明确自己的发展方向，最终形成自己的风格。

第三节　调研系统

调研系统是共同体的萃取器、提纯机和攻克器。德国社会学家马克斯·韦伯在其著作《社会科学方法论》中说："一门经验科学并不能教给某人他应当做什么，而是只能教给他能够做什么。"而李震峰在《教育研究的价值之维》一文中也提到，研究者的教育价值判断不仅涉及研究者对教育主体需要状态的体认，同时也涉及对教育问题之对象的属性的认知。对于共同体而言，就是要在更高的层面上解决“应该做什么”，并产生更高层次的教育价值判断。共同体通过调研系统分析研究区域内外的最新教育教学成果，提炼区域专业的最新经验和做法，发现、研究并破解区域教育的共性问题，突破区域的共性专业问题。

一、调研系统的意义与价值

从本质的意义来说，调研系统有两大存在价值，一是成果研究与推广，一是问题发现与解决。

（一）成果研究与推广

1. 研究现有的成果，为区域推广做准备

按区域分，教育教学成果分为两类：一类是区域外的教育教学成果。调研系统要做的是学习、借鉴，完成区域本土化工作，让区域外的成果能够适应本区域教育教学的发展，内化成区域教育教学经验。一类是区域内的教育教学成果。调研系统要进一步进行提炼，得出更为普遍的意义，使其上升到区域共性的层面，才能在区域内推广。

2. 提炼区域内的优秀经验和典型做法

调研系统还应该善于发现区域内各学校的优秀经验和典型做法，不断加以提炼和总结，凸显其教育教学价值，并探究其背后的形成机理，及时在区域内推广。

（二）问题发现与解决

1. 发现专业难题，突破专业发展瓶颈

众所周知，对于教师而言，个体专业水平遇到瓶颈的一个重要原因就是碰上了教学难题，自身无法解决。究其原因，是教师的知识结构不完善或发生偏差造成的。根据辛涛、申继亮等学者的观点，按照功能，可将教师的知识结构分为四种：本体性知识（专业知识）、条件性知识（心理学、教育学等教学策略知识）、实践性知识（教学默会知识）及文化知识（包括教师信念、教学伦理等）。无论哪种知识，都会碰到发展瓶颈，形成个体难以逾越的障碍，这就需要一个团队来发现、研究和解决。

2. 发现教育共性问题，破解教育难题

一般来说，教师容易发现自己本体性知识和条件性知识的不足，并能做出正确的归因。归因在心理学上的定义为“根据行为或事件的结果，通过知觉、思维、推断等内部信息加工活动而确认造成该结果之原因的认知过程”[①]。正确的归因，就是对导致结果因素的正确认知。例如，一位物理教师对“物体的惯性跟运动快慢无关”这一知识点感到困惑时，得出两个结论：一是自己不知道这个知识点，二是自己没有学过相关的知识。教师接着会产生一系列的行为，如查阅资料、向同事请教等。同样，对“物体的惯性跟运动快慢无关”这一知识点没有办法讲透时，教师同样会得出两个结论：一是自己讲不清楚，学生没有听明白；二是这个知识点确实有点难，脱离学生经验，这样讲得太快了。接下来教师会采取行动，或是查阅资料，或是直接请教同事。实际上这便涉及教学问题的发现归因及解决方法。“不知道这个知识点”“这样讲得太快了”，这是发现问题（前者属于物理学科知识缺漏，是本体性知识；后者属于教育学的教法范畴，是条件性知识）；“没有学过”“脱离学生经验”是对产生这两个问题的原因做分析——归因；而查阅资料或请教同事的目的性都很强，前者是为了弄明白“物体的惯性跟运动快慢无关”这一知识点，后者则是为了把这一知识点讲清楚。很明显，这是在寻找解决问题的方案。但是如果继续追问：“是真的没学过这个知识点（一般不会出现这种可能）还是学过但是忘了（主要是这个原因）?”这样就指向了问题的核心——为什么会忘记这个知识点呢？这涉及本体性知识的前提——惯性是如何定义的，又是如何造成理解和记忆困难的，这就涉及本体性知识最精深的部分——学科思想。对于后一个问题，同样可以这样追问：“真的是讲得太快吗?”（不是讲得速度太快）“速度不快为什么学生会觉得讲得太快?”（因为没有结合这个具体知识点放慢速度，涉及教学元认知教学策略等条件性知识甚至是实践性知识——教学经验里最精深的问题）；如果在这个基础上继续追问：“为什么没有事先把这个知识点弄清楚？为什么事先没有调整好进度?”这就涉及教师的文化知识——教育信念和教学理念。实践性知识和文化知识极其隐蔽，难以发现（其实包括前两方面较精深的部分——学科专业思想认知、正确的教学策略知识运用），也是难以被个体明确洞察的。

马克斯·范梅南在《教学机智——教育智慧的意蕴》中指出：“教育学是一种迷恋他人成长的学问。”对于区域学科教育来说更是如此。在教师掌握这一学问的过程中，往往会碰上众多的问题，这就需要教师开展深

---

① 刘永芳．归因理论及其应用［M］．上海：上海教育出版社，2010：1.

入的研究。但是，教师碰到的教学问题是多种多样的，难度也深浅不一，有的比较直观外露，比如，对知识点不熟悉，知识难点难以突破，讲授水平、实验技能存在缺陷，班级教学驾驭水平较低，学生管理、师生互动不佳，往往外部迹象或表现形式比较明显，容易被教师直接发现和提取，成为反思和研究的对象；有的则隐藏在教学现象的背后，比如，教师的教育信念、教育理念等虽然对整个教学起统摄作用，决定教师教学的价值追求和课堂教学质量，却由于处于一个极隐蔽的位置，不容易被发现。

众多的研究表明，教师课堂教学的失败往往是教学理念、教育价值观不完善导致的，对于普通教师而言，这些往往被认为是属于虚的、没有用的东西，被教师自觉或不自觉地严密遮蔽起来，让他们难以看到本质的原因。调研就是“要明确地考察他内心所有的前见解的正当性，也就是说，考察其根源和有效性”①。

同样，对于一些区域教育现状（如师资结构、教育文化等）所带来的教学问题，教师往往更加难以发现，更无法加以破解。这就需要一支强有力的调研团队来发现问题、筛选问题、聚集问题、研究问题、解决问题。

二、调研系统的功能定位

（一）发现功能：成果与问题

调研系统在共同体中相当于情报系统，对共同体的顶层设计直接提供反馈信息，对共同体专业学习的长远目标和主题活动设置提供直接依据，是推进区域规范性教研共同体发展的重要保障。

调研系统既要发现区域内外的最新教育教学成果，又要发现区域内良好的经验和优秀做法，也要发现区域教育教学的共性问题和教师发展的专业难题。

（二）探究功能：归因与机理

一方面，调研系统不但要发现教育成果和问题，并对其进行分析和研究，提炼出所蕴含的教育价值，更要探究其形成的原因和内部机理，揭示出形成的规律，这样才能帮助个体更准确、更直接地把握其本质意义，并能正确地迁移到新的教育情境中，灵活使用，进一步扩大教育成果的

---

① （德）汉斯一格奥尔格·加达默尔．真理与方法：哲学诠释学的基本特征[M]．洪汉鼎译．上海：上海译文出版社，1999：344.

价值。

另一方面，调研系统要对区域教育教学共性问题展开研究，对专业难题展开研究，找出它们的成因，并研究出解决的方案。

（三）解决功能：推广与破解

调研系统对教育教学成果、经验和做法进行归因和机理探究后，还要提出推广的策略和具体方案。调研系统发现、筛选、提炼出的问题越有价值，越有针对性，所提出的策略和方案越具体，越有针对性，培训系统的培训工作也会越具体，越有针对性，教师转化而来的知识、经验也就越具体，越具有实践意义，成果的推广也便越深入，越广泛。

同样，调研系统对共性问题和专业难题研究得越透彻，对共性问题和专业难题的解决指向性越强，所提出的解决方案针对性也越强，解决共性问题也越到位，专业难题被克服得越彻底，效果也越好。

总之，调研系统的成果提高和问题解决的策略越具有本质价值和针对指向，培训系统分解的培训主题便会越有价值和指向性，执行系统的推进也就越有价值和针对性，共同体最终作用的结果就是每个教师的课堂教学都有价值和针对性。换句话说，调研系统发现、提炼和解决问题的价值高低，决定了共同体专业目标的价值高低，从这个意义上说，调研系统的水平决定了共同体发展的水平。

当然，共同体的调研不能代替教师个体的调研，对于个体而言，“就是要研究怎样使自己的每一个教学活动都有教育的意义，怎样在自己的学生身上实现教育的意义。这样做，研究完全融入了教师日常的教育教学活动，和他们的日常工作是一体的”①。同时，他们的教育教学活动也因为有了明确的、自觉的实现教育意义的意识而不再仅仅是知识的传递，它本身就是教育根本的价值和意义的体现。

三、调研系统的建设

（一）成立调研组

1. 组成人员要求：素质要求

调研组肩负着寻找真问题的重任，人员必须具备以下素质。

① 宁虹．教师成为研究者——国际运动 理论 路径 实践［M］．北京：首都师范大学出版社，2002：88.

（1）精神特质：真诚、好奇。真诚是调研组成员的首要精神特质，主要表现在三个方面。一是真诚对待教育。调研人员应本着热爱教育的态度，真诚地对待教育，有着较高的教育理想和教育信念，能够为教育奉献自己，去求索教育的真谛，去发现教学中的真问题。二是真诚对待教师。调研人员应本着严肃的态度，真诚对待每位教师，不能对别人存在偏见，哪怕是和自己合不来的人；不能根据自己的兴趣爱好来评价某位教师，而要用一分为二的态度来看待教师个体及其教学行为，做出公正的判断。三是真诚对待教学问题。调研人员应本着求真的态度，真诚地对待教学中出现的问题，实事求是，冷静客观地观察教学现象和教学事件，以获得科学的观测数据。这里的好奇指对教学调研有着一种特殊的好奇心。没有好奇心是很难高质量地完成任务并长久坚持的。好奇可以激发探究事物真相的兴趣和热情，产生揭开事实本质的欲望，而教学调研的行为刚好满足他们的心理需求，激发他们持久的激情，让他们坚持把事情做下来。好奇心的另一个重要功能就是“扩展经验的基本要素”“形成反省思维的胚芽”，真正在个体的经验上建立起深度思维，这对个体高阶认知的形成极有帮助。

（2）思维特质：敏锐、发散。这里的敏锐是指敏锐的观察力、判断力和专业感受力，这是调研员所需要的专业特质。敏锐有时是一种促进教研融入个体生命价值系统的专业情感的一种有效要素。敏锐的人容易找到“刺激性物”，形成一种开放性，能打破内心认识世界的自我屏障，不断进行独立的、全面的、系统的思考；能为自己投入解决问题的实践探索过程之中而快乐，[①] 进而赋予自己更深刻的观察力、判断力和专业感受力。

调研员要有敏锐的观察力，能够在细枝末节中找到问题的线索，能够在纷繁复杂的教学现象中找到问题的指向，能够在熟视无睹的现象背后找到问题的意义，能够在不同的教学行为中找到问题的共性；调研员要有敏锐的判断力，能够对问题进行初步归因，把教育现象与个体的教育信念挂钩，把教学活动与个体的教学理念挂钩，把教学行为与个体的教学策略挂钩，把知识传授与个体的知识水平挂钩；调研员要有敏锐的专业感受力，能够从个体的教学行为中感受到教师专业教学的整体水平。

调研员要充分感受个体的学识、思维、智慧等，应具备几方面的能力。

第一，觉察个体的学科知识水平的能力。要能感受到个体学科专业的

① 胡兴宏．走教师自己的教育科研之路［J］．人民教育，2008（20）：26－28.

扎实程度，这反映了个体知识的总体水平；要能感受到个体知识的渊博程度，这反映了个体知识的横向联系；要能感受到个体学科知识体系的良好程度，这反映了个体知识结构的质地。获得良好的学科知识是学科教学的目标之一，学科知识是学科思想、学科方法和学科思维的载体。因此，觉察出个体学科知识水平是调研员的基本功之一。

第二，洞察个体的学科思想的能力。对于一门学科而言，学科思想是区别于其他学科的本质依据。个体学科思想不同，则学科教学也完全不同。因此，调研员要能发现个体对学科的理解程度——能否真正理解学科建立的基础及其思想水平并能够自如地在课堂渗透，是否真正掌握学科方法并能自如地在教学中运用。建立起学科思想，能够帮助学科教师真正把握学科的本质，激发学习兴趣，这是学科教育的重要组成部分，但在现实中往往被教师所忽略。因此，关注教师对学科思想的掌握情况，也是调研员必备的专业感受力之一。

第三，感受个体的学科思维的能力。学科思维反映了个体对学科的认知，集中体现了个体学科理解的逻辑水平，包括思维的深度、广度、敏捷程度和独特程度。在教学中，个体是否关注学科思维的培养，是否培养起学生的学科思维，关系到个体是否真正自如地掌握了这门学科。对于一门学科而言，学生之所以感到难学，就是因为没有培养起该学科独特的思维方法。因此，在调研过程中，这是首先要觉察的。

第四，评判个体的学科教学能力的能力。一个人即使学富五车，也可能无法成为一位优秀的教师，一个很大的原因就是他不具备基本的学科教学能力。感受学科教学能力这实际上就是对教师如何把自己的知识转化成学生的能力进行洞察。一般来说，调研员要能够从教学经验是否丰富、教学策略运用是否正确、教学组织是否顺利、媒体使用是否得当、目标是否达成等方面来判断个体的学科教学能力。

第五，发现个体的教学智慧的能力。这是位于个体教学实践顶端的教学特质。田慧生在《时代呼唤教育智慧及智慧型教师》一文中说："从大的方面讲，教育智慧是良好教育的一种内在品质，表现为教育的一种自由、和谐、开放和创造的状态，表现为真正意义上尊重生命、关注个性、崇尚智慧、追求人生幸福的教育境界。作为教育的一种内在品质，教育智慧是应当渗透、内化于包括师生教育活动及教育目的、教育价值、教育过程、教育环境、教育管理在内的教育的一切方面的……教育智慧在教育教学实践中主要表现为教师对于教育教学工作的规律性把握、创造性驾驭和深刻洞悉、敏锐反应以及灵活机智应对的综合能力。”个体具有教学智慧能够在课堂现象中挖掘预设之外的教学价值，进行及时教育，以提高课堂境界；能够在面临复杂的教学情境时表现出敏感、迅速、准确的判断能力，自如解决课堂中突发的问题，保证教学不受干扰，以确保目标顺利达成；能够发现新的教学动态，促进教学资源现场生成，以提高课堂效率。发现个体的教学智慧是调研员基本的任务，能否发现个体的教学智慧则是调研员最基本的能力。

第六，进行思维发散的能力。即要能多向观察、分析和判断问题，思维具有广阔指向性；具有从多个角度、多个侧面观察问题，分析问题的能力；具有多个方向因果推进思维习惯。调研员要能够站在不同的角度，从不同的侧面观察某一个问题，使观察的现象能够互相印证，保证信息的准确性、丰富性和生动性；调研员要能够根据不同的依据（包括理论、经验、事实等）从不同的切入点，使用不同的思维方式分析问题，确保分析的客观性和充分性；调研员在进行归因分析时要避免单向度的思维方式，要能充分认识到因果关系的复杂性。在现实教学中，一因多果及一果多因是普遍存在的，而一因一果，才是非常态现象，调研员要具有从复杂的背景中进行多向性归因的意识和习惯。

(3) 行为特质：积极、主动。第一，积极参与。能克服困难参与到各项调研之中，特别是在比较繁忙的时候也能安排出时间参与相关的调研活动。具有调研能力的教师往往是教学骨干，在学校内承担着重要的教学任务，工作繁重，事务繁多，可自由支配的时间不多，因此，参与调研在时间上存在一定的困难。第二，主动配合。个体能够自觉、主动地配合团队运作，服从团队的统一安排，承担相应的调研任务，以期获得团队整体的最大效益，而不能根据自己的爱好破坏整体的安排。第三，及时完成。调研不是独立的一环，而是嵌入共同体的整体系统里的有机部分，在时间上有总体的要求。大多数调研任务都有明确的时间要求，必须在一定的时间期限内完成，否则会对共同体后续的研究、培训、执行等造成影响。

2. 组成层次要求：足够的人员层次

调研组往往没有人员限制，参与调研的人员越多，所发现的问题也越多；参与调研人员的组成层次越多，所发现问题的角度也越多。

(1) 组成水平层次要求：涵盖各个水平层次。调研组对水平层次的丰富性要求较高。第一，要有足够的专业人士，如专家型教师、学科带头人，这些人对学科理解达到较高水平，在教学上形成了自己独特的风格，因此有着敏锐的学科洞察力，能够很好地把握学科教学的发展方向，发现学科教学的教学智慧、有效的教学方法、隐蔽的教学行为；第二，要有骨干教师，这些人正处于业务成熟阶段，对教学方法、教学效果、课堂组织能力有着独特的视角，能够发现教学中的共性现象、学科困难知识和个体教学能力的高低；第三，要有教坛新秀，这些人处于快速上升阶段，达到一定的发展水平，取得较好的成绩，又有良好的激情和精力，与学生距离较近，因此能够关注较广的教学细节，更为重要的是，他们会站在学生的立场上观察问题，使得调研可获取可贵的生本视角；第四，要有普通教师，实力一般甚至较弱的个体在调研时会更加贴近被调研的教师，因此能够获得其他调研者无法获取的真实信息。

（2）组成年龄层次要求：涵盖各个年龄段。调研组要有老教师，也要有中年教师、青年教师，还要有新教师。老教师见多识广，经验丰富，而且心态较为平和，能够从整体层面上把握问题，使调研具有宏观的框架，同时看问题更加客观真实，对问题也更加宽容；中年教师身强力壮，业绩突出，自信心强，因此敢于提出问题、发现问题、探究问题的真相，往往能够发现重大问题，并指出症结所在；青年教师有一定经验，又有激情，教学处于发展阶段，能发现那些被老教师、中年教师忽略的重要教学细节；新教师保持了入职时候的教学新鲜感，处于学生与成熟教师之间的过渡阶段，对教学有着零散而又丰富的触觉，可以让各个年龄段的教师追溯到自己入职时的教学情境，进而使个体建立起系统的个体教学发展史，能够把教学问题整合到整个发展的过程中来判断，因此能够进行准确的问题归因。

（3）组成成分层次要求：涵盖各个成分。规范性共同体有所谓某些“民间学术共同体”研究的特征——自愿参与研究团队，平时活动由教师自己组织，不受学校行政干涉。调研组既要有本校教师，也要有非本校教师，这是一种最为常见的组织形式。同一个学科的不同学校的教师有着不同的教学规范和教学文化，因此能够从不同学校文化传统来进行调研，这保证了从区域学科的共性规律来看待问题，为行为的观测提供了跨越学校的跨界思维。

调研组既要有普通教师，也要有行政人员。比起普通教师，行政人员有着更强的规范意识、服从意识和整体意识，调研时能够从行政的角度来进行分析、判断，而且不同科层的行政人员的视角也不同，如校长与副校长的视角不同，副校长与中层领导的视角不同。从不同管理层的角度来进行调研，保证了从教学管理和教学组织的共性来看待问题，为行为的观测提供了跨越职务的跨界思维。

如果条件许可，调研组里最好要有非本学科教师。这是一种补充的形式，但不可缺少。从学科内外的视角来进行调研，能抓住各个学科共同的部分，如课堂管理、教学开展、课堂景观、目标达成等，这保证了能够从教学的共性规律来看问题，为行为的观测提供了跨学科的跨界思维。

如果条件许可，调研组里甚至要吸收一部分非教学人员，如后勤工作人员、学生家长。这种组织形式看起来令人费解，甚至令人质疑，却能够从一个跟专业完全不同的角度进行调研，保证了从育人的行为共性规律来看待问题，为行为的观测提供了跨越教学本身的跨界思维，实际上为课堂观测提供了一个最为宏大的观察视角。

（二）明确调研内容

“教育研究的对象是研究者提出的教育问题，教育研究的直接目的是对所提出的教育问题进行解答。”① 面对一线教师，调研组一般针对以下内容展开调研。

1. 课程标准的理解程度

课程标准是上课的指挥棒，规定了教学的总体方向和基本要求，如果教学偏离课程标准，便偏离了教学的正确方向，就谈不上完成教育的基本任务。在教学实践中，普遍存在着轻视课程标准的倾向，大多数教师只凭教材、教学参考书，甚至凭经验、感觉上课。因此，引导教师深入研究课程标准有着重要意义。

2. 相对较难的本体性知识

每个学科都有难以理解的专业知识。这些知识要么精深难懂，要么超出经验，给个体的认知理解带来巨大的麻烦，更难以用通俗易懂的教学语言表达出来，传授给学生。于是，这些内容就很容易成为教学的死角，教师不敢逾越，课堂也无法有效展开，严重地挫败了师生的积极性，严重地影响了教学的情绪和效能。因此，调研组要能发现这些知识难点，将其汇集起来，逐一加以突破，以解师生心头之患。

---

① 李震峰．教育研究的价值之维［J］．教育发展研究，2014（23）：78－84.

3. 区域教学的共性经验与问题

出于教学环境的相似性、生源构成的相似性、教学文化的相似性和教学标准的一致性，区域教学往往会呈现出较大的共性，既有共同的优点，也存在共同的问题。共性经验是区域教学宝贵的财富，共同体要不断进行总结提炼，上升到宏观或理论的层面，对其背后产生的机理进行分析研究，找出本质的要素，用以指导区域教学。而共性的问题是共同体要重点加以发现和解决的。如在区域教学中存在什么问题？是否存在共性特征？是什么原因引起的？如何解决？一旦调研清楚，就能明白区域教学共性问题的症结所在，有针对性地进行破解，及时弥补区域教学的短板，推动区域学科教育的发展。

4. 区域教学发展整体水平

调研区域教学整体发展水平，目的是要在一个宏大的背景下对区域学科发展做出准确的定位，如在全市范围内教学处于什么水平？在全省范围内处于什么水平？在全国范围内又处于什么水平？领先还是落后？哪几个方面领先？哪几个方面落后？这样让教师具有更宏观的教学视野，能够从更大的背景下审视自己的教学行为，进而为专业学习和研究提供助力。一般来说，一个区域的教学视野越开阔，区域学科的发展就越顺利，其水平越高，发展的持久力就越强。对于一所学校、一位教师也同样如此。因此，立足于本区域，面向更开阔的视野，是对区域教学发展水平进行调研的基本目的。

5. 区域教学文化

比起共性经验，区域教学文化更为宏观，也更为接近教学本质，具有较大的价值。如先进的教育理念，可以有效地改变教师的观念，改变教师对教学本质的理解，在总体上改变教师的教学思维模式和行动体系，进而使教师的教法发生根本的改变。也就是说，理念改变观念，观念改变思维，思维改变行动，这种改变是一种方向性的改变，具有全局意义。教学智慧可以让共同体的其他人看到某个个体卓越的教学才华和有效的教学策略，拓展教师的教学思路，推动教学思维往纵深发展，并引起心灵的共鸣，从而很好地提高教师的教学境界，有效地消除职业倦怠感。而教学模式可以对个体的教学起行为指南的作用。一种良好并为教师所接受的教学模式，能够立刻被个体所模仿而成为一个行为的范本。对于一线教师来说，这是最好的学习途径。对青年教师而言，则可以大大缩短其成长的周期。

6. 教师的课堂教学行为

教学效果是教学行为的产物，有什么样的教学行为就有什么样的教学效果。要提高教学的有效性，就要提高教学行为的有效性。因此，对课堂教学行为展开调研，能准确地预测教学的质量。对课堂教学行为进行调研还可以帮助教师鉴别什么是有效的教学行为，什么是无效的教学行为，进而对教师的课堂教学做出客观的诊断，帮助教师对不当的教学行为进行矫正，推动有效教学行为的持续产生，保证课堂的教学质量。

7. 教学常规

教学常规是调研组的调研对象吗？一个较为普遍的观点是常规可检查，甚至应进行专项检查，但成为调研对象有点小题大做。其实这只是问题的一个侧面，从另一个侧面看，常规为什么会成为常规呢？就是因为它反映了教学的基本要素甚至基本规律。对常规进行研究，要侧重于对“常”中“规”的把握，促进教师在日常的教学行为中把握教学规律；同时更要侧重从“规”走向“常”，用教学规律来指导日常的教学行为。如果能从“常”中研“规”和以“规”领“常”的角度对常规工作进行调研，则能够真正把握教学常规的本质内涵。

（三）开展扎实的调查研究（田野研究）

1. 深入学校，发现问题：从“这是什么”到“这是为什么”

课题来源于问题。因为问题总是处在已知与新知的交接点上，是产生新知的桥梁。杜威曾言，问题提得好，答案就有了一半。调研组深入学校，深入课堂，去发现有价值的问题，但有价值的问题往往潜藏在复杂课堂情境的背后，个体往往较难发觉。因此，调研组在观察过程中不但关注“这是什么”，更关注“这是为什么”，逐渐摸清脉络，切入问题的核心。

2. 归因再探，形成话题：从问题到课题

发现问题之后，调研组要进行初步的归因分析，通过访谈、询问、讨论，初步判断问题形成原因，并对此阐述不同的看法，把问题当成日常的话题展开。展开话题时，要围绕着问题尽量发散思维，不要急着进行思路整合。通过多方聊天式的研讨，思路会慢慢拓展，潜藏在问题背后的价值也会被充分挖掘出来，甚至一些看似无关紧要的细节也会突然变得重要起来。实际上，这是一个情境发散的过程，对问题情境进行充实和挖掘，能为进一步的提炼做好准备。

3. 针对情境，提炼课题：从情境发散到情境聚焦

真实的实践环境远比计划阶段所想象的更丰富、更无序。提炼课题，就必须回到具体的教学场景里。针对同一话题，不同的教师有不同的处理方式，也存在不同的教学智慧和教学问题。调研组把发现的问题、形成的话题放在不同教师的教学情境中，去发现区域问题的共性和话题的核心点；通过进一步展开访谈、观察，与相关教师再次进行交流，进行问题聚集，把问题放在广阔的观察背景下，逐渐缩小观察的视角，最后把话题锁定到某一点上，成为一个完整的教研课题。

4. 侧重践行，分解主题：化整为零，逐步推进

最后，调研组把课题分解成一系列的主题，再根据课题的轻重缓急和目前的需要论证其可行性，把既重要又紧迫且可行的主题先挑选出来进行专题研究，以期先形成解决方案。

（四）使用多视角策略进行归因

通过访谈、问卷调查等进行教学调研，站在一线教学的角度甄别和提炼出有价值的问题。

1. 基于具体背景，观测外在表现所蕴藏的内在原因

观测课堂教学行为外在表现，应基于详尽的、具体的背景调查。

取得校情、学情、区域文化传统、教师个性风格等相关的详尽而具体的背景资料是着手调研的必要准备。某一节课、某一个教学细节、某一个教学行为，只有放入广阔的背景下，才能显示其真实的面目。脱离了这一限制条件，单凭有限的观察，往往很难发现教学的真相。因此，“在课堂观察中，教师通常要根据自己的研究目的来选择观察对象、观察内容和观察方法，对观察的整个过程做出系统的规划”①。不可否认，一些教师的教学行为本身就包含了明显的优点或不足，可以通过直观观察直接获取。但这并不是问题的关键，问题的关键是要看出这些明显的行为缺陷背后隐藏的教育学意义。同时，一些常见的教学行为往往具有巨大的课堂组织价

---

① 郭永峰．论教师的课堂观察技能及其培养［J］．教学与管理，2011（1）：7—9.

值，直接影响到课堂目标的达成程度，但这些行为往往又具有较大的隐蔽性，难以得到精确观察。为了能够洞察其背后的教育学意义，调研员除了要有足够的专业敏感度，能够及时捕捉到教学过程的重要细节，甚至察觉到教师的一个语调、一个眼神、一个表情、一个手势的变化外，更重要的是要通过充分了解教师的教育理想、教学信念、教学风格，把握教师在教学环境下的心理活动，这样才能克服课堂观察的片面性，才有可能正确理解个体教学外在的行为表现。

2. 基于多个维度，观测外部表现所蕴藏的内在原因

观测课堂教学行为外部表现，应基于不同的、多维的评判视角。

同一种行为，往往存在着不同的评价标准，有着不同的解读，也就有了不同的意义；同样，同一种行为，存在着不同的观察角度，有着不同的表象，也就产生了不同的意义。对于教学行为而言，哪怕是完全一致的行为，其教学指向可能完全不同，产生的效果也可能截然不同；同样，对于教学行为而言，哪怕是完全一致的行为，哪怕是完全相同的教学指向，也取得完全相同的教学效果，个体参照的标准如果不同，其行为也就不同。更重要的是，相同的个体、相同的行为、相同的教学指向，其选择的标准却可能完全不同，这更造成了标准选择的复杂性和不确定性。这样，教师的课堂教学行为就很难用一个不变的标准加以评判。因此，对教师的课堂教学行为展开归因评判时应基于不同的观察角度，选用不同的评判标准，并结合详尽的背景资料，从多个层面对其优劣得失进行考量。这样才能够探究出个体教学行为背后的真实原因，对观测到的现象进行价值判断，并提出真实的、有价值的观测数据，供研究组研究。

值得指出的是，课堂观察在我国兴起已有几年的时间，但主要是作为一种促进教师专业发展的工具。其作为一种研究学生学习过程和结果的重要工具的功能还没有得到充分的重视。因此，这里要重申佐藤学的观点，他认为教学研讨的对象不是放在“应当如何教”的问题上，而是基于课堂的事实——儿童学习的成功之处何在，失败之处何在。

3. 基于教育文化，观测外部表现所蕴藏的内在原因

观测课堂教学行为外部表现，还应基于个体教育的文化层次的提升。

课堂能否真正成为学生学习的天堂，不但跟教师的教育理想、教学信念和教学模式有关，还跟教师的教育文化有关。正是教师不同的教育文化孕育了课堂不同的文化氛围和思考模式，正是这种看不见却直接作

用于个体心灵的东西，才真正使教育分出了高下。爱因斯坦说："你能不能观察到你眼前的现象，取决于你运用什么样的理论，理论决定着你到底能观察到什么。""在课堂教学实践中，当教师的课堂教学方法、教学手段等表层因素有了一定的改进和提高后，教学理念、信念和观念等深层次因素支配下的教师课堂教学行为的改进就成为提高课堂教学效率的实质性问题。"① 因此，在观测课堂教学行为的外部表现时，除了看得见的行为、模式、学习效果，更要洞察看不见的文化，这样才能真正了解教育的本质。

第四节　培训系统

培训系统是区域教研共同体成果的转化机制，是将优秀的教育理论、教育理念、教学成果、教学经验转化成个体教学行为的巨大训练场。它如同人的消化系统一样，将食物转化成营养加以吸收，以保障个体的教学质量。从本质来说，培训是基于有目的、有成果转化指向的区域互动。特纳认为，互动是暂定的过程，一个不断验证某人对他人角色看法的过程。通过这个过程，个体对教学信念、个人教育角色、学科专业进行验证，进而在更宏大的层面上理解教育和学科专业的意义。

培训系统是教育成果转化与推广的主要渠道，再好的成果，如果没有培训系统的系统培训和跟踪矫正，也难以内化为区域个体的认知，并落实到其行动上，最后转化成区域的共性行为。

培训系统主要对学科专业技能、教学实践能力展开活动，侧重于对教师的教学执行能力、教学反思能力和教学研究能力进行培训。

一、培训系统的意义与价值

没有系统的培训，就没有切实的转化。

无论是区域教育理念、教学模式，还是研究成果、学习成果、优秀经验、先进做法，都要通过培训系统的系统培训，才能和每位教师的教学行

① 蔡宝来，车伟艳．国外教师课堂教学行为研究：热点问题及未来趋向［J］．课程·教材·教法，2008（12）：82－87.

为发生联系，其价值才能得到充分的体现。新的教育理念通过培训系统得以传播，新的教学模式通过培训系统得以建立，专业知识通过培训系统得到提升，专业经验通过培训系统得到推广，好的做法通过培训系统得到快速普及，个体隐性的教学思想、教学智慧通过培训系统得到逐步的揭示，而成为共同体里的共有资源。

如果说调研系统是在提取或获取教育教学成果原材料的话，那么培训系统就是在将这些原材料制作成各种美味可口的食品提供给大家。于是，共同体里的培训系统就有了不一样的含义。

（一）从成果到主题

针对自身或调研系统获得的原材料进行主题分解，确定适合的培训主题，这是进行转化的第一步。

教育是一个系统工程，优秀的教育教学成果涉及教育教学的方方面面，有着各种各样的价值。同样，由调研系统研究出来的区域教学经验或破解的专业难题，也有着多方面的意义与价值。在整个教学系统中，它们不可能孤立存在，而是折射着整个区域的教学面貌。如何才能发挥其最大的价值，将它们转化成区域每个个体的内在成果呢？很显然，需要将成果分解成各个主题，从多个方面挖掘其价值，然后根据现阶段的区域教育目的、专业发展规划和教育教学条件进行选择。

实践表明，一个良好的培训主题不仅能够有效地提取出教育成果里最卓越的部分进行区域本土化，还能满足教师的专业需求，有效地转化成个体的教学实践行为。

（二）从主题到项目

根据主题确定有针对性的培训项目，有效地实现成果转化。

把优秀的教育教学成果转化成培训主题，这只是培训的第一步。为了使培训能够系统、有序地展开，必须将培训主题转化成可理解、可操作的项目——培训项目，然后制订出具体的实施方案，展开培训。

通过各个有针对性的项目培训，能够满足区域的教育需要和教师的专业需求。根据项目，培训主题转化成个体可理解的内容和可实践的行为标杆，给教师的教学实践提供依据和参照。通过教学实践，教师能够更深刻地理解培训的内容，进一步把握教育成果的本质意义，进而促进对教育成果的吸收。

这样通过系统的项目培训，就把优秀的教育成果转化为个体的教学实践，使其能够在区域内得到大面积的推广。

二、培训系统的功能定位

（一）发现功能

即了解和发现最新的教育理念、教育成果。培训系统要有宏观的视野，能及时了解国内外教育动态，了解国内外最新的教育理念和教育成果，了解国内外最先进的教学模式和教学方式，并注意与本区域教育对接。培训系统还要有整体的视野，注意区域所在市、省的教育形势和动态，及时了解区域外的最新教育理念、教育成果和先进做法，并注意与本区域教育相对接。培训系统更要有敏锐的视野，及时了解本区域的教育发展动态，及时掌握本区域最新的教育理念、教育成果和先进做法，并能配合共同体的其他系统做好调研工作。同时，共同体还可以根据 Goldstein 模型，从组织分析、任务分析和人员分析三个部分及时分析出区域的培训需求，分析出现有情况与理想的任务要求之间的差距，即“目标差”，以形成培训目标和内容的依据，揭示出培训任职者最必要的知识、技能和态度[①]。

（二）转化功能

即把教育理念、教育成果、教育经验和先进做法转化成培训资源。培训系统必须结合自己的发现，对调研系统的研究成果进行认真研究，将其转化成可培训的内容。转化是培训系统最重要的功能。在培训系统中，转化的内容可分成直接转化和间接转化两部分。其中，那些可以用语言文字、图表、程序、音像表达出来的显性知识，可以进行直接转化。而那些不能直接外显的教育思想、教育理念、教育智慧和教育风格，是更为重要的转化内容，难以直接转化，只能以间接方式进行。它们既是转化的重点，也是转化的难点，是衡量培训系统的转化能力的重要因素。培训系统的转化功能越是强大，越能将这些默会的内容转化到位，成为大家的共同财富。

（三）建设功能

即能进行培训项目、培训课程和培训资源库的建设。

---

① 王鹏，时勘．培训需求评价的研究概况［J］．心理学动态，1998，6（4）：36—38，51．

1. 培训项目建设

当培训系统分解出一定的培训目标，确定好培训主题时，要进行全方位的策划，将其建设成一个培训项目，并按项目管理的方式展开培训。这里的项目内容要“以教师需要为本，强调可操作性；以教育发展、学校发展要求为导向，强调实用性；以培养教师创造力为主，强调实践性”①。项目管理不仅包括方案的策划、流程的制作、场所的确定、培训师的聘用，还涉及活动的设计和结果的跟踪。培训系统要不断地追问：本次培训的目的是什么？培训过程所设计的活动能否与培训目的相匹配？培训的对象是谁？所设计的活动是否落到其最近发展区，并能够有效地调动其积极性？培训师是谁？能否有力地驾驭这些活动以达到培训目的？培训的后续工作怎么做？能否进行针对性跟踪，并有效地保证把培训的成果落实到个体的教学实践中？与其他培训不同，共同体的项目培训不仅在于培训项目本身，更在于通过培训促进项目在个体教学实践中的落实，以真正完成教育成果的转化与推广。

2. 培训课程建设

当共同体发展到一定的阶段，学习和研究便会出现一定的系统性。这时，可将教育成果和区域共性问题进行框架性整合。把教育成果分解成某一系列的主题，每个主题下面再设几个专题，再把每个专题设计成相应的项目。同样，把要解决的区域共性问题沿着某一主题方向提炼、分解，形成专题化的项目。这样，各个项目之间就形成了有机的联结，组成了一个完整的课程。实际上，共同体在建立初期便要有课程建设的意识，有目的地分解教育成果，并结合专业学习和专业研究，用教育成果来解决区域教育的共性问题。这样，从解决共性问题的角度对教育成果、专业学习、专业研究进行深度的整合，教育成果、专业学习和研究的成果也就顺理成章地具有了解决实际问题的功能，整合出来的解决问题的方案也就是最佳的培训课程。对于区域教育而言，这种培训课程是基于行动研究的培训，是基于行动引领的培训，是基于个体问题解决的培训，因此具有无比重要的价值，是任何其他培训都不可替代的。

---

① 李其龙，陈永明．教师教育课程的国际比较［M］．北京：教育科学出版社，2002：405.

3. 培训资源库建设

共同体的培训源于区域，服务于区域，具有巨大的实用价值。由于区域教育的共性，这种培训具有相对的稳定性，每一次培训都可以重复使用，或加以修整后重复使用。同时，由于共同体的系统性建设，每一次培训又可以延伸到下一次的培训上。因此，每次的培训，无论是某一个项目还是某一个课程，都具有积累的价值。这就意味着，培训资源的积累也就是共同体智慧的积累。因此，共同体要关注内部资源的收集、整合、积累和丰富。

三、培训系统的建设

（一）建设培训组织

共同体的培训组织可以如此建构：教研员—发现部门—转化部门—建设部门—培训师。

（1）教研员：负责全盘的培训工作，包括进行系统的培训设计，确定培训的主题，计划培训的阶段，推动培训的开展，协调好培训系统各职能部门之间的关系，选择培训师等。

（2）发现部门：发现并提炼培训资源。该部门可由调研系统的人员担任，负责收集国内外、区域内外的教育发展动态、最新的教育理念与教学成果等。

（3）转化部门：完成成果到培训资源的转化。这是完成各类成果推广的第一步。一般来说，转化部门由富有经验的教师组成，须具备以下条件：一要有转化的眼光，即能看出哪些是值得转化的成果，哪些是能够被马上转化的成果；二要有转化的能力，即能够完成从成果到培训资源的转化；三要有转化的意识，即要具有敏锐的目光，能随时随地从转化的角度看待问题；四要注意转化的方式，即培训方法的选择必须遵循科学性、可操作性和经济性的原则。

转化部门必须完成以下几项工作。第一，形式转化。把各类成果转化成可培训的形式。第二，寻找转化点。通过分析、类比、综合，把研究成果和区域教育发展需要及教师最急于解决的问题结合起来，找到一个结合点，搭起转化的桥梁。第三，确定培训主题。结合当前的具体情况，确定培训主题，明确转化的目标和任务。

（4）建设部门：完成可行性的转化方案。通过建设部门，教育成果变成能够转化的实施形式。无论是一个项目、一系列课程还是资源库里的每个资源，都必须能够进行实践操作。

建设部门需要完成以下几项工作。第一，项目策划。把培训主题和培训目标结合起来，进行整体方案策划，将其整合成一个可独立运作的项目。第二，分解再组。分解成果，组成课程。对已转化的培训资源进行主题分解，形成既相互联系又相对独立的一系列培训主题；围绕这些主题确立培训目标，组织培训材料，确定培训内容，组成培训课程。第三，建设再生。有意识地围绕培训课程收集、积累和完善相关的资源，最后形成资源库。此外，建设部门必须完成成果推广的书面转化工作，建设尽量详尽的显性培训课程。

（二）培养培训师

张桐俊指出，培训师是从事培训工作，并具有培训项目管理能力，可以独立承担培训项目开发或培训课程开发，掌握培训需求调查、课程设计、培训效果评估及反馈等培训管理流程技术，并能承担1～2门具体培训课程教学任务的人员。实际上这是迄今为止我国对培训师最为完整的定义。郑洁玮在其《中国文化背景下企业培训师的角色理解及其有效性研究》的论文中提出，中国培训师按照重要程度可依次分为知识传授者、知识应用指导者、学习导向者、学习榜样、问题解决者、服务提供者、团队学习推动者。他同时指出，在中国文化背景下，知识应用指导者是作用最广的角色，学习导向者是对培训有效性起积极作用的角色，知识传授者是作用不显著的重要角色，团队学习推动者则是被受训者广泛要求的角色。

相比这两种说法，区域教研共同体的培训师更侧重于后者。与一般的培训师不同，共同体里的培训师主要来源于共同体内部，培训不是他们的专职，他们“培训师”的身份更多是建立在辐射的意义上的。因此，所谓的共同体内部培训师，就是区域内具有较强的培训能力的教师，可能是专家型教师、学科带头人，也可能是教坛新秀，即是“领域的专家”。而张桐俊所定义的培训师，其实涉及共同体整个调研培训的主体功能。

1. 区域内培训师的培养

（1）培训师的定位。能够对内统一展开培训，将已策划好的培训项目或培训课程在指定的时间段内完成。如果说转化部门是培训系统里的“二传手”，培训师则是“扣球手”，一锤定音，将教育成果有效地展示出来，做行动的示范引导和后续跟踪。培训师完成了成果的区域推广工作，使调研组和研究组的价值得以真切的体现。

培训师应具有以下几方面的能力。

一是语言表达能力。培训师要有较扎实的语言功底，有较强的语言表达能力，能够清晰地表达培训的理念，能够明确地传递培训的信息，而且简洁明了，让信息在传递过程中不衰减，不失真，不让人产生厌烦心理，有较好的语言感染力。

二是精神感染力。培训师要有激情，并能通过语言、动作传递出这种激情，去感染听众，很好地调动听众的热情，吸引听众进入培训活动中，增加个体参与的广度和深度，提高培训中的互动频率和心理卷入程度，从而高效地完成培训的目标。相反，如果培训师死气沉沉，语言呆板无趣，不但难以吸引听众参与到培训互动中，而且会抑制培训的气氛，在较长的培训过程中，让听众精神不振、无精打采、昏昏欲睡，从而无法取得应有的培训效果。

三是必要的组织能力。区域的培训活动往往不需要培训师进行策划，培训师只是培训执行系统里的一环，因此无须具有较强的协调管理和规范能力。但培训的过程本身就是一个管理的过程，这个过程远远比给学生上课更为困难，面临的挑战也大得多。培训师面对的对象不同，培训的场所与教室或实验室不尽相同，培训的过程与教学过程不完全一致，也就是说，培训师面临着一种跟平时教学完全不同的情境，需要尽快适应。因此，在对整个场面进行监控、对人员进行组织、对活动进行引导时有着与日常教学完全不同的体验，不能简单地把平日采用的教学模式和教学策略直接套用过来。同时，培训过程中出现的各种突发事件与日常的教学突发事件性质完全不同，这都需要培训师具备一定的组织能力。而在一些非常规的临时性任务中，培训没有经过严格的项目策划，甚至没有第二方进行培训组织，培训师在接到任务时，要能够独立组织培训活动，顺利完成指定任务。没有一定的组织能力，培训师是难以顺利开展工作的。

（2）培训师的挑选。区域培训师由区域教师承担，一般情况下，一线教师不具备培训的经历，培训经验较为欠缺，培训技巧有待提高，而培训任务不是简单的经验交流，有着明确的培训目的和培训效果要求，个体要完成培训工作比较困难。因此，开展区域培训时，挑选合适的培训师是十分有必要的。

一是选用专家型教师或权威教师。在共同体草创阶段，如果缺少有培训经验的教师，而培训任务又只能通过一线教师来完成时，可选择区域内公认的专家型教师，因为专家型教师可以将广泛的知识有效地筛选、利用起来，创造性地解决各类教学问题，用专业的智慧折服受训者；也可选择权威教师，因为他们能够压得住场面，使培训顺利展开。对于权威教师，特别要注意，让他们完成主体任务，而教研员要亲自主持，在介绍培训师时，做必要的推崇，帮助培训师建立起自信和权威，消除其紧张感，让培训能够顺利开展，而在培训结束时教研员要做适当的补充、延伸和强调，画龙点睛，以提高培训效益。

二是选用合适的教师。当权威教师对某些课题不熟悉或与其观点不合，甚至理念完全对立时，就要选择能够代表培训方向、对课题理解较为深刻且有实践经验的人担任培训师。由于这些教师不够权威，有的可能是新教师，面对全区的培训压力很大，难以驾驭全局，这时教研员要做好铺垫，把接受培训的教师带入相关的情境，再由培训师上场培训。

(3) 培训师的培训。培训师的培训要从以下几个方面展开。

一是专题性基本能力培养。对培训师进行针对性培训，通过专题学习和实践，让培训师明白培训的性质、功能、组织形式和管理技巧，适应培训的各项工作，提高培训技能，增强培训自信，完善培训策略，从而具备较充分的培训能力。

二是特色能力培养。针对培训师的特色进行提升，如具有语言能力的人，在表达上多下功夫，以提高说服力；富有激情的人，在肢体语言上多下功夫，以增强感染力；组织力较强的人，在协调上多下功夫，以提高对场面的掌控力。这种有针对性的培养建立在个体的长处之上，因此可收到立竿见影的效果。

三是短板管理。对于初次上台的人而言，问题不是没有过人的优点，而是存在一些致命的缺点。如有的语言表达不清楚，有的鼓动性差，有的控制不了进程，对培训造成了直接的负面影响。这时，就要针对这些短板进行管理。一般的做法是，帮助培训师进行初期的排练，对培训过程进行模拟，预估可能出现的问题，并提供相应的对策。这种做法可有效地帮助培训师克服紧张的心理，正常发挥水平。对于那些没有经验的培训者或比较重要的培训，采取这种方式是极其有效的。

四是渐进式实践培养。渐进式实践培养主要是通过培训的行为来提高个体的培训能力，即在培训别人中完成对自身的培训。教研员有意识地安排那些有培训潜力的教师参与到日常培训中，从简要的培训内容开始，从简单的培训场景开始，从简短的培训开始。一句话，从他们经过一定努力能够胜任的培训开始，让个体开展培训活动，让个体从简单的培训中获得培训的经验、能力和策略，然后逐渐增加培训的内容，加大培训的难度，延长培训的时间，在无意间个体的培训水平便得到了全方位的提升。对于那些有潜力的新教师，采取这种方式，不但能取得极佳的效果，而且对他们的专业成长也具有巨大的促进作用。

2. 区域外培训师的聘请

区域外的专家也可成为区域内的培训师。区域外培训师的聘请要遵循以下原则。一是主题决定原则，这是根本原则。即根据培训主题的需要，聘请相关的教师，让那些最适合培训主题而非最权威的教师来进行培训。二是主题控制原则。如果请不到与主题配套的最适合人选，可请某一专家，但要把培训主题、要求甚至框架给他，让他在此框架内展开培训。这时主要是借助于培训者的权威来推广主题。一般说来，这比较适合于本区域的教育理念提高或顽固观点改造。

这里要注意的是，区域外培训师的聘请要有一个统筹安排的思想，即要清楚地明白在本市（或省）名师在专业领域上的长处或研究特长，列出一个培训专家库，做到心中有数，这样才能做到有益的补充或针对性的引领。

（三）打造适当模式，进行培训

适当的培训模式不仅会提高培训的效果，降低转化的难度，还能降低培训的成本。一种好的模式不仅要考虑内容选取、项目设置，还要考虑培训对象的特质、培训顺利开展的各种条件（如物质条件、时间条件、交通条件等），更要考虑培训的时机、学习者的学习取向。这样的培训模式才能最大限度体现学习的需求。“有关理论研究已经表明，成人学习者是有着独立自我的个体，只有以个人需求为导向的成人教育课程，才能充分激发成人学习者内在的学习动机，有效实现课程效能”[①]，最大限度地完成预期的目标。

区域规范性教研共同体最常用的培训模式有三种：区域全员培训模式、入校专训模式和个人专训模式。

---

① 黄健．成人教育理程开发的理论与技术［M］．上海：上海教育出版社，2002：73.

1. 区域全员培训模式

区域全员培训模式，即对区域教研共同体全体成员进行专题培训。全员培训可采用“全动式模式”展开，将全过程分为全面发动、全体行动、全员互动、全程跟动①四大板块。这种模式建设培训师与参训者之间的深刻互动，属于家林格伦所提倡的教学互动的第四种交流方式——师生共同讨论，效果最好。具体的做法是进行专题培训—公开课示范—研讨完善—提出共同体方案—推出个体解决方案—教研员或研究组进行针对性跟踪。

（1）专题培训：项目培训。进行项目策划，展开专业培训活动，让教师理解最新的教育理念、教育成果，并获得一定的行动方案。培训得越细致，越到位，跟具体的实践联系得越紧密，对个体的触动就越大，个体的收获也就越大。这是共同体发动阶段，开启了成果转化之门。

因此，对于那些优秀的教育成果，要按照一定的主题进行整合，形成培训项目，再开展培训。培训项目策划得越好，受训者的收获也越大。

（2）公开示范课：行动引领。开设区域示范课，将培训的内容在现场落实，进行行动的示范，让个体进入实际的操作情境中，去体验、分析、感悟项目培训内容，形成进一步的认识。公开示范是最容易打动培训个体的形式，个体的教育理念可能在现场受到触动并发生改变。这是培训中最为重要的一步，它加深了受训者对培训的理解，让个体看到操作的方式和成效，初步明确了下一步行动的方案，从而真正把培训专题与自己的教学实践结合起来，判断其可行性。少了这一步，培训的说服力会大大降低。

在这里，对公开课的要求是“常态的课堂，非常态的教学效果”。要让受训者亲眼看到，这成果是来自常态的课堂，来自常态的教学行为，来自常态的生源构成，其教学的外部支持条件也是常态的。总而言之，成果就来自常态的课堂，与受训者的日常课堂没有本质区别。所不同的是教学理念、教学模式或教学策略，受训者只要用相同的教学理念、教学模式或教学策略，完全可以取得相同的教学效果。因此，过度的包装和表演是不提倡的，因为它会引起教师的质疑，使展示出来的教学成果大打折扣。

（3）研讨完善：提炼修正。通过现场观摩、课堂观察，共同体集中起来对成果转化的方式、策略和效果进行评估，去粗存精，进一步提炼经

---

① 蔡伟．建构以角色转换为核心的“全动型”教师培训模式［J］．课程·教材·教法，2011，31（12）：87—92．

验，提高实践的可行性。研讨完善可分为以下两个部分。

一是现场研讨。培训现场观摩之后，要第一时间展示讨论，对成果的优点进行确认，进一步提炼出其本质要素，形成共识；对其存在的问题仔细分析，进行归因，找出解决的方法，加以改善；对成果的转化条件进行论证，分析出进行迁移的条件，指明其可行的前提；对操作模式进行提炼，在可能的条件下细化成具体的流程或步骤，形成便于操作的方案。在这里特别要强调的是，要给每个教师展示自己的教育理念的机会，在互相交流的同时实现思维共振，并通过受训教师角色身份的同质性、对话语境的共同性，促进其产生情感上的共鸣，真正体现出共同体与众不同的特质。

二是训后研讨。训后研讨是指在培训之后，个体根据形成的研讨成果，将成果运用到自己的教学实践中，对培训内容进行再次测评和反思。这是将培训内容个性化的一种有效方式，是将共同体共识建构进自己的长期记忆网络中而形成新的教学意义的一种有效手段。

训后研讨是一种深度的自我反思，把共同体的成员都卷入真实的教学情境中，投入了个体的思考、判断和情绪体验。它开启了个体深刻的教学探讨，对培训的结果，个体站在了抉择的十字路口，只有两个选项：行得通还是行不通。如果行得通，那么为什么行得通？怎么做会更行得通？如果行不通，那么为什么行不通？怎样改变才能行得通？这样，无论个体是否接受培训的成果，个体已经完成了思想及行为上的开放——个体的思想指向于自己教学行为的完善，这才是培训的根本目的。通过训后研讨，培训的成果便从共同体走向个体，转化成为个体教学的分内之事，而非别人的事。个体的主体意识就树立起来了，培训的效果也真正得以体现。

(4) 形成完善方案：确定最终行动方案。区域规范性教研共同体的培训与其他培训不同，它是基于行动的培训，要将培训的结果落实到个体的教学实践中去。因此，提出一个明确而完善的方案供个体效仿是必需的。通过研讨完善，共同体最后提出的方案就是个体可借鉴甚至可直接借用的方案。个体可以根据该方案来制订自己的行为模式，并贯穿到教学中，在自己真实的课堂上加以实践，以获取第一手资料，来判断该行动方案的价值和可行性，进而将培训的成果转化成自己的教学行为，获取相应的教学效益。因此，如果研讨没有推出一个可行性方案，没有给个体一个完整的实施模式，一旦脱离模拟的现场，个体便会失去框架性的支持，找不到教学的“脚手架”，便会回到自己的老路上。这样的研讨，即使再深入也不具有行动的指导性，实际上也不具有什么价值。

（5）形成个体实践方案：个体完成内化并外输。这是成果转化最为关键的一步，转化的成败在此一举。“用”是培训活动中效果的检验，所有学习的环节最终都要回归到运用上，把学到的理论、学科方面的知识灵活运用到教学实践中，才能提高学员的综合素养，促进学员的快速发展。[①]一旦个体能够提出教学方案，说明他完成了两项重要的工作：一是完成了成果的输入和内部整合，把培训的成果吸收进自己的认知结构中，并形成一个有机部分；二是完成了转化后的认知输出，把已经内化的东西提取输出，并在可预见的前提下形成行动指南。

个体提出实践方案的重要性还在于，他给自己搭建了一个实践的“脚手架”，辅助自己展开新的教学实践。这样，即使在面临新的不确定的情况时，个体也有一个线索可依靠，引导自己有序向前，不被新的教学景观所迷惑，不被旧的教学模式所束缚，不被没有见到过的教学突发事件所干扰，去完成预设的设想，然后对其展开完整的评估。

很显然，如果没有这个具体的方案，要完成一个全新的转化，将会面临巨大的挑战，会带来巨大的压力，打击个体的热情，无法实现教育成果的转化。

（6）跟踪个体实施：在实践场里检验转化成果。区域规范性教研共同体通过管理执行系统作用到学校的教研组、备课组，对教师提出的方案进行改善、跟踪。具体的做法可分为以下六个步骤。

第一步，教师形成并提交教学方案（第一稿）。教师将教学设计的书面稿提交给备课组，由备课组组长核实把关，做第一次探讨修改，形成共识（没有形成共识的地方，将双方的意见记录保存下来——这非常重要，因为可为备课组的进一步研讨提供不同的视角），完成第二稿。

第二步，备课组论证。教师通过说课或片段教学的形式在备课组会上提出修改的方案（第二稿），详细说明自己的教学目标和教学意图，并针对形成的共识和不同的意见进一步阐述自己的课前反思观点。备课组进行集体讨论，寻求共识，并将不同的意见或处理方式记录下来。

第三步，教研组论证。备课组研讨后，教师根据备课组的建议继续修改自己的教学设计，完成第三稿，并向教研组提交。教研组组织全体教师

① 沙栋，项娟．“学、研、用”教师培训模式的实践与思考［J］．江苏教育研究．2015（3）：63－66.

进行研讨，教师以说课或片段教学等形式向教研组充分阐述自己的教学目标和教学意图，把备课组不同的看法一并罗列出来，让教研组展开讨论，并形成共识。教师记录这些共识和不同看法，形成授课稿（第四稿）。一般来说，经过备课组组长的把关和备课组、教研组的研讨，能够形成基本一致的看法。

第四步，教师试上。教师根据自己的授课稿展开第一次教学尝试，教研组（或备课组）观课，进行诊断，并结合之前保留下来的共识和不同情况，开展集体反思，进行进一步判断，对原有的教学设计进行改进，再次形成教学方案（第五稿），并将其提交给教研员。

第五步，中心组（或教研员）观摩诊断。教研员根据教师提交的第五稿，结合本地的教学实际判断，决定是组织区域教学观摩，还是需要进一步进行调整。如教师提交的方案较为完善，符合培训的效果并在区域有提高作用，教研员可组织区域教学观摩，对成果进行展示；如教师提交的方案不够完善，没有达到培训要求水平（有时甚至偏离培训主旨），则需要进行进一步的诊断，加以完善或修正，教研员或中心组需要进入学校再次进行跟踪调整，观看教学录像，并与教师、备课组、教研组以及已上过课的班级进行互动，充分听取意见，对教学方案进行调整，形成相对一致的授课稿（第六稿）。

第六步，教师完善教学方案。教师根据第二稿进行二次试上，并根据教学录像展开课例分析，完善教学方案，形成第七稿；将结果上交备课组、教研组和中心组，加入中心资源库。

以上六步环环相扣，逐步推进，直到把培训的效果完全落实到位为止。

专题培训是一种重要的培训，往往是为了提高教学成果或改变教师落后的教学模式，因此一定要将大量的精力用于跟踪教师的具体教学行为，让教学成果或新的教学理念与教师的课堂实践直接对接，形成紧密的联系，从而引导教师对自己的教学方式、教育理念、教育信念甚至教育价值观进行反思和再判断，进而从思想观念上引发教师自主的改变，产生真正的行为转化的动机，最终改变教师的教学行为。

2. 入校专训模式

入校专训模式，是针对教研组进行专题培训的模式。

这里只对跟踪式入校专训模式展开叙述。所谓跟踪式入校专训，是指对已进行的区域全员培训进行入校跟踪，根据跟踪的结果进行再次培训。实际上这是全员培训的“全程跟动”的一个环节，即在整个培训过程中，都进行跟踪式互动。一般来说，这种培训侧重于两类教研组——培训效果较好的教研组及对培训理解不到位的教研组。对前者的培训以期快速定型形成规模效应，培训的方式是巩固提高；对后者的培训以期进行理念突破，改变教学思路，培训的方式是降低难度，寻找突破口。

跟踪式入校专训的做法是区域专题培训—教研组再训—教研组公开课—教研反思完善。

（1）对培训效果较好的教研组进行跟踪式入校专训。这种教研组对培训的教学理念、教学模式和教学成果基本理解，并能自己内化，通过现场观摩，已经较好地掌握了培训的成果，只需要将这些成果与自己的教学实践结合起来，将其融入自己的课堂上，通过教学向学生推广，使更多的人受益。但由于教学具有巨大的惯性，在教学惯常的作用下，一种新的理念、模式或行为很难一下子落地、生根、开花、结果。它需要通过教师备课、集体备课、上课、观课、个体反思和集体反思，对新的理念、模式、行为进行进一步理解、重组、提炼，纳入自己的教学模式中，成为一个有机部分。在这段时间内，个体会出现理解错误、模仿失真或有创造性的想法，也就是不稳定性和创造性并存。这时，共同体要及时介入学校教研组，组织所有的成员进行学习与再研讨，结合学校的生源情况、师资力量和教学条件对成果进行分解和再调配，帮助教研组深入理解培训的要义，发现并纠正教研组在认知和行为上的偏差，同时寻找执行过程中的典型例子及创造性成分及时进行推广，给个体树立一个看得见的样板，让个体能够有明确的学习方向和行为依据，避免走弯路，减少探索时间，保障后期研讨的顺利推进。

对于这种教研组的培训重点应放在三个方面：一是帮助理解，使培训成果不偏差，这是前提，如果理解错误，则全盘皆输；二是纠正行为，使培训成果能转化到教学实践中，这是关键，没有完成教学实践的行为转化，培训将流于形式；三是树立典型，发现学校创造性校本资源，给其他个体一个参照，这是阶段性成果，既是一个小结，也开启了成果普及和继续探讨之门，没有完成这一步，下一个阶段的探索就失去了支撑点。

跟踪培训效果较好的教研组，可遵循以下流程。

第一步，共同体入校调研。这是重要的前期准备，不是可有可无的走过场。共同体通过师生访谈、量表调查、课堂观察等各种方式进行针对性调查，力求首先确定一个共同的方向，即拥有一个共同的话题或主题，以避免互动活动发生偏差。然后，把目光主要锁定在成果的可行性论证、模式的适切性上。因为前者涉及成果推广的方向性问题，而后者则涉及执行的针对性问题。一方面，如果对培训成果比较认可、思考比较深入、内化比较到位的教研组都对其可行性产生疑问，那么其他教研组的态度便不言而喻。因此，对可行性的调查要细致展开，关注到学校领导、教研组及学生等各个层面的反应及真实看法，在最为广泛的层面上展开论证，得出初步结论。另一方面，模式的适切性直接影响成果执行的方式，它跟教学的具体行为有关，作用到每个人身上，跟每个人的教学行为产生联结。而个体的教学行为又跟学校的生源情况、办学理念、办学定位及办学条件紧密相关。再好的模式，如果脱离了学校的实际，脱离了个体的实际，必然受到个体与学校的质疑。

内化较好的教研组，对模式适切性的质疑可能会少一些，但会更有依据一些，因为这种质疑是经过思考乃至经过教学实践提出的。因此，共同体必须正面回应各种质疑，对模式适切性的调查必须更加直接、具体一些，而且要涉及诸如学校文化、学生特点和教师的教学个性等方面。另外，对学校模式实行的条件和时机要进行辩证的分析，是否真正具备条件，是否真正取得成功，都没有截然的分界线。如果不是与学校的办学宗旨直接冲突，一般都能得到协调。

第二步，入校公开再示范。这里的公开再示范之所以显得十分重要，是因为它发挥了不可替代的作用。首先，基于样板的再示范，提供了再参照。公开再示范通过现场实际教学或现场模拟教学，对教育理念、教学成果或教学模式进行了榜样再现，树立了一个样板和标杆，为个体提供了对教育理念、教学成果或教学模式再认知的对象。通过对对象的再分析判断，帮助个体进一步理解培训的精神内核，并内化到自己的认知结构里，让个体能够照着这个样板与原来的观点或行为进行对比，以发现两者的相同点与不同点，使相同的地方得以强化，不同的地方得以纠正，进而实现方向的调整、行为的修正和模式的完善。其次，基于问题解决的再示范，增强了认可度。入校公开示范缩小了互动的范围（由区域内所有学校与培训师之间的互动缩小到一所学校与培训师之间的互动），提高了问题的指向性（基于该学校问题解决的示范），让面对面互动的时间和质量都得到充分的保证（因为人数少，所以每个人与培训师面对面探讨的机会增多，时间增加），个体的疑难能够得到彻底的解决，进而使培训成果得到进一步的认可。再次，基于学校实际情况的再示范，增强了说服力。培训师进入学校，针对学校的实际情况展开示范——利用学校的学生、教学设备、教学场所，与学校教师的教学情况完全一致，没有任何的不同，让每位教师在现场感受、见证教学效果，大大增强了说服力，能够有效地促进教师教学理念的转变。

入校公开再示范需要注意的一点是，要对教师进行课堂观察技能的培训。在示范之前对教师展开针对性培训，让教师掌握课堂观察的要点，即针对教学理念、成果转化和教学模式进行观察（哪些是课堂的核心要素？哪些是课堂的基本要素？哪些是课堂的外在要素？课堂有哪些变化？这些变化与哪些要素有关?），关注共性的问题（是全局性的还是个别性的?）、方向性的问题（理念的落实可行吗?）、框架性的问题（实行的模式科学吗？合理吗？有效吗?）、转化性的问题（课堂是否发生改变？是表面的改变还是内在的改变?），而不要纠缠一些细节性、个别性的问题。强调“链性课堂观察”，即强调观察过程的完整，要以课堂问题的解决为链，保证从问题提出到问题解决的全过程；要以对课堂的理解为链，明晰课堂的构架；要以职业生态的良性发展为链，形成研究性思维方式。[①] 同时，要强调目的与方法、现象描述与理论阐释、构建与行动三者的统一。上课时，教研组持课堂观察表进入课堂，根据事先的安排进行观察，做好观察记录，并形成初步的观察结论。

入校公开再示范需要注意的另外一点是，只能成功，不能失败。因此，要选用本领域最强的培训专家进行示范。因为他们不仅对该领域了解得更为透彻，更有发言权，能为参训教师提供完美的示范，而且他们本人也会成为受训教师学习的榜样，其学识水平、智慧水平、观念水平、思想水平和求真务实的学术风格本身就是培训的财富，就是参训教师学习的楷模。同时，还要做好充分的准备，不能完全照搬原来的区域示范方案，而要根据学校的反馈信息、共同体调研的结果，结合学校具体情况，预设示范的方案。要针对成果的内在优势和存在的问题特别是学校的质疑调整原来的培训示范，进行多种预设，以其中的一个方案为主，再准备两到三个预案。在示范之前，要多次进行排练并完善，直至满意为止，以做到万无一失。

---

① 幸佳琳．链性课堂观察：初任语文教师素养提升有效途径［D］．长沙：湖南师范大学，2014：11.

第三步，教研组深度再研，多重内化。公开示范之后，教研员及培训师要组织教研组进行深度再教研。一是观看教学录像。这是必要的，因为课堂现象稍纵即逝，初步接触课堂观察者很难立即把握要点并形成准确的看法。因此，个体可依据课堂观察的结果，再次观看教学录像，对自己原来的观察点进行反复观摩。二是形成结论。个体针对自己再观察的现象，来验证自己做出的观察结论，并做出必要的调整。三是头脑风暴。个体根据观察的结果畅所欲言，全面阐述自己的看法。这是一个交流、碰撞甚至是对抗的过程。共同体本着共同的教育价值观，基于宽容、鼓励的态度引导这个过程，让个体能够传递出自己的心声，通过出声表达，个体能够逐步提炼出那些零星、松散的看法，形成明晰、确定的观点，并以此唤醒深藏在心灵深处的教育情感和思想内部的教学理念，让它与共同体所提倡的理念、成果和模式进行比对，进而深刻地洞察两者在本质上的关联，为形成共识打下基础。共同体要鼓励个体尽量从多个角度、多个层次展开思考，拓展个体的思维空间，形成多种视角，得出丰富的结论。四是形成共识。这是再培训的核心。共同体要对提出的结论进行对比归类、分析判断，从共识开始，引导教研组沿着“可行性”及“践行性”这两个宏观思路展开讨论，逐渐扩大这个共识。共同体要舍得把时间花在这上面，来促进最后完成共性的任务——完成可行性论证，并得出可行性模式。五是回答质疑。这考验着培训师和教研员对教学理念、成果、模式的理解能力，一旦培训师和教研员能够对个体的质疑做出令人信服的解答，个体对新的教学理念、教育情感便会产生热烈的回应和强烈的共鸣，就会对培训的内容真正认同。因此，培训师和教研员要正面回答这种质疑，特别是涉及方向性和模式性方面的问题。一般来说，一个原本就比较认可培训成果的教研组，通过再次示范和讨论，不会对此产生巨大的质疑，而是对个体执行模式的必要性和针对性有着或多或少的困惑。教研员或培训师要回答两个问题：一是是否需要模式化，二是如何进行模式的个性内化。

关于模式化的问题，往往存在两个极端：要么提倡不给模式，而且特别反对每个人在任何时候都同时使用同一模式；要么提倡给模式，而且特别强调每个人在任何时候最好都使用同一模式。应该说，这两种偏见都没有把握模式真正的功能价值，具有巨大的危害性。模式的价值在于给所有人一个行动的参照或行动的模板，在必要的时候提供行为支持，使个体的行为有样可依。《辞海》中，“模式”也做“范型”解，一般指可以作为范本、模本、变本的式样；在社会学中，“模式”做社会现象的“理论图式”

和“一种思想方式”解；在《现代汉语词典》中，“模式”又作为某种事物的“标准形式”或可以照着做的行为的“标准样式”解。因此，良好的教学模式具有这样的特点：一是规律性，它总结了教育教学某些共性的东西，具有一定的普遍意义，因此具有迁移价值；二是可操作性，它总结了一个教学活动的完整流程的行为体系、操作方案和评价标准，为个体提供参照；三是效益性，由于代表了某些规律，所以可以抓住某些问题的本质，因为具有可操作性，所以可把这些规律揭示出来并转化成教学成果。所以，将良好的模式放在适当的教学场景中，就如同探险者有了一幅精准的地图，不仅能够引导个体到达目的地，而且可以有效地规避风险，降低教学成本。良好的教学模式可以培养教师的基本教学技能、教学素养和教学评价能力，更重要的是，能培养教师强大的教学思维能力和判断力。在此基础上，教师结合自己的天赋条件、后天兴趣以及长期积累，进行迁移、变通和再造，产生个性化的教学行为，然后万变不离其宗，无论在哪个教学场景下，都能准确自如地运用。

一种教学模式的形成往往需要漫长的时间，而一旦形成，便具备巨大的惯性，能带着个体沿着惯常的方向不断向前而让人难以觉察。在模式转化的初期，旧的教学模式尚未被打破，新的教学模式尚未树立，在巨大的教学惯性的作用下，个体往往会不自觉地“穿新鞋走老路”。因此，在行为改变的初期，共同体必须提供一种共性的模式，供个体习用，这样不仅可以节省教学模式形成所需的大量积累时间，而且可以给个体提供明确的行为指南，让个体按图索骥，采用新的模式展开教学，并逐渐适应直至熟练。那些对新的教学理念、教学成果、教学模式比较认可的人，往往会快速打破自己原有的教学模式，同样需要一个行为范式来填补这个新模式未建立、旧模式已被打破的教学真空地带，此时共同体所提倡的新的教学模式就能起示范作用，帮助个体尽快地建立起新的教学模式。

因此，在行为变更的初始阶段，提供模式让个体入模是必要的。模式可以被建立和被检验，并且如果需要的话，还可以根据探究进行重建。因此，入模不是终点，入模不是为了模式固化，而是为了打破模式，去创造更适合自己的模式。当个体逐渐适应并能够娴熟使用新的教学模式时，就会对新的教学模式进行重新思考，进一步对其优劣及使用的条件进行判断，并结合自己的个性特点和教学爱好对此进行改造。这时，就是对模式进行扬弃的时候，共同体要鼓励个体展开评判性的思考，并创造条件缩短时间，让个体能够快速重建出自己的教学模式，实现个性化再创造。

很显然，只有经过个体充分内化，培训要领才能被个体充分吸收，进而产生作用，教学成果才能转化成个体的实际教学行为而产生教学效益。从入校公开再示范到模式的内化要经过三个阶段。一是教研组内化：教研组对形成的共识和模式进一步进行研究，结合学校的实际情况，对模式进行进一步的提炼，得出执行的框架、行为参照及评价标准，形成第一次内化模式。二是备课组内化：备课组继续研究教研组的行为模式，结合学生的年龄特征、文化背景及教学条件，对其进行调整、改造，形成适合本备课组的执行模式及评价标准，用以衡量教师的教学行为。三是个体内化：个体根据备课组二次内化的成果，结合自己的教学特点及所教班级的具体情况，对其进行调整、改造，形成针对性较强的实行方案，并根据方案展开教学。只有个体形成个性化的教学方案，成果的内化才算到位，它将在实际教学中得到检验。

第四步，教研组个体体验式试上及共同体诊断。体验式试上是转化的关键环节。只有推动个体进行教学尝试，才能真正带动个体进入真正的转变中。这里的关键词是“体验”与“试”。“体验”意味着带着一种情感进入教学中。这种情感包含以下几方面：一是满足好奇——到底会上出什么结果？二是期待——要上出好结果来！三是忐忑——能够上出好结果来吗？所以，共同体要抓住个体的这种心理特征，做好鼓励和保驾护航的工作，鼓励个体勇于尝试，帮助个体进行精心准备，从宏观设计到具体执行，从多种预设到逐步推进，从亮点打磨到困难应对，做好充分准备，保证行动可行，消除个体心理不安。“试”意味着肯定性评价，包含对个体探索精神的认可和对评价标准的放宽。即在进行教学效果评估时，一要看大体，只要方向基本正确，框架基本完备，就值得肯定；二要重发展，要看到个体做到了什么，而不是看个体没有做到什么，要看到个体接下来还可能做到什么，而不是看个体接下来不可能做到什么，推动个体真正有勇气继续进入行动的过程中。

个体进行体验式试上时，共同体要投入精力对每个试上的个体安排一至两个称职人员进行观察诊断，以保证个体能够及时转化。其流程是观课—回看录像—研读—共识—建议。“观课—回看录像”与上述的基本一致，所不同的是，由于只有一两个人承担观察任务，因此在观察前要做充分细致的准备，和被观察者进行充分的沟通，选择那些重要而又有针对性的观察点进行观察，回看录像也要更加细致。“研读”，指研读课堂的关键行为，与授课教师一道分析教学意图、行为策略、行为表现、教学效果及其之间的相关性，并进行归因。“共识”，指观察者与授课教师就观察结果结论达成一致看法。这里的一致看法，要紧扣住体验式试上的特点，指方向性和框架性的一致。“建议”指教研员、培训师等在达成共识的基础上，结合教师的教学特长及其对新模式的理解及掌握程度，给出方向性的指导。

在试上诊断环节，要注意四个问题。一是要尽量动员教研组的每个成员都进行体验，以保持集体的探究氛围，使个体不至于孤军奋战，进而为个体提供更多的心理支持，同时也能发现更多的问题，为下一步的探讨积累足够的经验和体会。二是要尽量给每个试上的个体提供足够的诊断人员，至少要保证每个个体都有两到三个诊断人员，让他们形成一个诊断小团队，才能有足够的力量去完成诊断工作。三是要注意细致安排及区域协调。除了教研员之外，包括区域培训师在内的所有人员都有自己的本职工作，空闲时间不多，而且试上者与诊断者上课的时间往往是重叠而非交叉的，因此教研员要做好全区的协调工作，碰到某些特殊情况时，还要协调各个学校做好调课工作。四是特别要注意试上的目的，不是为了走过场，不是为了证明教学成果的正确，而是要帮助个体尽快找到个人可执行的模式。这一点共同体要不断对教研组及个体强调。

第五步，校内公开课及观课深研。如果说教研组成员体验式试上是个起动仪式的话，那么校内公开课则可说是发展过程中必备的节点，它发挥着特殊的作用。一是产生团队激励。公开课意味着课的探索取得了一定的成绩。当个体被推举或挑选出来时，说明他取得了成绩，并达到了这个时期最高的高度，这个高度是被认可的（如果被推举，那说明得到了教研组及共同体的认可；如果被挑选，那说明得到了共同体或教研员、培训师的认可），这是对个体极大的尊重，能够直接产生强化作用，对其他成员也会起到鞭策作用。二是促进定型。个体进行成果示范时，往往会投入大量精力进行反复探索研究，对共同体所提倡的教学理念、教学成果和教学模式再度进行深入思考，对其可行性和有效性进行判断，对自己采用的新的教学模式及教学成果进行反思，形成一种综合性的思维判断反思和再批判，这种批判会涉及个体的教学信念，促进个体教学态度、动机的转变，进而以一种全新的视角来评判自己的专业教学行为。正是这种再评判，使个体在短时间提升了专业教学的敏感性，掌握了教学理念的本质特征，并产生对固有的教学模式进行突破的决心和开放性心态。而个体心态开放，能最大限度地接受共同体的建议，把自己的教学模式建立在共同体所提倡的共性模式的基础上，牢固地建立根基。同时，教研组内肯定或质疑的声音，也会进一步产生激励作用，增强个体的决心和开放性心态，这都有利于刺激个体建立起一种可行的新模式。三是形成校内初步榜样。榜样具有长久的示范作用和参照作用。有了榜样，教研组就有了一个长期学习的样板，为教研组的探索提供了执行的标准。校内榜样，来自学校内部，基于学校情况和同等的经历，对培训成果的转化具有普遍的共性意义，因此有着强大的说服力，让个体对要转化的教学理念、教学成果和教学模式的可行性和有效性不再产生疑问。校内榜样的树立，意味着培训成果在学校内生根发芽。因此，要推动理念、成果、模式的转化，必须及时树立起学校的榜样。共同体要特别注意，此类公开课的另一个重要目的是发现问题，服务教学。“如果上公开课不是为了发现问题，而是尽力地遮掩问题；不是为了服务教学，而是为了获奖，公开课就被异化了。”[①] 共同体要关注这一点，同时在学校、年段、班级的共性上寻找突破口，而不要在个体的特质上做文章，即要在“课”而不是“人”上寻找教学转化的依据。

首先是课前磨课，这主要是针对个体特长选择擅长课型，教研员独立指导，个体三轮说课定方案。

我们知道，公开示范的效果直接关系到教学成果转化的成败，也直接影响新的教学模式的确立。教研员与共同体要对个体提供足够的援助，帮助个体成功地完成公开课展示。比较有效的方法有以下几种：一是要选择个体擅长的内容。不同的人，其专业水平不同，对不同的教学内容有着不同的专长。公开课要选择个体拿手的知识内容进行教学，这样会事半功倍。二是要选择个体擅长的课型。不同课型有着不同的教学目的，需要采用不同的教学组织形式和教学策略。不是所有的人都能够轻松驾驭所有的课型，更不是所有的人都擅长所有的课型。同时，选择这些课要能够较好地体现共同体所提倡的要转化的教学理念、教学成果和教学模式。这不是件容易的事，因此，共同体要帮助个体选择自己擅长的内容、课型而又能够较好地按照共同体所提倡的教学理念、教学成果和教学模式的章节进行公开课示范。

在与个体共同确定上课内容、课型后，共同体要如何指导个体进行公开课示范呢?

共同体对个体的指导要本着一个原则：在保证个体上课成功的基础

---

① 赵小雅．我们需要真实的公开课［N］．中国教育报，2006－06－02（05）．

上，尽量让公开课按照所需的模式进行，使其能够尽量体现共同体的意图。这里要解决两大问题：个体能够在多大的程度上体现共同体的意图？个体如何最大限度自然地体现共同体的意图？前者是从共同体的角度来看个体的教学行为，从共同体的需要来要求个体；后者是从个体最近发展区的角度来看成果转化的可能性和教学时机，是从个体内化的角度来看教学。两者有一定的差异，但也有必然的联系。共同体要尽量寻找两者的共性，促进两者的融合。

共同体在指导个体时要采用一定的策略。教研员与培训师对要上公开课的教师进行特殊的指导，即针对其教学特点和性格特点，确定培训方式，结合上课的内容选择教学模式，结合上课的课型完善课堂流程，提高个体对成果内化的针对性。在这个阶段，教研员或培训师一般采取面对面问答法。教研员或培训师询问个体对培训成果的看法和理解程度，结合选定内容，了解个体的擅长之处及疑难之处，并对个体的掌握程度进行诊断。个体对某些问题的理解往往会出现偏差，因此，共同体要紧扣转化的方向性与可行性咨询个体，让个体不断地进行反思，对自己所理解的内容进行再判断，对自己的观点展开反复追问，促使个体不断地进行提炼，把零星的认识串联起来，形成一定的线索和体系。这种提炼的另一个重要作用是把那些潜藏在个体思维深处的隐性知识显化出来，这部分是由个体的思维结构和天赋决定的，也与个体的教育信念有关，因此对个体的发展起着决定性的作用。个体也可针对自己不懂的内容或不确定的内容或不同的观点，向教研员或培训师提出问题，进行咨询。教研员或培训师必须正面回答个体的疑问，尽量帮助个体内化，同时要本着求同存异的原则，寻找共识。个体如确实有不同的意见，可以保留自己的观点，特别是涉及一些执行性的环节，可以做翔实的记录，再根据上课情况进行验证。个体根据共同体有针对性的培训和与教研员或培训师之间的深入互动所形成的共识备课，形成最初的教学方案，共同体打磨。个体根据教学设计进行第一次说课，详尽地阐述教学意图，特别是对教学执行方案进行说明，教研员或培训师特别要针对新模式的执行方案的科学性和可行性进行论证。

其次是上课、观课及录课。与其他环节的观课不同，这里的观课要直接跟转化的教学效果挂钩，即主要把关注点放在教学效果上。因此，要思考这样几个问题：能不能观察到教学效果？如何保证观察到教学效果？观察到的是什么教学效果？是什么原因导致了这种教学效果？这个原因跟新的教学模式和行为是否相关？有多大关联？是直接与模式相关还是跟模式执行的程度相关？在这里，一定要紧扣主题，因为课堂“包括各种各样的主题，只有跟踪合理的主题，课堂观察才有实际意义，才能有效地促进教师专业发展”①。因此，这种主题跟踪式观察，关键主题一旦偏离，共同体的入校培训就会偏离方向。所谓关键主题，就是课堂教学中某一个牵一发而动全身的教学元素。这里的这个教学元素主要指的就是教学模式这个元素。我们要找准这个至关重要的教学元素，并以此为抓手进行跟踪式观察，通过一次次地进行现象观察、细节分析、理论叩问、课堂重构，去实现教学行为的切实改善。因此，对课的观察，仅仅做称职者是不够的，还必须是此模式的优秀者，或者是“点”的优秀者，即个体在可观察的整体中达不到优秀，但在某个方面上是优秀的。共同体必须对其进行针对性的安排。把对的人安排到对的观察点上，在必要的时候，还要对其进行强化训练，以确保观察的真实。

课的录制同样要进行细致安排，做到多个机位、多层次录像。一个机位跟踪教师，对整节课教师的教学行为进行录制；一个机位对准全体学生，对班级学习行为、师生的总体互动行为进行记录；一个机位对准重要细节，如对教师演示、学生展示、师生互动、生生互动进行跟踪；还有一两个机位对准某特定学生，如学优生、中等生和潜能生或某一两个学习小组，对其学习行为及其学习成果进行完整的记录跟踪。机位越多，所占的空间也越大，因此，要给予足够的教学空间，可安排在大教室里进行。但机位越多，对学生的干扰也越大，空间越大，学生的陌生感也越强，这都易使学生脱离常态的课堂情境，而处于受控状态，进而使他们在课堂上的学习行为发生改变。在对教学成果与行为进行归因分析时，要充分考虑到这一点。

再次是课后反思。遵循观察—反思（足够的自我观摩对照录像及反思时间，充分阐释上课意图；长处、教学目标制订、行为模式配套；鼓励性原则：关注成功点，如非方向性问题不加纠缠）—头脑风暴（方向性控制：沿着培训目的和行为模式的可行性判断；鼓励性原则：找出可行性及成功效果；创造性原则：根据个体特点畅所欲言）—形成共识（从容易寻找的共同点入手寻找共识，引导扩大共识——此共识是自然产生的，不是教研员、培训师或教研组组长、学校行政人员的特殊身份导致，并着重引导归因——是理念的改变形成如此效果）—共同体提炼（形成方向性、框

① 闵荣生．基于主题的跟踪式课堂观察［J］．中小学管理，2013（4）：35－37．

架性、操作性的做法）—完善上法（根据方向，结合学校实际和个体教学特性；要注意回答质疑，特别是关于可行性及方向性的质疑，一定要正面回答）的过程。此过程是通过再观察促进研讨与反思的进一步推进，是极为重要的。如果忽视了这个课后的反思交流环节，那么就难以实现开展课堂观察的目的。同时，此过程完全本着共同体精神展开，对观察的研讨、反思和完善都具有一种特别的人文意味，因此，它对改善学生课堂学习、促进教师专业发展和形成学校合作文化等都有重要作用。

第六步，教研组上过关课。人人上好过关课，这是成果大面积转化的前提。只有教研组每个人都上好过关课，教学理念、教学成果和教学模式才有大规模转化的可能。但在实践过程中，这一点往往被忽略或做不到位。实际上，从成果示范到个体试上之后想要达到一个较高的标准，需要一个提升的过程。在这个过程中，需要牢固的支撑，那就是个体先要达到一定的标准。在达到一定的标准后，个体对自己的行为模式继续进行提炼，才能有较大的飞跃。我们把达到标准的课称为过关课。因此，每个人上过关课是教研组必须要完成的阶段性任务。教研组要借助学校和共同体的力量对所有成员做充分的动员，让他们认识到上好过关课的价值。同时与每个人充分沟通，共同体制作出上课时间表，保证每个人都上好过关课。要上好过关课，要做到五个基本保证：保证方向基本正确——这保证了对转化理念的基本认可；保证模式基本完整——这保证了进一步转化的行为依据；保证结构基本落实——这保证了转化行为的课堂出现；保证行为基本到位——这保证了转化行为的基本效果；保证效果基本出现——这保证了转化行为的不断出现和持续。当然，对于不同的人，过关课要有不同的要求，有的高些，有的低些。把过关课当成阶段性（如一个月、一学期，甚至一学年）的教学研讨主题，营造一种浓郁的研究氛围，让个体能够长时间地沉浸在探讨的思绪中，对过关课的思考逐步深入。过关课要注意两点：一是过关课只是保底的课，必须向更高一层发展。教研组要及时让个体完成过关课，并及时向高一层发展，不能让个体满足于上好过关课。二是过关课是不稳定的课。在过关课阶段，个体新的教学模式还没有真正牢固地建立起来，教师的教学理念、教学模式还具有不确定性，如果没有及时加以推进，个体会回到其原来的老路上。这时，如果要再做二次转化工作，即使付出加倍的努力，也无法取得预期的效果。这是教研组特别要注意的。

第七步，教研组产生优质课。这里的优质课指的是能够迁移的课。要实现课的迁移，需具备三大条件：符合培训的目的和理念，符合学校的具体情况，符合个体的教学特长与教学风格。课的迁移有两种方式：课型的迁移和人的迁移。对于同一个人，能将课从一个课型迁移到另一个课型，就完成了模式在课之间的迁移。对于学校，同一个模式能够从一个个体迁移到另一个个体，就意味着模式完成了人之间的迁移。两种迁移的出现标志着学校培训转化成功。

（2）对培训理解不到位的教研组进行跟踪式入校专训。对培训理解不到位，会使培训效果大打折扣，使新的教学理念、教学模式或区域教学成果无法得到及时推广，不能实现教育价值最大化，长此以往，会形成区域教学短板。因此，对此类教研组入校进行再培训也是区域共同体不容忽视的重要任务。

跟踪对培训理解不到位的教研组可按照以下流程进行培训：入校调研—归因—针对性培训—公开再示范—发现内化典型—形成共识模式—三轮校本内化—个体试上诊断—公开课展示—教研组上过关课—教研组上优质课。

① 入校调研。与对优质教研组不同，对此类教研组，调研要深入一些，更为细致一些，特别要做好前期的调研工作。为什么培训效果不好？是培训内容的原因还是培训方式的原因？如果确认不是培训本身的原因，可进一步进行调研，是学校的办学宗旨、办学理念的原因还是学校管理、学校文化、学校评价的原因？是学校生源的原因还是教研组文化的原因？抑或教师个体的原因？调研的范围要广一些，不仅要面对本组的教师，还要面对其他学科教师；不仅要面对一线教师，还要面对行政领导；不仅要面对教师，还要面对学生和家长，从多个角度、多个层面进行调研，以期找出问题产生真正的原因。

② 正确归因。归因连接新旧行为，正确的归因，产生正确的决策，启动正确的行为，从而获得好的行动收益；而不正确的归因，则可能会诱导负动机的出现。负动机指由外部因素直接引发或由外部因素诱导引起内部因素变化，进而削弱其学习动机。培训效果不佳的教研组往往会出现负动机，将其学习动机的弱化归因为外部非稳定的不可控因素，表现出来的结果是对培训主题不认同。因此，要做好正确的归因，找出真正导致负动机产生的本质要素。实践表明，得到大部分人认可的成果却不为某所学校接受，往往是学校教学传统、师资力量和办学条件三方面共同作用的结果。

一般要从以下三个层面来分析原因。

一是理念文化层面。理念文化主要是学校文化层面。学校文化是一种有结构、过程及价值观和规范的气氛，它让教师和学生走向成功的教学和学习之途。每个学校都有自己的办学宗旨、教育理念和教育文化，并形成一种教育传统，有的学校成立较早，对教育教学有着自己较为个性化的价值判断。当学校判断与培训的理念有较大的不同时，两者便会相互抵触、冲突，造成教研组在整体观念上与所倡导的理念距离过远。此时，教研组就不容易接受培训的理念，培训效果低下就是情理之中的事了。碰到这种情况，共同体要认真研究学校的教育理念和文化传统，找出其与培训理念相同或相近的部分，以此为切入口，展开针对性培训。

二是结构层面。这里主要是指师资结构。不合理的师资结构，也会导致培训效果低下。教研组成员的平均年龄过大或过小，都属于此类。教研组成员的平均年龄过大，往往会导致整个教研组停滞不前。一般来说，年龄越大的教师对新的教学理念接受越慢，对新理念的抵触越强，对新的教学技能越不易掌握，培训效果也越不好。教研组成员的平均年龄过小，则对学科知识、学科体系和教学策略理解不深，自己的教学模式也尚未建立，因此对培训效果的领会和内化往往是要么习得了空洞的理论，要么学会了一两个具体的细节，而对两者之间连接框架、主体的执行模式并没有真正掌握。对于成员平均年龄偏大的教研组，要基于教师的现状寻找共识，用小步快走的方式，一点一点把培训理念渗透到其原有的观念结构中，逐渐改变个体的观点。老教师往往崇尚事实，因此，多进行公开示范，让他们多次看到其良好的效果，对改变他们的观点有直接的帮助。而对于年轻人，他们接受能力较强，思想也较开放，能够及时理解最新的理念，掌握较新的教学技能，因此要把目光对准“模式习得”，通过线索梳理、模式阐释，让他们快速建立起实践框架，拥有自己的模式，这样可持续发展才变为可能。

三是条件与实力层面。条件是指学校的办学条件，办学条件没有达到要求，培训也就难以落地，这是要考虑的一方面。实践表明，在很多时候，不愿意进行改革的人，往往找的借口就是学校的教学条件不够。共同体要特别注意这一点，同时要有针对性地准备，如列举一些条件相当甚至条件更差的学校与之进行比对，破除学校的借口。教研组实力是指教师的教学水平，包含资质、经验和能力等。一般来说，教研组培训效果不好的另一个原因便是学校的师资力量不强，整体实力偏弱。实力不强，整个教研组对培训内容理解比较吃力，无法深刻领会培训的精华，培训也就达不到预期的要求。对于这种情况，共同体要进行衔接性的培训，在降低培训内容的难度和操作要求的同时，进行过渡性的培训，在个体的理解能力与实际的培训要求之间建立有效的“脚手架”，帮助个体深入理解培训的内容。实际上，教师之间的水平总是存在一定的差距，对同一教学理念、教学模式、教学行为或教学成果的理解不尽相同，即使是对培训成果理解比较到位的教研组也存在实力较弱的个体。因此，共同体在对教研组进行集体培训时，也要着眼于辅差工作，有意识地将这些人的专业提升纳入教研组的培训中，帮助他们提高专业水平。

③ 针对性培训。做出正确归因后，共同体制订相应的对策，进入学校，根据学校的实际情况进行再培训。培训的策略如前所述。

④ 公开再示范。与优秀教研组培训把培训重点放在模式建立上不同，滞后教研组的入校再示范，首先要把重点放在效果取得上，通过良好的示范效果，改变他们的思想；其次，在交流过程中分析如何通过模式建立获得如此成绩，把两者的相关性揭示出来。公开再示范的过程中，照样会听到不同的声音，如果不涉及方向性的问题，可不加理会，如果是涉及方向性的问题，则要进行正面回应，以保证公开再示范的效果。这一点是要特别引起注意的。

入校再示范的另一个注意点是，培训者一定要放下身段，“培训者只有把自己真正置身于被培训者中间，以普通人的身份与他们进行平等对话，真诚交流，才能真正走进他们的心灵世界，才能以心灵点燃心灵”①，以心灵引领心灵，真正取得预期的效果。

⑤ 发现内化典型，推动体验式试上。对于培训效果较差的教研组，这一点特别重要。行动可以破除疑虑，堵住借口。共同体进行再培训之后，要趁热打铁，抓住稍纵即逝的时机，及时鼓动个体体验、尝试。这时，要注意三个方面。一是要降低标准，鼓励个体体验、尝试。因此，要用最低的标准来要求，即在共同体的帮助下，完成基本任务——保证基本方向正确，基本框架清晰，基本环节完整，基本效果达到就行。二是要进行专门磨课，把精力放在方向、框架、环节与个体原来采用的教学模式的衔接上，而非难点处理、亮点打磨这些非宏观要素上，让个体有十分明确的目标。三是要把个体隔离出来进行培训，以避免不必要的干扰消解个体刚鼓

① 张帮群．用真诚和智慧点燃被培训者的思想［N］．中国教育报，2009－10－16(05)．

起的决心。

⑥ 形成共识模式。以最低的过关要求来鼓励个体，尽最大的努力来帮助个体进行体验式试上，往往会取得较好的教学成果。在进行一两次的成功体验之后，个体便会越来越熟悉新的教学理念、教学模式，教学框架更加突显，环节衔接更加紧凑，也掌握越来越多的教学细节，这样教学成果就会巩固下来。此时便是教研组形成共识的最佳时机。把教研组带到教学现场，让他们亲眼见证在学校现有条件下教师展示的教学效果，促使他们改变观念。此时，共同体发动教研组寻找共识，容易达成一致意见，形成相对一致的操作方案。很显然，与优秀教研组不同，这里更注重模式的自主生成。共同体一定要特别注意生成性引导，充分体现教研组的主体地位，在保证方向正确的基础上，发动教研组自己进行意义建构，直至建立起相对一致的校本模式。

⑦ 三轮校本内化。做法与优秀教研组同，但要更注重鼓励，让每个人都参与进来，对于培训效果不好的教研组，这一点难度较大，共同体要引导教研组做好心理准备，不要失去信心。对于那些特别不合作的个体，要及时将其隔离，允许其保持自己的观点，但不要干扰其他个体的行动。

其余做法与优秀教研组同。

3. 个人专训模式

个人专训模式是针对重点培训对象展开培训的模式。个人专训人数较少，受训者的共同点较多，可采用体验式培训模式。相比其他的培训模式，体验式培训模式更加关注教师在培训过程中的认知冲突和情感体验。该模式来源于美国哈佛大学教授大卫·库伯提出的体验式学习模型——体验式学习圈理论。库伯指出，有效的学习始于体验，学习的过程不只是心智的成长，而且是整个人包括身体、想法、感觉和行动全然投入的过程。

（1）培训对象。实践证明，针对三种人进行培训效果最佳，即快速提高的人、观念破冰之人以及新教师。其中特别要注意对新教师的培训，要让新教师一开始就能走对、走稳。

① 快速提高的人。快速提高的人是指教学上达到一定的水平，处于发展较快阶段的人。他们有一定的教学经验，有一定的理解力，又有一定的开放性，有强烈的进取动机，急切想要提高自己的教学水平，有意愿去吸收新生事物，但学校往往无法对此类人进行专项培训，这时区域共同体可根据他们的需要，对他们进行专题培训。体验式培训强调学习共同体之间

的情感交流与合作，通过个体的实际行动和意义反思获得成长，如以探究为核心、以体验为目的的参与式培训模式，以教师经验和个性为切入点的对话式培训模式，能快速提高他们的教学水平，突破最近发展区。

② 观念破冰之人。教学观念处于转化期的教师，也是培训的主体。因为观念破冰的过程是一个极痛苦、极不稳定的过程，是个体观念进行碰撞的过程，是个体思想自我调整的过程。个体的思维处于巨大的动荡阶段，个体要从思想、观念、心理上对自己以往的行为重新展开判断，这种判断基本上是一种扬弃，往往建立在否定性的判断基础上，不但需要个体消耗巨大的体力，具有很大的勇气，而且会给个体带来一种自我否定的心灵苦恼，因此亟须外来的理念支持和情感支持。又由于巨大的思维惯性，个体的思想一直处于交锋之中，很难稳定下来，因此亟须专业的验证。这些都需要外部提供一种确定性的方向、行为引领及心理支持。共同体对这些人进行针对性的培训，能够帮助个体快速进行方向定位、专业验证，并提供充分的心理支持，聚焦教师心理健康的参与－体验式的培训模式，使个体快速渡过破冰期，进入快速发展的阶段。

③ 新教师。新教师是一张白纸，他们还没有形成自己的教学思考，此时进行培训，不仅可以给个体一个方向性的指导，让他们形成正确的教学理念，用正确的模式进行教学，让他们一开始这用正确的方式做事，而且会给他们一个框架性的支持，让他们有章可循，上课才不至于乱了手脚，保证课正常的开展。新教师刚毕业，有较高的热情，愿意学习，也有较充沛的体力，可加大培训的力度，使用突出主体间指导关系的全动型培训模式效果会更好。

(2) 培训模式为小班化模块集中学习＋现场（网络）交叉培训＋入校课堂跟踪＋总体效果考评。

① 小班化模块集中学习。

控制人数。每次培训人数不超过 15 人，分成 2～3 个小组进行培训。这样便于在培训时进行有针对性的互动和辅导，也便于小组之间充分互动，共同把握培训内容。

确认主题。根据调研结果和培训目的，再次调查学员的需求和最近发展区，进一步对培训主题进行调整、确认。主题的针对性，是小规模培训的优势所在。进行小规模培训，虽然需要花费更多的准备时间，但在培训的深度和个性化上容易取得突破，克服通识培训的不足。

模块学习。共同体个性化培训往往利用教学常规时间进行，同样受到时间的限制，因此每次培训的时间不会太长，无法完成整个主题的学习。因此，需将培训主题分解成系列模块，将内容分散到各个时间段再逐一进行培训，通过集中学习、小组讨论和及时反思进行深度学习。

学后测评。对培训的内容进行测评，及时进行调整深化。

②现场交叉培训与网络交叉培训。所谓交叉培训，就是指让学员之间相互培训，选择掌握内化较好的部分，培训其他学员。其目的是让每个人都能站在培训师的角度来处理培训的内容，这样对培训的主题会理解得更透彻，同时也能激发学员的学习热情，调动其深入学习的主动性。其要点是，每个人都要上台当培训师，每个人只讲其中一个模块。交叉培训可分为现场交叉培训和网络交叉培训两种模式。

现场交叉培训一般是在培训现场进行，在培训期间，学员之间相互培训；有时也指同校的学员之间进行跟踪培训。因为在同一所学校，进行培训的难度较小，通过交叉培训，提高了他们对培训的内化程度。

网络交叉培训指利用QQ群、微信展开培训。同样要求每个人都是培训师，每个人都要拿出自己的绝活。

③入校课堂跟踪。按照计划，调研组进入课堂，对学员的教学进行跟踪，进一步调整培训。

④总体效果考评。调研组进入学校，通过各种渠道对学员的课堂教学、常规及相关方面进行考查，评估培训效果。

第五节 管理执行系统

学习共同体是否需要管理规范？滕尼斯强调自愿，韦伯强调文化认同，而随着共同体理论的发展，在博耶尔的论著里，“规范”成为共同体八条基本原则之一。可见，内在的管理规范是共同体发展的必然。

共同体的管理执行系统对共同体进行管理规范和评价，推动共同体有序发展。所谓共同体的管理执行系统，是对共同体的价值、目标和日常事务起引导、规范、管理和督促作用的组织。通过管理执行系统，能够保证共同体专业发展的方向，科学设计各项业务活动，提高专业研究水平，提高个体的学习能力，并把共同体的专业成果转化成个体的教学行为，使其得以直接在课堂上深入地运用，并最终转化成教学效益。

共同体的管理执行系统由学科中心组和区域五级教研执行链两部分组成。

学科中心组是区域学科的精华部分，由区域内精英人物组成，具有强大的学科专业能力、活动设计能力和组织协调能力，具有积极的教育价值观、无私的奉献精神和高度的工作热情，对共同体活动起全盘设计、指导、管理和规范作用。

区域五级教研执行链指通过中心组—片区组—教研组—备课组—教师，把区域成果推进到课堂上，转化为课堂的成果。与读书小组不同，执行小组具有明显的职能科层，上一科层对下一科层有管理、规范作用，下一科层要服从上一科层的安排。具有严格的执行系统，这也是规范性共同体与自发性共同体明显的差异之处。

区域五级教研执行链的职能是完成专业学习和落实任务，通过中心组发布、分解和监控，通过片区组进行任务二次配置，通过教研组进行第一次校本内化，通过备课组进行第二次校本内化，最后通过教师进行校本个性化处理，保证学习和管理的顺畅进行。

一、管理执行系统的意义与价值

健全的执行机制，是形成规范、持久的执行力的必要手段。① 可以说，没有管理的执行是无效的执行，没有评价的管理是没有意义的管理。区别于其他自发式共同体，规范性共同体的一个重要特点就是具有强大的管理执行系统，发挥着指导、管理和跟踪落实工作的作用，让专业知识既能得到自发学习、自发研究，又能得到系统培训、坚决执行，还能得到及时反馈、正确评价，促进个体专业水平的真正发展。对于专业共同体而言，由于不存在行政权，无法对教师实施行政约束，而要提高教师的课堂实践能力，共同体的管理、执行功能必须渗透到个体专业学习、研究、培训、反馈、评价等各个环节中，这就对共同体管理执行系统的建设提出了很高的要求。

（一）管理与规范

管理日常事务，对共同体的日常运作进行规范与协调，推动共同体顺利运转。通过管理和规范来运作共同体，使其能发挥顶层设计和组织管理

---

① 杨遐．学校管理执行力探析［J］．科教文汇（中旬刊），2012（3）：189—190.

作用，更高效地展开共同体的各项事务，这是区别并优越于传统的共同体的部分。传统的共同体更多地通过吸引和感召而非管理与规范来运作共同体，这不仅会降低共同体的效率，而且往往会使共同体难以为继。但要特别指出的是，共同体的管理与学校的行政管理不同，要特别避免“权力牢牢掌控在上级手中，每一个教师是各自独立的部分，并且要完全排除个人的情感纠葛”① 的科层制的弊病，因为这样共同体所形成的最核心机制——情感，就被完全忽略了。

（二）推进与执行

通过区域五级教研推进链，从中心组到片区组到教研组到备课组，再到教师，最后到课堂，借助于共同体内外的力量层层推进，环环相扣，把教学成果转化成课堂效益。这个推进的过程，也是执行的过程，也是专业成果转化的过程。

（三）评价

评价是管理执行系统的一个重要功能。通过对各系统、个体、教学效果展开评估，给个体准确的目标指向和行为定位，促进个体专业的发展。

二、管理执行系统的功能定位

准确的定位在组织机构里是极其重要的。给管理执行系统进行准确的定位，既能发挥出其自身最大的功能，取得最大的成效，又不至于超过自身权限，干扰其他部门的工作。管理执行系统位于共同体的顶端，起着全盘的指导、管理、协调、规范的作用，它在区域教育事务管理中，处于什么位置呢？换句话说，在日常的区域教育中，它有什么样的权限呢？

（一）较强的指导权和建议权

共同体的管理执行系统具有较强的指导权和建议权。

管理执行系统位于共同体的上层，与教研员一起构成区域业务的顶端。教研员本身拥有业务指导的权限和职责，是管理执行系统的核心，必须指导区域内各学校的学科建设，并针对存在问题及时提出建议，有指导和建议的权限；管理执行系统本身具有强大的专业实力，又能够调动研究系统和读书系统，因此在专业上具有强大的优越性，具有指导和建议的能

① 杨晓平．论学校科层管理模式对教师非正式学习的消极影响［J］．教学与管理，2015（10）：54—56.

力。同时，由于共同体具有“我为人人，人人为我”的共生愿景及相同的教育价值诉求，使得个体能够接受共同体的指导和建议，这让指导权和建议权能得到充分的发挥。

需要注意的是，这种指导权和建议权要和区域内的学校密切配合，才能发挥其最大价值。因此，要把区域学科的发展需要与学校的实际情况、真实需要和目前的发展态势结合起来，寻找到一个契合点，再对学校的学科建设提出指导或建议，这样才能取得实效。

（二）较强的检查督促权和诊断评判权

共同体的管理执行系统具有较强的检查督促权和诊断评判权。

管理执行系统可以通过视导进行教学常规管理，检查教师的教案撰写、作业批改、校本编写等情况，并向学校或上一级的教育主管部门反馈，有一定的检查督促权；管理执行系统可以直接进入教师的课堂，通过课堂观察、系统研究，对教师的教学态度、教学行为、教学习惯、教学能力、教学效果进行观察，发现优点和存在的问题，并通过数据分析进行进一步的研究，诊断教师的教学水平，具有一定的诊断评判权。

业务督促检查和考核评价是进修学校的本质权限，进修学校可根据上级业务部门的要求展开此活动，也可依据行政主管部门或上级主管部门的相关文件展开此活动。而共同体依托于进修学校，是进修学校学科的一个组织建构，管理执行系统就是进修学校学科的管理执行系统，因此也拥有这种权限。共同体可结合学校的教学监控和常规管理展开行动，把两者更紧密地结合起来，相互借力，学校可借用共同体的专业诊断力量，共同体可借用学校的行政力量。两者相互融合，可加强对教师教学的督促规范。正因为学校依赖于共同体管理执行系统的介入，共同体的诊断评价权才落到实处。

（三）一定的事务调控权和规范权

共同体的管理执行系统具有一定的事务调控权和规范权。

管理执行系统通过业务安排进行管理调控：上面依靠区进修学校统一的业务指导，中间依靠诸如教务处、教研室等学校相关管理部门的协助管理，下面依靠各学校教研组和备课组的协调规范，安排人员和资源的调动配置工作，对区域学科教师起着管理和规范作用。

当共同体的管理执行系统依托进修学校发出业务活动通知时，对活动内容、时间、地点和参与人员都具有决定权，区域内的学校必须全力配合，如无法参与，必须做出解释；同时，活动涉及的场所、器具，区域内的学校也必须全力支持；而对于教师的参与情况、参与质量，进修学校通报到学校，学校必须配合管理。这样，通过业务活动的组织，管理执行系统规范学校和个体的业务行为，培养学校和个体的配合意识，进而培养个体的参与意识和服从意识，这样便获得了具体的调控权和规范权。

三、管理执行系统的建设

（一）打造管理中枢：学科中心组

学科中心组对区域共同体的教育价值观、教学目标、专业发展和日常事务起全面引导、规范和管理的作用。一个良好的学科中心组在业务上应树立区域教育教学标杆；在精神上要有较高的价值追求，起价值和理念的引领作用；在人格道德上要有高尚的情操，对共同体的成员起人际吸引和内部凝聚的作用。

学科中心组一般有以下几种建构形式。

1. 纯行政型

其成员构成为教研员＋行政领导。中心组由教研员和在各个学校内担任行政职务的人员组成。

这种构成有三大好处。一是有较强的大局观。成员有行政经历，往往具有团队精神和大局观念，会自然形成配合意识和服从意识，便于开展工作。二是具有职位权威。由于行政职务会形成一定的权威，对其他成员也具有一定的统摄力，同时个体又具有管理能力和协调经验，容易组成有力的管理核心。三是掌握资源。行政人员往往掌握一定的教育或教学资源，能给共同体的运作提供便利。

当然，这种建构形式的学科中心组也有不足之处。一是时间少。行政人员特别是学校中层行政人员往往事务繁多，工作量大，在完成本身的教学工作外，还要完成日常事务，可自由支配的时间较少，有时甚至无法参加团队活动。二是难以形成核心价值观。有的行政人员对共同体的价值观持不同观点，不认可团队的核心价值观，中心组内就会产生不同的声音，对团队的发展产生负面影响。而当他在中心组里的影响力较大时，所产生的破坏将是巨大的，甚至会改变共同体发展的方向，破坏共同体的发展规划，进而从根基上摧毁整个团队。三是组织更换不易。在当前的体制下，更换中心组的成员不是一件很容易的事。当个别成员起破坏作用又无法及时更换时，中心组就毫无存在的意义。从这个角度来看，行政人员进入中心组，特别是有个性的行政人员进入中心组，要认真考虑，充分评估。

因此，在建立纯行政型中心组时，一定要通盘考虑，做足功课，充分沟通，形成共识，除了成员的时间、能力外，对其个性要做充分的评估，使中心组能够发挥其真正的核心领导作用，引领团队的发展。

2. 纯业务组织型

其构成为教研员＋教研组组长＋备课组组长，即中心组的成员由教研员和各个学校的教研组组长和备课组组长组成。这种构成的结果是，共同体的管理层与学校的业务执行层完全重叠。对于一所学校而言，其业务执行构成是学校—中层（教务部门、教研部门等）—教研组—备课组—教师。

这种构成有以下三大好处。一是与学校管理无缝对接，便于借力。由教研组组长和各个年段的备课组组长组成中心组，中心组的执行督促成员也是学校的业务执行督促成员，中心组刚好可以嵌入学校教研管理部门之中，与其无缝接轨，中心组的成员可以借用学校的行政力量直接规范教研组各位教师的行为。二是人员彼此熟悉，减少信息失真。由于执行督促者与被督促的个体同处一所学校，彼此熟悉，任务的传递会更加快速，传递过程中的信息失真也会大大减少。三是与教研组文化合拍，减小成本。由于教研组和备课组做的是自己分内的事（学校规定的教学任务），个体会投入自己的情感因素，提高工作热情，同时因为是用学校固有的规章制度和教研组的文化要素来规范个体的行为，不会引起个体与共同体的对抗，能够顺利开展工作，减少中心组管理的能耗，降低运作的成本。

纯业务组织型同样存在着一些问题。一是组成人员较多，构成不够精简。如以福建省物理科为例，初中有初二、初三两个年段开设物理课，一个年段以12个班级算，则每个年段有3～4位物理教师，备一位备课组组长；两个年段构成一个独立的教研组，设置一位教研组组长。这样形成的中心组成员与教师的人员比例约为1∶4。很显然，这个比例偏高了。二是中心组功能蜕变，难以开展高端活动。中心组的成员由所有的备课组组长构成，中心组的职能也就蜕变为区备课组活动。由于各备课组组长的水平、理念参差不一，年龄也存在差异性，活动只能在常规的范畴内开展，无法向顶层迈进，因此高规格的运作也就无法展开。

可见，纯业务组织型中心组的长处在管理规范上，弱点在功能指向上，是一种初级阶段的组织结构。这类中心组往往在共同体草创阶段采用，可起到稳定团队的作用。随着共同体的发展，团队愿景日益明确，共同价值观日益趋同，内部向心力加强，团队的组织结构会发生深刻的改变，纯业务组织型的构成形式便会逐渐退出舞台，被其他更高级别的组织构成所代替。

3. 业务感召型

其构成为教研员＋业务权威，即由教研员和区域内在教育教学方面有着一流业务水平和感召力的教师组成。

所谓业务权威，往往具有这样的特点：一是教育教学水平真正达到区域最高层次，在区域内得到公认，有着较高的知名度，在业内形成良好的口碑；二是有较强的上进心和公益心，甘于为别的教师提供指导和服务，道德高尚，对其他个体发挥着人格感召的作用；三是具有良好的组织沟通协调能力，能胜任复杂条件下共同体的区域事务活动。

由教研员和业务权威组成的业务感召型中心组，可以引领共同体教育价值观，有能力进行区域学科教学的顶层设计，有水平对专业进行研究，有精神对团队进行内部凝聚，因此是中心组的理想构成形式。

业务感召型是中心组构成的最终追求目标，但形成难度较大。一方面，业务精通又具有协调能力的人往往不多，而且这样的精英往往也有着自己的教育追求，时间不会十分充裕。另一方面，他们在教育教学上一般已形成自己独特的风格，在实践上有着较高的智慧，其成果不具有区域的复制性。因此，业务感召型不能通过组阁的形式形成，而只能在共同体发展的过程中慢慢形成。随着共同体的发展，个体的专业水平和组织能力逐渐成熟，业务权威慢慢地涌现出来。这是一个漫长的过程，也是一个值得期待的过程，随着业务感召型中心组的成功组建，共同体可进入一个快速发展的阶段。

4. 混合型

其构成为教研员＋各种合适人员。这里的各种人员可以是学校的行政领导，可以是教研组组长，可以是备课组组长，可以是业务能手，也可以是教坛新秀，甚至是教坛新人。只要符合共同体的需要，都可以纳入。

混合型中心组构成的好处如下。一是人员的开放性。构成不被某一要素所限制，可以从各个范畴、各个层面选择中心组成员，来源较为丰富，保证了中心组成员的质量。二是价值的多元性。由于成员组成层次较为丰富，不同层次的人有着不同的价值诉求，这就保证了中心组对区域共同体教育价值观的多元提取，保证了教育价值观的多元构成，保证了区域学科教育的价值多元。三是创造的积极性。不同层次、不同价值观的人在一起，团队融合的过程就是智慧交锋、价值碰撞和情感激发的过程。这个过程会大大发展人的心智水平，激发人的创造性。同时，由于这是一群有着较高水平和较高追求的人，具备思考的深刻性、思维的前瞻性、研究的专注力和坚持的持久性，能够在表象中指出问题的价值，在此基础上提炼出更有价值的观念问题和价值观，并形成新的心智交锋。这样，他们的创造性总是处于被激发状态，并把他们带进自己的日常教学中，产生更为巨大的创造性。

同样，混合型中心组的组建需要一个相对较长的过程，而且磨合的难度也相对较大。

从以上的分析可以看出，中心组的建构是一个艰巨的任务。在共同体草创阶段，可以用纯行政型入手；在发展初期，可用纯业务组织型进行过渡；随着共同体的发展和共同价值观、共同愿景的逐步确立，共同体的发展方向日益明晰，成员的思想逐渐成熟，内部凝聚力不断加强，会涌现出一批核心成员，此时，可以加大混合型中心组的建构力度，推动中心组向着业务感召型转变。

（二）打造执行链：五级推进链

有学者认为，执行力是领悟力、操作力和应变力三者的函数，可表示为 f（t_1，t_2，t_3），其中 t_1 为领悟力，t_2 为操作力，t_3 为应变力。其中领悟力就是理解消化高层管理者的思想、决策的能力；操作力就是将决策、目标具体落实的能力，包括指挥、协调和整合的能力；应变力就是根据执行过程中内外环境的变化而做出正确、及时调整的能力。教学执行力则是在教学过程中，根据教学目标，教学团队和教学个体按照教学规律和各种管理制度，系统、坚定并创新地执行教学政策和教学任务的能力。简单地说，教学执行力就是在教学过程中做正确的事、用正确的人、把正确的事做正确。①

---

① 周传生．关于高校构建教学执行力系统的研究［J］．沈阳师范大学学报（社会科学版），2011，35（6）：126—129.

对于共同体而言，打造五级推进链，完成执行力从中心组到教师个体的复制和再创造是建设管理执行系统的核心，它直接关系到整个执行系统的成败。

1. 打造片区组

即从中心组到片区组，建立第一推进链，进行任务再配置，实行片内总督促。

(1) 进行片区适当划分。片区的划分有几大好处：一是片区规模中等，便于教研活动的组织和开展，可以节省教育资源，扩大优势教育资源的影响力；二是通过片区教研活动便于梳理出具有普遍性的问题，有利于体现不同地域的问题特色，同时还便于专家的帮助指导，提高教研活动的质量；三是耗时较短，便于开展经常性活动；四是便于同伴互助，推动指导深入。一般来说，片区是根据地域，按照就近原则进行划分的，旨在让临近的学校联合起来形成一个教研统一体。片区组把邻近的学校组织起来，提高了活动开展的便利性，促进了局部跨校教学组织——邻近学校教研组和备课组的合作交流，提高了校际交流的频率和质量，促进了共同体的局部融合，为整个区域的合作打下了基础。

片区划分时，要注意数量均衡。各个片区内的学校数量要大抵相同。如果各片区内的学校数量相差较大，将不利于教研活动的开展。

(2) 准确定位片区组的职能。对区域共同体安排的任务，根据片区内各学校的需要和师资力量进行重新组合配置，以提高其执行的针对性和效益性——这种配置在很多条件下是通过协调而非强制完成的；同时，对片区内的执行情况进行总体指导、规范、监控和督促，使其达到应有的水平。从片区组的职能来看，片区是对区域教研任务的进一步细分。

(3) 进行片区组长培养。片区组长由片区内的中心组成员担任，在片区的教学事务中发挥重大作用，要注意进行培养。

第一，培养格局。片区组长要能够站在片区的高度上进行任务配置，要胸怀坦荡，公平公正，不要偏袒自己所在的学校或自己喜欢的教师。

第二，培养协调力。协调是片区组长最重要的能力，大部分的片区工作要通过协调完成。片区组长如没有足够的协调力，往往会给工作带来额外的困难，不容易顺利完成工作。有时片区组长过分强硬，不但不能把工作做好，反而会激起片区成员的逆反心理，使工作陷入被动。

第三，培养领导力。领导力也是片区组长必备的能力之一。在片区教研中，有时会遇到较大的挑战，需要片区内的成员团结一致，共同奋斗。这时，就需要片区组长对整个团队进行规范、管理、激励、引导。如果没有领导能力，就难以应付各种艰难的局面。

第四，培养任务配置能力。在日常的教研活动中，片区内各个学校各司其职，协调一致进行分工合作，以完成一所学校无法完成的工作。能否根据各学校的师资力量和教学条件进行任务重组配置，关系到片区教研的质量和效益。

第五，培养督促监控能力。把区域教研分片区进行，是为了提高针对性，并保证成果与经验能及时落实，因此督促监控能力就显得尤为重要。要培养片区组长敢于督促、善于督促的能力，以促进个体认真执行，保证任务及时完成；同时，要培养片区组长勤于监控、善于监控的能力，以获取执行的具体情况，保证执行的方向和进度，使任务得以正确的执行并得到及时的调整。

第六，培养执行力，特别是落实意识。如果落实意识较弱，则执行力就容易出现问题，片区组长是一个区的龙头，片区的教研在很大程度上受片区组长个体特质的影响。片区组长干练，做事雷厉风行，执行力强，则片区的任务就能及时完成，且开展较好；片区组长性格内向，拖沓，执行力不强，则片区任务往往也无法及时完成。因此，在片区组长众多的素质中，执行力是比较重要的方面。而在执行力这个要素中，最重要的便是准确、及时。准确保证了信息不失真，规范了片区教研任务的方向；及时则对完成的时间提出要求，划出最后期限，保证及时完成任务。

2. 打造教研组

即从片区组到教研组，建立第二推进链，进行任务校本化，推动组内总落实。

在学校，教研组有着特殊的功能。教研组是将同一学科的教师组织在一起的教学单位，它既是学校教学的业务单位，如组织学科教师开展集体备课、制订学科教学进度计划、开展教学交流，同时又是学校的一级行政单位。共同体要充分利用教研组的特殊性，并赋予其新的功能。

(1) 明确教研组的功能。学校教研组是日常教研活动最重要的组织者，也是区域共同体专业学习活动的重要组织者。

(2) 确定教研组的任务。教研组的任务是参与任务再配置，全面内化落实。

第一，与片区其他教研组进行密切合作、充分协商和沟通，从实际情况出发，根据教师的特点，把教师的专业学习、校本研训跟区域教研活动主题充分结合起来，对片区任务进行针对性的分解和再配置，使片区任务和学校发展协调一致。

第二，发动教研组全体成员对片区任务进行深入分析研讨，将它与校本资源整合，让片区任务融入校本教研之中，并形成相应的校本资源。这是最重要的一个环节，完成了任务的校本化，也是最难的一个环节，片区任务和校本资源、片区教研与校本教研往往存在着一定的甚至较大的差异，整合不仅是内容的调整、方式的改变，还可能涉及理念的转化——而这是最困难的。因此，教研组要进行充分的研讨，从理念的转变入手，改变方式，调整内容，才能真正完成校本内化。要注意，这里所谓的内化，应该是一种扬弃，而不是一种抛弃。是在基于学校实际情况的基础上，吸收片区资源的合理内核，再进行进一步提升，而并非对校本进行全盘否定。在某些时候，还要勇于用校本来同化片区资源，做到“为我所用”——当然，这一切都是根据学校的实际情况进行的。我们最乐意看到的情景是，两者在理念上无冲突，而在内容上有侧重，方式上有互补，这样整合内化的效果最佳。在进行校本内化时要特别注意的是，如果两者的理念发生了严重冲突，不要急于下结论，而要进行充分的比较、辨析和论证，去寻求共识。

第三，将任务分解到各备课组，督促备课组根据教师的特点，进行二次内化。这看来不是很值得提起的问题，但在实践中，教研组与备课组之间的联系往往较为松散，常常被一些外在的因素所切断。因此，教研组要做好充分的准备，要能根据备课组的具体情况，包括备课组的运作、师资力量、教学进度、阶段性任务，甚至教师个体的人格特点进行任务配置。对于一些不那么容易划分的交叉任务，要侧重于用“能者多劳”的方式进行安排，这样才能充分调动各位教师的积极性，完成任务的二次内化，进而把区域任务推进到备课组的层面。

（3）侧重培养教研组组长。教研组是学校独立完整的业务研究单元，教研组组长是集专业领导者、上传下达者、教师管理者和教学质量监控者等多重角色的人。从总体情况来看，学校往往会任命一些教学权威来担任教研组组长，因为教师中的专业领导一般是优秀教师，这是普遍的共识，而在大多数教师的心里，教研组组长正是一个专业的领导者。这些教学权威德高望重，可顺利开展教研组工作。但有些教研组组长能力低，无法胜任工作，共同体又无权撤换，给工作带来了很大的困难。因此，必须对教研组组长进行针对性培养。

第一，培养奉献精神，让其形成人格特质，以感召组员。从职能来看，教研组组长没有行政权，不能对组员进行硬性约束，如果教研组组长能力不足，更是无法通过强制性手段有效地调动他人，这时只能诉诸人格感染。教研组组长有奉献精神，乐于服务，勤于奉献，勤勤恳恳，也会慢慢得到他人的认可，树立自己的威望。共同体要侧重培养教研组组长这方面的精神特质。

第二，培养虚心品质，让其能够接受有价值的建议，形成组内理性精神。教研组组长能力不足，自己不能提出建设性意见，不能解决较大难题，则要聚合全组的智慧和力量来解决问题。因此，组长要有虚心请教的精神，能够放下身段听取别人的建议，吸收有价值的意见，在组内推广。

第三，培养亲和态度，让其能够放松教师心理，形成组内人际凝聚。对组内教师笑脸相待，可在教研组内营造友善的氛围；用和气的方式处理教研组的人际关系，可以减轻个体的教学压力；用求同存异的方式来研讨，能达成共识，形成凝聚力。

第四，培养务实精神，让其能够多做实事，形成组内责任文化。教研组的事务跟教师具体的教学实践紧密相关，跟教师亟待解决的问题紧密相关。如果教研组组长不务实，只讲些空头理论，往往会给人华而不实的印象，便不容易得到教师的认可。做实事，既给教师做了一个表率，又能引导教师为教研组多做实事，使教研组的务实精神、分工合作意识得到充分的培养，最后形成组内的责任文化。

那些能力较强的教研组组长是否也需要培养呢？答案是肯定的。从某种角度来看，越是能力强的教研组组长越应该得到优先培养，因为这些人具有更强的学习能力，更容易登上新的台阶。当他们的思想高度、思维模式、行为风格等都得到进一步的完善时，就能带领教研组走上一个崭新的发展高度。

（4）帮助协调人际关系。教研组内总会存在这样或那样的矛盾。“专业领导力是目前教研组长最缺乏的素质。这其中有教研组长缺乏专业领导者意识的问题，也存在教研组长自身素质不高影响领导力实现的问题。”①

---

①　胡艳．专业学习共同体视角下的教研组建设——以北京市某区中学教研组为例［J］．教育研究，2013（10）：37－43.

如果教研组组长的领导能力缺乏，就会使组内的人际纷争加剧，甚至面临失控的危险。而教研组组长承担组织管理职能又无领导权力的现实，则使其处于一种无助的状态，又进一步加大了这种危险。针对这些问题，共同体可适当介入，对人际关系进行协调，促进组内形成互帮互助的良好氛围。

3. 打造备课组

即从教研组到备课组到教师，建立第三、第四推进链，进行校本二次内化，由备课组执行，推进到教师课堂。

（1）明确备课组的职能。备课组是最小的研究单位，同时也是一种松散型的组织，是共同体年级活动的参与主体，担负着组织学科日常教学以及开展学科教学研究两个方面的任务。备课组组织组内教师研究本年段的教学，开展集体备课等校本教研活动，并组织参与区域教研活动。

（2）明确备课组的任务。参与校本资源研制，组织备课组教师进行二次内化，形成二次校本资源，督促教师将其内化为个性化资源，并落实到课堂上。

第一，二次内化，形成二次校本资源。对经过教研组的研究已经形成的校本资源，备课组要组织教师继续进行深入研究，同时结合本年段的教学情况及教师特点再次打磨，使其符合教学实际，形成二次校本资源。比起之前的校本资源，二次校本资源更适合本年段当前的教学情况，更具有针对意义，也更具有教学价值。

第二，督促三次内化，形成个体课程资源。备课组的另一个重要任务是，督促组内教师继续研究二次校本资源，根据班级情况，直接将其和自己的教学特色、天赋长处对接，形成个性化的课程资源。这种课程资源是教师自己的资源，是教师能够自如运用、随机组合的资源，而且是教师在课堂上可以直接运用并马上转化成学生能力的资源，也就是能够实现课堂目标的资源，因此是最具实践价值和实践意义的资源。

第三，备课组还有一个重要的任务便是督促教师将自己的课程资源落实到课堂上，进行教学实践。这是教育实现的环节，通过这一环节，课程走向课堂，走向学生，实现了从教到学的转化。因此，督促教师进行教学实践，是备课组的重要任务之一。

第四，完成课后交流，及时展开教学反馈，督促修订个体资源。这是容易被忽略的一个环节，特别是备课组备课的场所不集中，或会面时间较少时。上完课，教师往往会进行简单的交流，反馈各自的上课情况。对于疑难问题，会展开进一步讨论，但也仅限于此。备课组应该展开集体反思，对整节课的教学情况进行整体梳理，对校本资源的实行情况进行大体上的评估，督促教师完善自己的校本资源，形成必要的积累。

4. 打造教师个体

即从教师到课堂，建立第五推进链，完成教与学的转化。

(1) 明确教师的任务。将内化的课程落实到课堂上，实现专业成果向教学成果的转化。如果将教学过程理解为教师介入学生学习的过程，那么这种介入的实质就是转化。五级执行链的最终目的，是通过教师的执行，将共同体的成果介入学生的学习过程，实现最终的转化。

第一，整合课程资源，形成教学方案。教师充分发挥自己的创造性，将已经内化的教学资源与教学任务结合起来，根据教学需要、教学进度、教学条件，形成可执行的教学方案。

第二，执行教学方案，实现教学转化。教师确立学生学习的主体地位，以教学方案为抓手，展开教学活动，激发学生学习的积极性和主动性，促使学生建构自己的知识体系，以形成自己的能力，体验到学有所成的乐趣。需要指出的是，教师的教学方案一定要围绕学生的学展开，否则很容易回到注入式教学的老路上。

第三，进行教学反思，完善转化方案。教师可以开展课前反思，以评估教学方案的可行性和目标的达成度；可以开展课中反思，即时进行课堂监控，调整教学内容、教学进度；可以开展课后反思，围绕目标达成度对整节课的优劣得失进行分析，以完善教学方案。当然，教师还可以开展专题反思、技术反思、策略反思乃至信念反思，推动自己的专业能力和教育理念往更高的层面发展。

教师的三次内化具有重要的意义。三次内化是基于教师的教学特色、天赋长处对教学的再认知，因此是一种专业能力和教学智慧的提炼；三次内化是在二次校本资源的基础上，把区域成果与教师的真实课堂直接对接，是针对教师的教学困境和短板期待完善的内化，因此培养了教师解决问题的能力；三次内化是通过读书活动和行动研究与共同体（主要是通过备课组和教研组）进行互动的内化，是一种专业视域整合的内化，培养了教师的学习能力。教师整合的内容多来源于其所在学校和教师在教育教学实践中遇到的问题或成功典案，因此能不断反思内化其中存在的问题，从问题解决中得到进步，培养教师的反思能力，对学校特色的创建也有极大的促进作用。

(2) 培养教师的主体意识。值得指出的是，在管理执行系统里，教师虽处于执行链的末端，却是真正的执行主体。因为只有教师是教学活动的组织主体，只有他们直接与教学实践活动相联系，并直接作用于教学效果。只有通过教师，区域共同体的价值诉求、任务要求和规划愿景才能落实到课堂上，落实到学生的身上，产生最后的教育效益。与行政管理不同，区域共同体的管理执行系统通过指导、引领、规范、管理，培养教师的主体意识，提高教师的专业水平和课堂实践能力，让教师能够真正把最新的研究成果落实到课堂上，使学生受益，也使自己受益，更好地发挥教师的积极性和创造性。

第六节　全开放反馈环境

一、全开放反馈环境的意义与价值

反馈是指施控系统先给受控系统输入一个控制力或信号，然后根据受控系统的返回信号调整控制力或信号的过程。

专业共同体发挥着把握共同体专业发展方向的责任，对区域的发展要有明确的判断，要回答的是诸如该现在走到哪里、有无偏离方向、接下来该怎么走这类方向性和过程性的问题。

回答这类问题，就要掌握大量的实际信息，充分把握共同体运作的现状，即基于现实的基础，不能脱离实际而根据书本理论加以推断，更不能主观臆断。如果没有及时掌握共同体的发展动态，就不能对共同体的发展情况做出正确的判断，既无法判断共同体发展的大体情况，也就无法找出共同体发展的优点和存在的问题，也就不能对共同体的具体走势做出相应的调整。因此，及时地、充分地反馈信息是极其重要的。反馈的信息越及时，共同体做出的反应也越及时，共同体就能在第一时间进行调控，避免失去最好的时机；反馈的信息越充分，提供给共同体的参考证据越全面，共同体的判断就越准确，共同体的调整也就越符合实情和规律，对问题的解决也就越准确、越彻底。所以，建立一个反馈系统，能够充分地收集有用的信息，并及时地反馈上来是极其必要的。

在本共同体里，具体地说，反馈环境具有两大作用。

（一）作为环境开放，保证系统间信息流通

在本共同体里，反馈不作为一个单独系统，而作为一个共同体生存的环境而存在，向所有的系统开放，保证反馈信息在共同体与系统之间、系统与系统之间及时流动，以确保共同体的正确运作方向和有序发展。

（二）作为体系监控，保证系统内部信息畅通

在本共同体里，反馈不仅作为一个全开放的环境对 4 大系统起作用，还作为一个完整的体系对 4 大系统本身起作用。在 4 大系统内部，同样有着反馈体系，信息在系统内能够充分流通，为系统提供足够的反馈，以确保本系统良好的运作。

二、全开放反馈环境的功能定位

反馈就是被控制的过程对控制机构的反作用，这种反作用影响这个系统的实际过程或效果。控制论的创始人维纳在《控制论（或关于在动物和机器中控制和通讯的科学）》一书中指出，一个有效的行为必须通过某种反馈过程来取得信息，从而了解目的是否已经达到。所谓的全反馈系统，是基于共同体的发展现状，能够全面、客观、多层次地收集共同体发展的各类信息，及时传递上来，并加以汇集处理的信息收集、传递和初步处理的系统。全反馈系统有四大功能：全吸纳、全传递、全交互、全建构。

（一）全吸纳

全吸纳是指在人员上，全参与；在时间上，全时段；在内容上，全包揽；在层次上，全覆盖。

1. 人员全参与

所有的人面对所有的人。全反馈系统把共同体的每个个体纳入其中，并对每个个体开放，无一遗漏。这里的“全”或“所有的人面对所有的人”有两个方面的含义。一是主体全覆盖。每个人都是反馈主体，都有发言权、建议权，对自己看到的现象或事实提出反馈，都有权提出相关的建议，任何人不得加以限制或压抑。二是客体全覆盖。每个人又是反馈的客体，个体及其相关的教学实践又形成别的个体反馈的对象和内容。每个人既是反馈的主体，又是反馈的客体，是两者辩证的统一，这是全反馈系统的基本特征。

2. 时间全时段

所有的时间面对所有的时间。全反馈系统的全开放性在时间上反映在全时间段接收反馈。这里的"所有的时间面对所有的时间"包含两个方面的含义。一是反馈主体在反馈时间上不受限制。可以在任何时间向共同体反馈，不受时间的限制——不管是正式上班时间还是非正式上班时间，不管是专题反馈时间还是非专题反馈时间，不管是正式反馈时间还是非正式反馈时间。二是全反馈系统在任何时间都要接收反馈，不得拒绝。共同体不得以时间为理由，如现在已经下班等，拒绝接收反馈信息。全天候、全时段的信息接收，是互联网时代共同体反馈的一大特点。

3. 内容全包揽

所有的知识面对所有的知识。也就是说，反馈内容不得加以限制，这不是一个狂妄的想法，而是一种客观的态度。因为个体反映的任何问题都基于自身的实践，它包含着个体专业学习、专业实践方案策划、实践行为实施、实施效果评估，包含着对以上所有内容的再思考和判断，即反思。因此，无论是经验也罢，心得也罢，缺点也罢，困难困惑也罢，都是个体再创造的产生，都隐藏着宝贵的资源。在同一个区域内，这种资源往往带着共性的特点，即所谓的个案便是通案。"所有的知识面对所有的知识"也包含两个方面的含义。一是反馈上来有关内容不受知识边界的限制。无论是本体性知识、条件性知识还是策略性知识，无论是显性知识还是默会知识，无论是理论知识还是实践知识，也无论是教育学范畴的知识还是诸如社会问题、家庭问题等非主流教育学范畴的知识，都可以向共同体反馈。二是共同体要尽量扩大共享知识的边界，做到大体上能够与个体反馈上来的内容相对应，并寻找其合理内核，做出相对的应答。这一点对于共同体特别重要，共同体如何推动区域专业的发展呢？就是不断地开拓自己的知识边界，力所能及地把更多的知识纳入自己的共享范畴里，以个体教师的知识为核心，把其他的知识有机地组合起来，进行有效的管理，促进自己从"一桶水"到"一渠水"再到"有源活水"的转变，让教师的专业知识在社会、生活、应用、思辨、伦理上都能扎根。

4. 层次全覆盖

所有的层次面对所有的层次。这是对全反馈系统的内在质地进行的规定。它提出要求，共同体必须胜任个体反馈所有的问题，这也是共同体必然的发展要求。共同体对个体专业成长的实现，体现在帮助个体解决越来越复杂、越来越广阔、越来越高层次的问题上。个体问题反映的层次性反映了个体专业发展层次，个体反映的问题层次越高，说明个体专业发展的水平越好。与此相对，共同体所能回答的问题，代表了共同体目前所达到的发展层次，也代表了大部分个体下一步可发展成的层次。共同体所能解决的问题层次越高，说明共同体发展的水平越高。“所有的层次面对所有的层次”同样包含两个方面的含义。一是对于反馈个体，任何问题都可以反馈：是高深的还是浅显的？是艰难的还是容易的？是知识性的还是实践性的？是普及性的还是专业研讨性的？是概念性的、社会性的还是哲学性的？……无论所提出的问题处于什么层次都可以反馈。二是共同体有足够的能力接受这种反馈。无论个体反馈什么问题，共同体都要有足够的能力对个体的反馈信息进行甄别、分析、归纳、提炼，并将其归入相关的问题类型和层次当中。因此，“所有的层次面对所有的层次”真正指明了共同体当前面临的挑战，规定了其下一步发展的方向。

（二）全传递

所谓的全传递，是指通过反馈系统反馈上来的所有问题都必须畅通无阻，不失真、不衰减地传递上来。它一般包含信息传递、能量传递、情感传递和文化传递等几个内容。

1. 信息传递

这是反馈的主体内容。信息包含确定信息，也包含不确定信息；包含问题，也包含问题解决方案；包含系统的显性知识，也包含界限分明的个案分析；等等。这些信息可以是团队和谐的信息，也可以是共同体成员冲突的信息。各类组织都会发生成员冲突，成员间冲突是指由于组织成员间的差异或不可调和被感知到，进而引发的一系列进程。冲突发生于组织系统内部，并受到组织内各种条件的影响。成员冲突在共同体中同样不可避免，共同体的成员冲突受到共同体文化、机制的影响，但会对共同体产生反作用。因此，这些信息是共同体调控的重要资源，不可忽视。

所有的信息主要以其内容的真实性和价值性进行优先排序反馈，要保证那些重要的、真实的信息能够率先得到及时的传递，无失真地传达到反馈系统的接收中心。

2. 能量传递

从系统论的观点来看，反馈的作用是什么？是进行能量的创生和再平衡。反馈的过程，也就是能量传递的过程。共同体必须明确这个原理，传递信息就是在改变能量的分布，传递信息的过程本身就是改变系统能量的过程。因此，在信息反馈过程中，就不能只针对信息考虑其传递问题，还要考虑如何收集到相关的能量源，在传递信息的同时如何把这些能量合理地传递到接收中心。但在日常的反馈中，能量传递往往被忽略，不能及时传递上来，有时还会有意加以压制，这造成两个直接后果：一是正面能量不能得到正面强化而无法继续积累，也无法得到共同体的及时放大而产生积极的推动作用；二是负面能量得不到及时释放，在发生处不断积累、酝酿、扩散，最后突破可控的极限，而产生爆发性的严重后果。

系统论还告诉我们，要使系统不断发展，就要不断地调整能量，使整个系统远离平衡态。因此，在反馈过程中，共同体要特别关注传递能量流的设计：专业运作过程中会不会有新能量产生？会产生什么样的能量？能量会从哪里产生？为什么能量会在这里产生？最重要的是，这些能量会到哪里去？要通过什么样的传输通道？考虑好这些，才能让能量沿着需要的渠道传递，既保证信息反馈的及时性，又不会在共同体没有应对策略时增加不确定的系统要素。

3. 情感传递

情感传递是专业共同体反馈的另一个重要内容。共同体的学习最核心的就在于形成一种机制，这个机制就是情感。跟别的学习型组织不同，专业学习共同体就是一个情感共同体。在进行反馈信息收集时，不能完全抛开个体的情感因素，而是要辩证地处理好两者之间的关系——既要保证信息的客观性，又要重视个体的体验性，把两者结合起来，发挥“1+1>2”的作用。当传递信息时，要以客观描述为主，不要被个体的情感所左右，保证反馈上来的不是情感冲动的结果，以确保信息的普适意义——能够复制、传播和再生；在进行准确的信息界定之后，可以侧重谈谈个体的体验，包括伴随着怎样的情感历程，产生什么样的情感体验，这些情感体验对个体有什么影响，等等，从而让别人经历信息产生的情境，并对信息的真实性、价值性和产生的机制有进一步的判断。情感传递是信息反馈的重要组成部分，它能够体现个体在专业学习和教学实践中的喜怒哀乐。传递这种情感，对个体正面的体验是一种强化，能够推动个体迎接挑战、奋勇直前，走向更高的专业发展层次；传递出这种情感，对个体的负面体验又是一种宣泄、一种疏通，能够有效地减轻个体的压力。同时，共同体的倾听、认同和排解，又为个体提供了一个有力的心理支持，能帮助个体渡过难关。

4. 文化传递

在共同体中，文化不是孑然独立的东西，更不能超过日常交往和实践之外的范畴，而是与日常教学实践和生活实践紧密交融，渗透到所有的事务和活动中来。但个体就一个具体事件做出反应时，往往做不到就事论事，就信息论信息，一涉及人的情感就不能完全客观。就是一个特别理性的人，其观点也是从自己的文化背景上、文化立场上出发，也就是说，他所传递出来的东西被自己的文化所左右。可以说，在本质上，无论信息、能量还是情感，都是一种文化的组成部分。在信息的传递中，不能排除文化的成分，在能量传递中不能排除文化的成分，在情感传递中也不能排除文化的传递。因此，反馈的过程也是一个文化传递的过程。恰恰相反，正是文化成分的存在，有了积极向上的文化因素，使得反馈系统的功能得以有较高的定位；有了民主开放的文化因子，使得反馈的渠道得以全方位的开放；有了理性文明的文化因子，使得反馈的方式得到全面的规范；有了和谐共生的文化因子，使得反馈的结果得到广泛的认可。共同体在传递和收集信息、能量、情感的时候，一定要考虑到这些信息、能量和情感背后的文化背景，在信息、能量和情感反馈的同时，进行文化的揭示和收集工作。这样，才能把共同体的反馈提升到文化的层面，从根本上收集个体及系统中信息、能量、情感产生的真正原因。

（三）全交互

与其他的组织系统不同，共同体的反馈系统是一个全交互的系统。在反馈过程中，个体与共同体之间不是遵循着简单的“传递—接收”模式，而是遵循着“传递—接收—回馈”这样双向交互的反馈模式。在此模式中，个体对共同体的反馈只是反馈动作链里的一环，另一环是共同体必须对个体的反馈信息做出反应，并给予相应的反馈。如果只有个体向共同体反馈这一环，而缺少共同体对个体回馈的一环，则共同体的反馈是不完整的。缺少共同体的回馈，将使个体处于一种反馈等待的焦虑和迷茫之中，产生一种反馈无用的心态。有的个体甚至会产生受到欺骗的感觉，给共同体信用带来极大的破坏。因此，全交互是共同体反馈系统必不可少的功能之一，也是共同体最为重要的功能之一。全交互由三个部分组成：一是全回复，及时对反馈到共同体的信息做出反应，保证了信息的时效性、对个体反馈的有效性以及反馈系统的正常运作。二是全评价，对个体的反馈做出等级区分，根据信息的价值和重要程度对共同体现阶段的信息进行初步筛选，它保障了共同体反馈收集及时信息的有效性，同时能够对个体做出较为全面的回应，使个体的一些想法得到初步的验证，保证了反馈系统的价值。三是全建议，即对个体的做法提出建议。这是反馈系统里较为精深的部分，涉及共同体及个体的及时发展、及时展示。个体的建议得到采纳，个体的才能得到展示，个体的成果得到推广，同时，个体本身的一些错误得到纠正，一些行为得到调整，一些观念得到发展，保证了共同体与个体之间的良好交互性。

全交互主要表现在以下几个方面。

1. 全反馈

(1) 全面反馈。这是指对于共同体收集上来的所有信息，都要进行答复。全回复不仅给个体一个明确的信息——“你的信息我已收到了”，更意味着个体的行为是值得肯定的——“无论你的信息是否正确或重要”。实际上，这背后的意义不仅指向反馈信息这个动作本身，而且指向反馈信息的主体，也就是人。这是对个体的尊重，是对个体主体地位的尊重。因此，全回复的本质含义便是，共同体里的每个人都是有价值的，每个人都是值得被尊重的，每个人都是有能力的，每个人都是想为共同体做贡献的。

(2) 及时反馈。这是指在一定时间内对共同体的回馈做出规定。加里·D. 鲍里奇在《有效教学方法（第四版）》一书中指出，行为和反馈之间尽可能短的时间间隔是学习最重要的因素之一，行为和反馈之间的联系越紧密，学习就会越快发生。在接收到个体的信息反馈时，共同体必须在反馈的有效时段对个体做出回馈。所谓有效时段，一般是指这样两种时段。一是即时反馈，即对于一些紧急事务，共同体必须及时做出反应，以确保问题的解决；对于一些发生在身边的事情，如无须进行深入论证和继续探讨，最好是能够马上做出反应。二是在明确期限内反馈，即在共同体指定的时间或是与对方达成一致的时间内进行回馈。反馈越及时，反馈效果越好，对共同体反馈系统的建设就会发挥越大的作用，反之则会破坏共同体反馈系统的正常运作。

(3) 针对反馈。这是指对个体反馈的内容进行回馈。共同体有没有真正具备个体的主体意识，有没有真正落实个体的主体地位，从回馈的内容便可以看出。共同体对个体的回馈一定要建立在个体反馈的信息上，针对性越强，说明共同体对个体反馈的信息越重视，了解越深，也越能体现出对个体主体地位的尊重；同时反馈信息的针对性越强，说明共同体的整体实力越强，也越值得个体依赖。因此，反馈的针对性会对共同体的向心力产生重大的影响，这是共同体必须设置回馈通道的本质原因。

(4) 侧重反馈。这是指对信息的价值性进行反馈。对信息全面反馈、及时反馈和针对反馈，并不意味着对每个反馈信息做出同等的回应。对什么信息可一带而过，对什么信息要着重加以回馈，取决于个体反馈的信息本身。对个体或共同体越有价值的信息，如目标性、宏观性、迫切性强的信息，越要进行侧重反馈。因为目标性是关于个体或共同体发展的方向的，是指向性的指标，若指向错误则全盘皆输，因此无论是对于个体还是共同体都是起决定性作用的。因此，凡是涉及目标性的反馈信息，共同体都要进行侧重回馈。宏观性关乎共同体或个体发展的全局，对共同体和个体有着重要作用。宏观性的问题得到发展，个体或共同体也就得到发展；宏观性的问题得到解决，共性的问题也就得到解决。因此，凡是涉及宏观性的反馈信息，共同体都要进行侧重反馈。迫切性的反馈信息虽然不像目标性的问题那样影响全局，也不像宏观性的问题那样影响主体，却会直接影响到当下的行为。从大处说，有时一个当下行为的作用是深远的，因为它可能会产生主体性的影响，也可能产生决定性的影响；从小处看，它既解决了当下个体或共同体的具体问题，让个体或共同体能够及时捕捉成果或克服困难，也能够减轻个体的心理焦虑，释放共同体内部的紧张感，进而推动个体或共同体的顺利发展。后者有时显得特别重要，有时一个紧迫问题没有得到及时解决，对后续就会产生长时间的不良影响。因此，凡是涉及紧迫性反馈信息，共同体都要进行侧重反馈。

2. 全评价

美国心理学家布卢姆认为，反馈信息主要是通过评价发出的。因此，对反馈信息评价时既要注意评价的正确性，又要注意评价的可接受性。这是承上启下的一个工作，是共同体对个体反馈的第一层次内容。

(1) 评价反馈行为。这往往被人忽视，或被隐藏在对反馈内容的评价中没有显现出来。实际上，共同体对个体行为的评价比对内容的评价更重要，因为这种评价直接指向个体行为，直接对个体展开评价。评价行为，会对行为产生再强化，促进类似行为的产生；评价人，会对人的态度产生正强化，让个体反思自己的行为，进而提高对反馈意义的理解。因此，对反馈行为做出评价是有价值的、必要的，而且对行为的评价通过简单的鼓励性短句便可完成，不会占用太多精力，是可行的。

（2）评价反馈内容。这一方面的评价往往注重价值性（如“你反馈的内容很重要”）、建设性（如“你的建议有建设性作用”）、创造性（如“你的观点富有创造性”）、成果性（如“你的观点或做法值得推广”）等。内容评价会促使个体对自己反馈的内容进行反思，对自己反馈的意图、反馈内容的提炼和传递的内容再次进行评判，进而提高个体反馈的针对性和价值性。共同体进行内容评价时，要基于包容、鼓励、针对和发现的原则：包容那些不同的观点和刺耳的声音，让个体大胆表达；鼓励那些内向或弱小的个体，鼓励那些看起来不那么准确的看法，让每个人都勇于表达；针对反馈的内容，贴近大家的心事，让大家愿意反馈；同时还要善于发现，发现反馈中出现的创造性成分，让个体获得巅峰体验而乐于表达，发现共性的问题，让共同体及时掌握发展动态。

3. 全建议

全建议指的是共同体面对所有的个体（包括共同体），面对所有的反馈，提出看法。这是共同体反馈的关键一步。对于个体和共同体需要解决的问题，共同体必须提出建设性意见，帮助其改进。对于个体，要本着面对所有的个体和所有的反馈的原则，只要有反馈，无论是谁，无论是什么内容，在回复、评价之后都要给出相应的建议。这种建议可以是方向性的，可以是宏观性的，也可以是具体性的；可以是理论性的，可以是实践性的，也可以是思辨性的；可以是指导性的，可以是协助性的，也可以是协商性的；可以是长久性的，可以是阶段性的，也可以是即时性的。对于共同体，则要分清其方向性、宏观性和迫切性，针对具体问题进行具体分析，可先做个概要的或前瞻性的答复，研究后在规定的时间内做出反馈。

（四）全建构

这里首先要回答的问题是，共同体的反馈过程能否是一个建构的过程？其次要回答的问题是，如果是一个建构的过程，它建构了什么？能建构到什么程度？

1. 信息反馈的过程是一个意义建构的过程

首先，信息在被反馈者反馈之前，已被反馈者自身建构，邬焜教授在

《信息哲学——理论、体系、方法》一书中说，人脑对感知、记忆的信息进行分析综合的加工改造，产生了区别于自在、自为信息的新信息——再生信息。其次，信息在上传过程中再次被建构。反馈的过程不是一个单向的信息、能量、情感和文化的流通过程，而是一种个体与共同体之间的双向交互过程，是一个对话的过程。反馈过程中不但具有对话的主体、对话的通道、对话的方式，还有对话的共同内容——话题，而且双方都处于一个共同的对话情境——全开放的反馈系统中。这样，本着共同体的愿景共生价值观与对话原则，对话能够展开，并沿着良好的互动方向发展而产生视域融合。因此，信息反馈的过程是一个意义建构的过程。在信息反馈的过程中，能实现一定的建构功能。

2. 信息反馈过程是一个完整的意义建构过程

在这个过程中，包含建构的内容和所有建构过程，在这个过程中要充分发挥正、负反馈调节的作用。在负反馈调节中，反馈信息与控制信息的作用方向相反，可以纠正控制信息的效应，控制信息偏离所需方向；正反馈调节正好相反，反馈信息不是用来纠正和制约原来活动的，而是一个不断增强的过程。从上面的分析可以知道，在双向的“反馈—回馈”互动过程中，不仅信息、能量、情感和文化都得到传递，而且个体的主体地位得到彰显，共同体的共性价值观和共享文化得到发展。因此，信息反馈的过程建构了所有该建构的内容，个体和共同体的主体间性，共同体的共享文化、价值观、人际亲和，个体的主体地位、专业能力、情感支持都得到改善，是一个内容全方位建构的过程。反馈的过程包括信息的产生、传递、收集、回馈各个环节，在这些环节里，包含信息、能量、情感、文化价值观的本身得到进一步的建构融合，进而产生了新的意义，并推动下一环节的继续展开；同时，一些信息得到澄清或消解，一些情感得到疏通或强化，一些观点得到阐释或修订，一些能量得到释放或积聚，一些文化得到修整或弘扬，经历了意义建构的各个阶段。因此，信息反馈的过程是一个完整的意义建构过程，能发挥真正的建构作用。

3. 信息反馈过程是一个初步的全建构过程

通过反馈渠道反馈上来的信息，往往经过个体或学校筛选，除了一些必要的新信息之外，基本都是学校无法解决的困难问题。共同体由区域教师个体组成，除了几个极其卓越的个体之外，个体的知识可能互补，特长不尽相同，但在高度或深度上基本一致。学校无法解决的问题，共同体也没有办法在第一时间解决。因为有些问题是如此困难，哪怕是那些特别卓越的全能个体，也不能解决所有的教学问题。这些问题，都需要组织调研系统甚至专家团队进行深入调研、研究，深刻分析其产生的背景，才能对问题进行归因，并找出相应的解决方法。而共同体在第一时间内回答的，通常是无法达到这种程度的问题。因此，反馈系统对问题的解决，只能是直接的、初步的，这就决定了意义的建构也只能是直接的和初步的，而不可能是深刻的、本质的。所以说，反馈系统通过双向互动，能够进行意义的全构建，但基本上是初步的，只是意义建构的开始，而不是末端。

三、全开放反馈环境的建设

（一）建设反应器

1. 健全所有反应器

向共同体反馈信息的来源包括三方面：共同体里所有的人；共同体外部的人；共同体外的事件通道。凡是有信息反馈的地方，都有反应器。共同体不是生活在真空里，而是与周围的教育环境、人物、事件紧密相连，并与它们一道是教育的组成部分。每个学科与其他学科组成共同体教育的内容，学科教师与其他教师同处一个学校，共同完成教育任务。因此，与共同体其他相对独立的特性不同，共同体反馈系统的全反馈的另一个含义，是将共同体置于一个完全开放的教育环境之中，与之进行深刻的互动。所以，共同体反馈上来的信息不能只从内部产生，因为这不仅切断了从外部产生的一切有用信息，使共同体失去了一个重要而宝贵的来源，而且外部信息的丢失会使系统处于一个封闭的状态，导致系统的低效。因此，共同体向其外部的人及事件开放反馈通道是有内在价值的，也是必不可少的。

2. 建设内部反应器

共同体成员是共同体最直接的反应器，也是最主要的反应器，因此对此类反应器的建设要放在重要的位置。那么，要如何建设内部反应器呢？

（1）要打造反应器良好的特性。一般说来，一个良好的反应器具备四大特性：全局意识、职业敏锐、理性态度、适宜行动。共同体要从这四方面进行反应器的特质打造。

一是打造全局意识。个体不能只站在自己的角度看问题，只围绕着某个个体、某一现象展开，而应该以此为主，将问题拓展开来，拓展到更广阔的区域范围，即个体要有宏观的意识，能站在区域共同体的高度看待问题，判断其存在的价值。

二是培养职业敏锐。职业敏锐是指能及时捕捉到教育教学中各方面的信息，包含有益的信息和负面的信息。一方面，能把正面的信息诸如教学心得、专业收获、教育情感上传，以激励大家前进；另一方面，也能找出教育教学中负面的影响上传，分析其原因，提出解决办法，把负面情绪和负面影响降到最低，乃至消除。此外，职业敏锐还指个体能够见微知著，能够从看似无关紧要的微小现象或事件中看出问题的本质，发现其价值，通过揭示使其意义得以呈现和彰显。

三是激发理性态度。在信息传递过程中，理性的态度可最大限度地保证信息的真实性，在源头上控制使信息处于不失真状态。这要求个体在上传信息的时候，要本着理性的精神、实事求是的态度，对发生的教育教学事件进行真实而准确的判断和分析，以确保反馈信息的真实性。

四是提倡适宜行动。这是属于信息反馈时限及方式的特性。它要求个体对信息上传的时机有个准确的判断，对上传的方式进行慎重选择。一般情况下，信息的传递越及时，越能使共同体及时了解到其发展动态，越便于共同体对系统进行及时的调整。所以对于常规信息，要及时地通过常规的通道进行反馈，让共同体及时获得第一手资料。但及时并不意味着在第一时间上传。在上传之前，必须对信息进行判断、整合、提炼，以确保其真实性和价值性，以免浪费共同体有限的宝贵资源。适宜行动还意味着上传时机、方式的谨慎选择，并不是所有的信息都适合在第一时间上传，特别是一些敏感而不可控的信息，要认真选择其上传的通道，使信息能够及时传递到相关的位置，又不造成不良影响。

(2) 要培养反应器的反应水平。反应器的反应水平包含三方面：高强度反馈动机、初步的信息处理能力、必备的反馈技能。

一是培养反馈动机。共同体对个体要展开动机教育，说明信息反馈对共同体及自身专业发展的重要性，能激发个体向共同体反馈信息的动力。同时，共同体对个体信息反馈提出明确的要求，要求个体及时向共同体提供必要的反馈信息，采取统计反馈信息数量、评判反馈质量等方式鼓励个体的反馈行为，并对那些没有提供信息反馈的人员做出必要的提醒。

二是培养处理信息能力。首先，发现信息。培养个体发现重大信息的能力，培养个体透过表象看本质的能力，培养个体从平常的事件中发现不平常的价值的能力，培养个体从小事件里发现大意义的能力。其次，信息提炼。对发现的信息要能够进行比较分析，去除其枝叶，保留其精华，梳理其脉络，探究其原因，提炼其价值，使庞杂的现象呈现出清晰的信息样式，并对其进行必要的分类。再次，价值判断。培养个体不仅能够对信息进行提炼和必要的分类，更要能进行价值判断。根据区域的特点，结合具体情况，判断其重要性、必要性和紧迫性，判断其影响力大小及影响力的持续程度，综合分析，进行价值排序。

三是培养反馈技能。要使反馈信息取得最好的效果，必须培养个体的基本反馈技能。经过对反馈动机和信息处理能力的培养，个体传递上来的信息往往比较有效，不再是一些无用东西的拼凑。因此，这里的反馈技能是指反馈的时机及反馈方式的选择。其一，选择适当的反馈时机。从上面的分析可知，对常规信息要及时反馈，因为及时的反馈意味着及时的调控，也意味着及时的分享。及时的调整可保证共同体发展的进度和方向，而及时的分享则保证了信息的时效性。因为一些信息具有明显的时效性，超过这个时效，便失去了意义。而非常规信息（主要指负面而巨大的信息）往往具有巨大的影响力，若找不到合适的反馈方式则破坏性较大。其二，选择适当的反馈方式。对常规信息，通过常规的通道，特别是全开放的通道，使得信息能够得到最广泛的共享；而对非常规信息，则往往采取指定通道，如给特定人员留言的方式，既保证信息能得到及时传递，又最大限度地控制了反馈信息的受众，为接下来的行动奠定基础。

3. 建设外部反应器

从原则上说，所有的人都能成为共同体外部的反应器，而且反应器越是适当增多，对共同体越有好处。但从实践意义来看，只有真正和共同体有着直接、重要关系的人才会真正关心共同体的发展，也才有成为共同体的外部反应器的可能。因此，可把和共同体有直接关系的重要他人设置为共同体的外部反应器。外部反应器一般有两个功能，即提供教育成果和最新资讯；提供教育或教学相关信息。一般来说，前者由与共同体有关的专家和专家团队担任。共同体要经常和这些专家或专家团队保持联系，并设置相关的人与他们沟通，及时获取最新的教育理念、教育成果及专业发展动态，保证专业上的引领。后者一般由学校行政、学生、学生家长组成。它能够使人们及时了解到共同体在学校的发展情况和对学生所造成的影响以及家长的真正需要，以保证共同体的实践能够落实到学校的发展上去，落实到学生的课堂上去。

当然，反应器越多越好。一种可行的方法是把一些家长也设置为反应器。某些家长本身就是教育系统的人，或者对教育有着浓厚的兴趣，有着真诚的教育观念，并认可共同体的核心精神，所以共同体也应将其设置为外部反应器，有意识地接收其反馈信息。

有一个重要的问题——学生能否成为共同体的外部反应器？这里不但涉及技术问题，还可能涉及伦理问题。如果只涉及其对学习的理解，涉及教育现象的反馈，而不涉及某个具体学校、班级、教师的评价，学生则具备反应器的特点。但是学生所面对的教育现象总是与教师紧密相连，学生对教育现象的分析与评判也总是从教师开始，而且学生是正处于发展阶段的人，其价值观没有成型，判断能力并未成熟，没有能力把教师的因素，特别是把自己对教师的情感因素从教育现象中完全剥离出来。这样，便涉及教育伦理的问题。我们不得不问自己这样几个问题：我们在收集信息的时候，是否侵犯了教师的隐私？是否激发出学生诸如告密之类的不良人性？因此，把学生作为反应器是不妥当的。

那么，这样共同体是否失去了来自于学生方面的反馈信息？而这方面的信息又如此重要，这样会不会造成共同体信息的不完全进而导致判断失误呢？这方面的顾虑是多余的。因为来自学生方面的信息，不是来自反馈通道，而是来自调研通道。通过调研系统的调查、访谈，通过完善的技术控制，不但可以避免隐私方面的问题（通过公开场合），而且可以获得更准确的信息。

我们可以继续追问：学生能够借鉴共同体的量表而成为反应器吗？这是一个有趣的问题。实际上它综合了反馈通道和调研通道各自的优势，避开了伦理性问题，也具有一定的操作性。从学理上看，如果只针对教育现象而非个体教师，而且量表只有客观题而非主观题，那么就可以控制学生的情感判断，获取一些客观的现象，但是不是能够收到预期的效果呢？可以通过尝试来检验一下这个想法。

共同体可以用社会信箱或公开邮箱等方式，向社会设置开放式的反应器。社会信箱一般对于那些文化程度不高，不善于使用电子邮件的人员开放，这部分人往往对教育有着最朴实的要求，聆听他们的声音能让我们想起共同体的本源。公开邮箱则具有很好的及时性、保密性、操作性和储存性，用好公开邮箱能够及时收集到大量的信息。这些信息由于渠道的直接性和封闭性，往往更加直接和真实，可以对共同体的内部信息起到佐证和参照的作用，使反馈上来的信息更加可靠，而且由于来自不同的对象，如学生、其他学科教师、家长、学校行政人员，更加具有广泛交流的意义，可以补充共同体内部反馈信息的不足。同时，由于互联网的特点，这些信息容易储存、分类和搜索，具有长久的时效性，便于做长时间的跟踪研究。

为了更好地发挥公开反应器的作用，共同体应该多设置几个公开邮箱，不断地向社会公布。设置公开邮箱要注意两个方面：一是名称要简单好记，让人过目不忘；二是密码要有效，不能过于简单，让人能够轻易破译。同时，共同体还要对这些信息进行全面的、有针对性的回复，并公布回复的相关结果，鼓励公开反应器的持续运作。在这里，要特别指出，公开邮箱的保密性是放在第一位的。因此，对于这部分信息的接收，一定要由信得过的又能严守机密的人来负责（如有可能，最好由教研员自己负责），否则容易引起负面效果，那就得不偿失了。

（二）建设全反馈通道

1. 信息反馈通道：实名QQ群

（1）功能：有效信息反馈。这是全反馈系统的基础。通过实名QQ群，个体把发现的信息、碰到的问题及时与共同体成员共享。

（2）管理方式：严格实名准入制。其一，QQ群采用实名制，群成员不得用昵称入群。群成员名片统一规范为学校名加上教师名，如“某某学校林某某”，成员必须提供自己最新的联系电话。通过实名制方式，来确保个体对自己反馈的信息负责，提高共同体信息传递的真实性和有效性。在实名制的要求下，个体能够准确知道信息的来源，该信息来源于哪所学校，来源于哪位教师。这样，个体在信息反馈时就置于一个完全被监控的状态，对自己反馈的信息必须认真审核，慎重发布。而且在实名QQ群里，个体是作为学校的一员参与共同体的，发布的信息首先会引起本校教师的关注，这样学校科层管理也能够发挥监控功能，这对个体而言是一种更为直接的制约。同时，共同体的读书会是跨校自愿组合的，个体发布的信息同样会引起读书会的重视，读书会的监控功能也能得以发挥。同样，其余的诸如重要他人，如教研员、核心组成员、个体的好友，也能够对个体进行监督。实名制实际上发挥了共同体全方位的监控功能，保证了信息来源的真实性和有效性。其二，QQ群实行严格的准入制度，对参与人员进行严格控制。共同体中的每个成员必须参与，共同体之外的人员不得参与，哪怕是重要的领导或专家。

(3) 建设方法：教研员建群，全体教师入群。教研员或某一个核心组成员建立 QQ 群，教研员担任群主，向各校的教研组组长公布群号，由教研组组长通知各位教师及时加入。如有个别教师（一般是老教师）没有 QQ，教研组要负责帮他安装 QQ，并教他学会使用，教研员或核心组成员负责督促教研组完成这一任务。接下来，要通知入群的个体修改自己的群名片为学校名加教师名的格式。这是最重要的一步。教研员或核心组成员要监督个体及时完成，如有个体没有完成，教研员或核心组成员可通过 QQ 留言或打电话的方式督促个体及时更改。最后，要通知个体将有效的联系电话及常用邮箱填写在群资料的介绍中。

(4) 规定信息传递方式。一是即时传递，群内发布。对于一些不是很重要又较新的信息，可在群内直接发布，让大家在第一时间知晓。二是留言告知。对一些比较重要的信息或不便公开传递的信息，可通过 QQ 留言的方式告知相关人员，如给教研员、核心组成员等留言。三是文件传输。对于内容多或重要的信息、通知等，将其制作成文档或音像材料，上传至群共享空间，以便长久保存。

这里要考虑的问题是，如果成员的信息是恶意的，该如何处理？因为在 QQ 这“更为广阔的背景下，用户虽然会成为某个群的一员，但其思想、意识与行为都具有极大的随意性，往往不能得到有效约束，这会为共同体的震荡带来威胁与挑战”[①]。共同体对此类信息要采用有效的应对策略。

2. 情感反馈通道：灌水 QQ 群

(1) 功能：人际亲和。对个体进行心理疏导，使成员间情感增进是共同体一个重要的功能，也是其有别于其他学习组织的显著特点。教师由于工作繁忙，又处于不同的学校，所以很少有直接交流的机会。即使在同一所学校，不在同一年段或不在同一办公室的个体间往往也很难有较频繁的接触。根据不完全统计，同一专业不同年段的教师碰面的机会是两周一次或一周一次（通常情况下，教研组每两周进行一次研讨，学校每两周开一次例会，如果教研组活动没有正常开展，开例会时教师没有坐在一起，不

① 孟召坤等．基于 QQ 群的教师学习共同体运行现状研究 [J]．开放教育研究，2015，21 (5)：101－110.

同年段的教师见面交流的机会就更少了。同一备课组的教师如不在同一办公室里，大概会多出每周一次的集体备课，如果集体备课没有正常进行，进行较长时间的交流也不可能，教师见面往往只进行碎片式的简单交谈，而不会形成主题式研讨），同一个区域的教师往往一个月见面一次（这还必须建立在区域教研正常开展的前提下，区域教研如不能正常开展，则不同学校的教师一个月见一次面都不太可能）。这样，教师之间的专业交流极少，更不用说进行情感互动和心灵沟通了；对教师个体的心理支持和精神支撑都极为贫乏，更不用说凝聚共识，形成共同体的向心力了。因此，共同体必须给个体提供一条情感反馈的通道，打开个体的心扉，让他们的情感得到交流、疏通和升华，以减轻教师的心理压力，激发他们的工作热情，并使他们保持持久的工作动力。

（2）管理方式：非实名制管理，非全员制管理。其一，非实名制管理：以昵称入群。情感的交流总带着某些情绪化、个性化的东西，不会那么理性。如果进行实名制管理，则大家会不愿在群里畅所欲言。要鼓励大家说实话、真话、心里话，就要放开限制，充分信任大家，采取非实名制管理。其二，非全员制管理：自愿入群。为了提高开放性，情感通道往往采取自愿入群的方式，不强调全员参与。只要有一半以上的人参与，基本上就能解决大多数问题。

（3）建设方法：核心组建群，教师自愿入群。教研员或某一个核心成员建立 QQ 群，选择合适的人员担任群主。与信息传递通道的实名 QQ 群不同，这里的群主不要由教研员来担任，而是由核心组的某一成员来担任，而且侧重于对个体情商的要求——群主必须有较高的情商，能够发现共同体里的情感信息，并做好情感的引导工作。由核心组成员来担任群主，可表示共同体对情感传递的重视，也可从某一侧面代表共同体对情感引导的导向。如果核心组没有这样的“情感高手”，可以指定某一两个“情感高手”作为管理助手，协助群主进行情感疏导。向各校的教研组组长公布群号，由教研组组长通知各位教师及时加入，群主负责督促教研组完成这一任务。通知入群的个体，可以以任意昵称入群，不要用实名入群。个体可修改自己的群名片，设置自己喜欢的群昵称。个体也可以在任何时候改变自己的昵称来发表言论，其他个体不得干涉。

（4）规定情感传递方式：群内随机发布。个体可以在任何时刻在群内发布信息，不受任何限制。对于比较有意义或有意思的话题，群主可以引导话题的走向，激发个体发表意见，把话题引向深入，形成某一种情感话题。

(5) 形成情感传递的规范。情感的传递往往具有激发性，通过话题讨论往往会产生连锁反应，引发情感共鸣，甚至会导致井喷式的情感冲动。因此，在情感传递时，要进行必要的规范性引导。一是多说充满正能量的话题。要引导个体善于发现工作中的正能量，挖掘工作的意义和价值，增强个体存在的价值感，克服工作中的虚无感。二是多说快乐的话题。要引导个体善于发现工作中快乐、有趣的一面，通过笑声来减轻工作压力，放松心情，提高工作热情和幸福指数。三是多说宽容的话题。通过培养宽容的心态和开阔的胸襟，使个体因在工作中遭受不平而产生的负面情绪得到有效的缓解，使个体一些与众不同的个性得到有效的认同，提供对个体的心理支持，以克服个体在工作中的无助感。四是理性地表达愤怒、悲伤等负面情感。在工作中出现负面情感是正常的，不要把负面情感视为洪水猛兽，穷追猛打；也不要把负面情感当成小菜一碟，认为其可以自生自灭。实际上，负面情感往往很难自行消除，对于普通的个体来说，负面情绪往往会以某种不易觉察的方式潜藏下来，并不断累加，如不及时进行疏导，往往会积少成多，并在意想不到的时候爆发。而一般情况下，个体很少会通过正式的渠道向学校反馈自己的负面情感，这种情感就会一直得不到正确的处理。因此，共同体对负面情感要有正确的态度和足够的重视。用QQ群疏导不失为一种及时、有效的方式，因为建立情感传递通道的一个重要目的就是对个体的负面情感进行及时疏导。这里要注意的是，应让个体理性地把自己的情感表达出来，并对其进行有针对性的安抚，而非推波助澜，让其负面情绪得到进一步的累积、激化。同时，对其他个体的行为也要注意引导，让大家一起把这些负面情绪化解、消除。

3. 能量梳理通道：核心QQ群与教研员日常视导

(1) 功能：汇集能量并梳理能量分布。在共同体中不仅反馈信息，也反馈能量的分布情况。这种能量分布往往跟区域所有的学校有关，共同体必须通过再调配来进行能量的合理布局，并通过教研员的日常视导来完成能量的重新布局。

(2) 建设方法。一是核心QQ群建立及能量汇集。首先，建立核心QQ群，确定能量汇集中心。共同体中的管理核心——核心组或学科中心组建立一个QQ群，把全体核心成员纳入其中，还可以把某些重要他人列入，诸如热心的行政领导（有时他们没有精力参与核心组）、专家（他们能够及时提供帮助)，但人数不能太多，否则会喧宾夺主，使共同体的自主发展受到损害。其次，能量汇集与梳理。核心组对能量信息进行总的汇聚，梳理出几条重要的线索，进行讨论分析并制订对策。二是能量布局验证：教研员日常视导验证。教研员在日常的教学视导中，将核心组梳理出来的能量分布与学校的实际情况相结合，并一一对应起来，验证能量的分布和流向情况。因为能量分布决定共同体整个系统的发展，因此能量梳理反馈的通道远比其他的信息、情感的传递要复杂和重要，需要教研员进行实地考察后才能做出进一步的判断。

4. 文化提升通道：从实名 QQ 群到读书会 QQ 群到核心组 QQ 群

(1) 功能：进行文化建设。文化建设是共同体成长的重要保障，也是共同体成熟的重要标志。共同体一般存在四种文化：一是专业性文化，跟学科的专业发展密切相关；二是规范性文化，为共同体的发展提供规则和纪律方面的保障；三是凝聚性文化，产生共同体的向心力和凝聚力，促进共同体形成一个团结的团队；四是激励性文化，对个体进行多元评价，激发个体努力向上，产生共同体的创造性。这四种文化不会凭空产生，也不是出自某个人的主观意愿，而是通过共同体的主体交互逐步形成的。只有建立起完善的文化提升通道，才能促进这四种文化的形成。

(2) 建设方法。一是从实名 QQ 群到教研组 QQ 群到核心组 QQ 群：完成学校传统性文化传递。首先，建立教研组 QQ 群，把全组成员纳入其中，形成小组文化传递和建设通道。教研组是区域共同体的重要组成部分，教研组文化也是区域共同体文化的重要来源。对于个体而言，其文化的共性便是从学校的备课组和教研组逐步形成进而走向更广阔的发展空间的。其次，建设教研组组长 QQ 群，完成区域文化的传递和汇集。教研员建设教研组组长 QQ 群，把区域内各个教研组组长全部纳入其中，通过教研组组长把学校教研组的文化建设情况、文化传统、文化追求传递到核心组并加以汇集，形成共同体文化的重要组成部分。二是从实名 QQ 群到读书会 QQ 群到核心组 QQ 群：完成融合性文化传递。首先，各读书小组建立 QQ 群，把读书小组的成员全部纳入其中，形成跨校的文化交流机制。这种交流机制打破了学校的边界，来自不同学校的个体挣脱了学校层面的束缚，能够进行开放式的文化交流。读书组组长在专业阅读和讨论的同时，要特别引导个体研讨各校的传统文化，促使个体在更高的层面上发现各校传统文化中的优秀特质，通过充分的阐释把它有效地传递出来，并与其他个体进行真诚的互动。这样，各学校的文化传统、文化成果、文化品质在这里便能得到充分的交流，每所学校都可以从其他学校吸收有用的成分来滋养自己，也可以用其他学校的优秀文化来解决自己面临的问题，这样各学校的文化就会得到完善、充实和发展。同样，各学校的文化传统、文化成果、文化品质在这里会得到初步的对比、辨析、归类和整理，个体逐步形成较一致的看法、观点、观念和价值观，完成区域文化的初步融合和汇集。其次，建立读书小组组长QQ群，完成初步文化汇集。教研员建立读书小组组长QQ群，把所有的读书小组组长纳入其中，通过引导、追问和辨析，让读书小组组长对汇集到的学校文化进一步进行整理提炼，在共同体的愿景上对融合性文化进一步进行解构重组，在新的高度上形成新的文化意义建构，并汇集到读书小组组长QQ群里，进行进一步讨论。由于各读书小组组长不是来自同一所学校，当他们对汇集到读书小组组长QQ群里的融合性文化进行再次整理时，一定会带着原来学校的传统文化视角，这些二次融合性文化会再次得到解构和重组，最后取得共识，走向第三次融合。再次，从读书小组组长QQ群向核心组QQ群汇集，完成融合性文化汇集。教研员把从读书小组组长QQ群里最终提炼出来的融合性文化向核心组QQ群中传递，这样才完成了一个完整的文化反馈。

这样，经过“教研组QQ群—教研组组长QQ群—核心组QQ群”的传递通道，把学校的传统文化汇集到共同体中；经过“读书小组QQ群—读书小组组长QQ群—核心组QQ群”把共同体初步产生的融合性文化传递、汇集到共同体中。而这两种文化正是共同体文化的重要来源。经过以上两种通道的传递，两种重要的共同体文化汇集到了共同体文化建设的范畴内，形成了共同体文化建立的基础。在此基础上，共同体建设起自己的共生文化，促进共同体逐步由低级阶段向高级阶段发展。而这两种文化的交互，不仅推动了共同体共生文化的进一步发展，也推动了学校传统文化的变革。

5. 专业发展通道：学科论坛

不定期举办论坛，引导不同观点的交流与碰撞，集中统一主题展开。学科论坛的举办，不仅是要倾听不同的声音，丰富教师对专业的理解，更重要的是要推动个体按自己的方式发展自己的专业水平。

学科论坛最容易出现的问题是杂、乱、浅、差。杂即观点杂。没有统一的主题，想到什么说什么。乱即次序乱。没有统一的规范，各说各话，使不同的观点无法真正形成“争鸣”。浅即思考浅。没有探究意识，留于问题表面，无法进行深层次的对话。差即文化差。没有良好的学术道德，将论坛作为情绪宣泄通道，甚至引发人身攻击。

因此，一个成功的学科论坛要做到以下几点：一是主题策划。要根据区域教研的需要，对论坛主题进行顶层策划，让教师有的放矢，提高“论”的针对性。二是引导探索。要引导教师围绕主题进行探索，不断将思考往深处推进。三是规范秩序。要对教师的发言进行规范，理性发言，使教师的发言有理、有据、有节，不感情用事。对论坛的情绪要及时调整控制。四是引发争鸣。这是学科论坛的精髓所在，要充分引发不同的观点围绕同一主题展开对话，对话越深刻，论坛也就越成功。五是整理成果。要及时抓取有价值的观点、对话过程，采用正确的论证方式，形成文稿，并在共同体内部共享。

（三）建设接收器

共同体收集反馈信息的部件就是接收器。信息由发生器产生经过传递通道首先传递到接收器上。

1. 功能

接收器有三大功能。其一，接收。顾名思义，接收器的功能就是接收由反馈通道传递的反馈信息。其二，汇集。虽然不同的信息有不同的传递通道，但所有的信息最终都要被传递到接收器上来，因此接收器也是信息的汇集之处。其三，上传。接收器不是反馈系统的终端，接收到信息后还要继续上传到反应中心。

2. 建设

建设接收器可以围绕三个方面进行。一是广阔性建设。接收器要能容纳全开放反馈通道传递的所有信息，不能遗漏。二是即时性建设。对反馈通道传递的信息，接收器要能在第一时间内收到，没有延误。三是敏锐性建设。接收器对收集的信息要能够即时向上传输，以确保反馈信息的时效性。

3. 设置原则

不同的反馈信息具有不同的功能，也可能具有不同的传递通道，因此要根据不同情况分别设置接收器。接收器的设置有公共设置与独立设置两种方法。设置的原则有两条：一是公共设置与独立设置相结合，二是公开接收与隐蔽接收相结合。一般来说，对于常规的、不重要的、不敏感的信息，可以设置公共接收器，采取公开的方法接收；而对于非常规的、重要的、敏感的信息，则要设置独立接收器，用隐蔽的方式接收。

（1）设置公共接收器。对于那些常规信息，如教学动态等，反馈的目的是使大多数人了解相关内容，其反馈通道也是开放的，因此要设置公共接收器。如反馈者可以通过实名QQ群，用即时聊天的方式，直接将教学信息发布到群里。这时，聊天窗口与聊天记录便是一个公共接收器，每个看到聊天窗口或翻阅聊天记录的人都可通过此接收器接收到相关的信息。又如共同体内有好消息需要传播，又不便实名，则可以通过情感通道——灌水QQ群直接发布。共同体成员可以通过聊天窗口和聊天记录接收到相关信息，得到情感支持或精神鼓舞，这也是一种公共接收器。

（2）设置独立接收器。对于一些重大的又不便公布的信息，可设置独立接收器进行接收。这样既保证了信息传递的及时性，也保证了信息传递的安全性和隐秘性。怎样设置独立接收器？有两种方法，即指定接收人与设置独立邮箱。当个体与指定的人以私聊的方式传递信息时，被传递的个体便成了独立接收器。这并不需要独立设置，但会带来两个方面的问题：一个问题是传递信息的个体可能不是共同体所指定的人，不能保证把信息及时传递到共同体中；另一个问题是私聊的方式会暴露传递者的身份，这会涉及一些隐私方面的问题。要解决这两个问题，共同体要指定具体的、可靠的人来接收此类信息，这些特定的人便成了独立接受器，但这依然会涉及隐私的问题。最好的解决方法就是设置独立邮箱，让个体向该邮箱发送邮件。个体可以申请新邮箱来传送信息，共同体指定人员来接收。这样就很好地保护了个体的隐私，使个体能够及时、大胆地把重要的、敏感的信息传递到共同体中。

（四）建设处理中心

处理中心是反馈系统的中枢。信息最后都会传递到处理中心，共同体经过处理后做出进一步的反应。

1．功能

（1）分析信息的性质。对传递上来的信息进行判断，并根据性质进行梳理分类，把相关的信息归到一起。

（2）价值判断。对信息的影响性、重要性、必要性和急迫性进行判断，并按其价值的高低和紧迫的程度进行排序。

(3) 研究决策。研究反馈信息，做出判断：是否需要进一步探讨再做出反馈，还是简要处理便做出反馈？是否需要立即做出反馈，还是需要延时进行反馈？是需要公开反馈，还是私下反馈？对于比较重大的、敏感的话题，共同体是否需要向上一级部门进行反馈，还是向所在学校进行反馈？如何写反馈评价及建议？……这些都是处理中心要完成的任务。

2. 建设

(1) 人员挑选。这是处理中心最为重大的事务。人员挑选要遵循以下原则。一是保密及精简原则。处理中心要接触一些私密、重大的信息，因此要把那些品格良好、口风较紧的人选进来，而且人员要尽量精简。二是能力互补原则。处理中心任务重，事情多，信息杂，时间紧，没有足够的能力无法及时完成任务；同时，处理中心要处理各类不同的信息，需要不同的能力素养，所以成员之间的能力要能够互补。三是执行与协调原则。处理中心必须及时对反馈信息做出反应，要么继续研究，要么即时回馈，这需要较强的执行能力；碰到一些特别事件，不需要或来不及进行研讨、不需要或来不及公布原因而必须马上按要求处理，也需要强大的执行力。同时，有些常规信息需要他人协助才能处理，因此成员需要有较强的协调能力。

(2) 成立组织。共同体的每个子系统都有自己的组织结构，反馈系统也不例外。在反馈系统中，最为重要的组织就是处理中心，因此要精心打造，将相关人员组织起来，建立处理中心 QQ 群，教研员担任群主，进行实名制管理。

(3) 任务分工。根据成员不同的特长及性格特点，将处理中心的任务进行分工，让每个人各司其职。

日常实践篇

区域规范性教研共同体的日常实践

区域规范性教研共同体不仅具有理论价值，还具有实践价值，具有可操作性。其专业实践价值不仅在于能够通过专题研读、培训等来完成大型的专业活动，更重要的是能够开展日常性的专业活动，渗透到教师日常专业探索的生活世界里，及时为他们提供专业和心理的支持，在日常的各个实践领域及时推进教师专业的二次成长。这就需要把共同体放进教师专业发展的生活世界里对共同体的系统建设及其机制运作做翔实的论证。

第一节　区域规范性教研共同体的系统建设及机制运作实务

一、进行论证建制

进行可行性论证，对组成要素和组织结构进行研究，确立组织建构，这是区域规范性教研共同体建设的第一步。其建设分为四个阶段：全员调研、深入论证、广泛宣传、建立机制。

（一）全员调研

通过访谈、问卷调查获取第一手材料。制订特定的访谈表、调查表，对建设共同体的意愿、要求、机制建构、运作方式等方面进行全员调查；形成共识。对教研组组长、备课组组长、负责行政管理的学科教师及刚刚就职的新教师、优秀教师进行个体访谈；对那些锐意进取、职业倦怠乃至对职业失去信心的教师做深度访谈。

（二）深入论证

通过访谈得来的信息，与核心成员及专家反复论证区域规范性教研共同体创建的必要性及可行性。一般来说，凡有见识的学科教师，都能认识到建立共同体的重要意义和建设的必要性，但对是否建设的可行性表示怀疑，对建设好区域规范性教研共同体没有信心。这个问题，教研员、中心组成员和相关专家要展开更细致的研究，同时要把那些富有教育思想或有冲劲的教师吸收到研讨组内反复讨论，直到拿出大家都较为认可的初步方案。

（三） 广泛宣传

利用各种途径，宣传共同体的价值。利用中心组会、教研组组长会、备课组组长会、区域教研活动、入校视导培训，阐述共同体的价值、共同体建设的必要性及实践的可行性。

（四） 建立机制

设置共同体的筹备组织，确立筹备的核心成员（这主要由共同体初步拟定的核心成员组成），进行共同体的要素、特点、定位研究，进行共同体的组织结构研究，初步建构共同体的组织层次和运作方式。

二、提炼理想和愿景

不同的价值观决定了不同的教育行为，没有共同的教育价值观，就不可能有共同的目标指向，就不可能产生团队的凝聚力。因此，能否提炼出共同的教育核心价值观，形成教育愿景，奠定团队的文化基础，关系到区域规范性教研共同体建设的成败。

（一） 提炼共同教育理想

提炼共同教育理想，是建立核心价值观的关键。

在现阶段，教师不是没有教育理想，而是被功利化的现实所蒙蔽，被教育的“业绩过程”所扭曲。教育被异化成对考试分数简单的追逐，升学率成了衡量教师水平的唯一标准。这使得一些有远见卓识的教师受到严重的压抑。共同体要引导教师完成从学科的知识教学到人文教育，甚至是人性教育的转化，即认识到“教书只是起点，育人才是根本”，使越来越多的人反思自己的教育理念，让他们回到教育的本质上。主要有以下几种做法。

（1）通过特定的主题读书活动，在理论学习中探讨教育的价值。

（2）通过每次教学研讨，特别是公开课来讨论日常教学中隐藏的教育价值。

（3）通过读书会，提炼教育的价值。

（4）通过讲座、论坛宣扬教育的价值，以达成共识。

（二） 建立教育愿景

建立“我为人人，人人为我”的教育愿景，加强心理支持，增强教师坚守教育理想的信念。

教师坚守教育理想的持久力不足，一个重要原因是缺少团队的心理支撑。孔子说："人能弘道，非道弘人。"理想可以激发人的行动激情，使人产生行为动机，但若缺少外部的认同、鼓励和支撑，理想往往无法长久坚持而流于破灭。共同体提出"我的研究就是你的智慧，你的困境就是我的痛楚"的"我为人人，人人为我"的理念，把共同体的成员紧紧团结在一起，形成专业"一家人"的心理，教师不再是独立作战的散兵游勇，也不再是互不相干的社会人士，而是有共同教育理想的一家人。在这个大家庭里，有着克服教育难题的专业水准，有着家庭般互赖的温情，有着强大的团队支撑力量，这就使得崇高的教育信念能够不断地坚持下去。

三、建设组织系统

共同体的组织系统建设分为三步：建立反馈环境，建立管理执行系统，建立读书、调研和培训系统。

（一）建立反馈环境

很显然，从四大系统来看，共同体的中枢——管理执行系统本应放在第一步来建设。但因为要将其放入共同体所有成员的思考之中，征求他们的意见，接受他们的检验，所以信息的上下流通就显得特别重要。信息流通得越充分、越及时，学科中心组就越能反映出区域的普遍意志，其指挥管理协调的地位就越容易得到普遍的认可，五级推进执行链也越坚实牢固，执行力也越强。反之，如果反馈通道阻塞，信息流通不畅，则容易陷入闭门造车的危险境地。也就是说，管理执行系统只有放入全反馈的环境中，才能达到要求。因此，反馈环境的建设要优先于管理执行系统的建设。当然，这时的反馈系统只是共同体全开放反馈环境的雏形，为共同体建设初期提供必要的信息。

（二）建立管理执行系统

良好的管理执行系统，是区域规范性教研共同体的重要特征，它充分利用传统科层制的管理优势来促进一个精神实体的建设，可有效克服精神共同体的自发性、随机性带来的无序与不确定性，保障共同体建设规范、有序向前推进。学科中心组是指挥管理执行系统运作的中枢。因此，共同体建设的首要任务就是先要建设好管理执行系统，建设好学科中心组。然后，进行五级推进链的建设，把共同体的各个执行环节联结起来，形成有机的执行整体，从而发挥整体的执行力。

（三）建立读书、调研和培训系统

相对而言，较之调研和培训两大系统，读书系统的建设要更早一点。因为读书系统是继续教育的源头，共同体正是通过读书系统开启了个体专业学习之门。而在区域规范性教研共同体的设计中，专业学习是区域教研的基础。

调研系统和培训系统建设可同时铺开，这样当读书系统和调研系统的成果呈现时，便可以直接通过培训系统开始相应的转化工作。

四、推动组织系统运作发展

（一）理顺组织关系，打造6条运作主线

教师的主体任务是教书育人，共同体的最终功能便是落脚到课堂上，这就需要组织内部系统通力合作。各系统能否协调发挥功能，直接影响到最后的效果。因此，理顺各组织的关系是共同体成功的关键。理顺以下6条主线，能使共同体进入有序、高效运作的轨道。

主线一：专业学习线。教研员—读书会—教师—课堂。

主线二：专业调研线。课堂（教师）—调研系统—教研员。

主线三：专业培训线。教研员—培训系统—教师—课堂。

主线四：专业管理执行线。教研员—管理执行系统—教师—课堂。

主线五：专业反馈线。课堂（教师）—全开放反馈系统—教研员。

主线六：专业评价线。教研员—管理执行系统—教师—课堂。

（二）运作五条主线，推动共同体有序运作

1. 运作专业学习线，实现创造性

共同体的成员来自不同的学校。校情不一，教学目标不同，教学条件各异，生源条件有着明显差别，这就决定了各个教师有着不可替代的文化独特性，他们的教学诉求自然也不会相同，再加上区域评价时学校之间的竞争，因此在进行常规交流时，教师往往不肯展示核心竞争力。共同体虽然依托学校教研组进行事务协调和管理，核心的运作团队却是独立的读书会。读书会的每个小组由不同学校的教师组成，主要以兴趣相同和地缘接近的原则自愿建立。通过教研员的运作，进行专业读书，便容易打破学校壁垒，促进相互融合。同时，由于是建立在自愿的原则上，小组间往往能够开诚布公，进行通力合作，完成个人专业阅读时难以解决的问题，把专

业阅读及研究推向深入，最大限度地实现个体间的共生共赢。

专业学习线的运作方式包括以下四种。

(1) 成立读书小组。成立跨校读书小组，自愿组织，民主推选组长。

(2) 进行专业读书。一是区域共性专业阅读，由共同体指定，如教学策略、校本研修、可视化思维等；二是小组读书，由读书小组共同选定，内容、进度、方式由小组协商。

(3) 及时交流总结。通过现场读书活动、QQ群、微信等渠道交流心得、探讨看法、总结经验，形成共识。

(4) 撰写反思论文。将一些重要的、跟课堂或自我成长直接相关的内容撰写成读书笔记、反思笔记，并在此基础上形成相应的论文。

2. 运作专业调研线，研究真问题

(1) 深入课堂，发现问题：从“这是什么”到“这是为什么”。课题来源于问题。调研组深入课堂，去发现有价值的问题，但有价值的问题往往潜藏在复杂课堂情境的背后，个体往往较难发觉。通过调研组的观察，不但关注“这是什么”，更关注“这是为什么”，逐渐摸清脉络，切入问题的核心。

(2) 针对情境，提炼课题：从情境发散到情境聚焦。对于同一课题，不同的教师有着不同的处理方式，也存在着不同的教学智慧和教学问题。运作调研组，把发现的问题放在不同教师的教学情境中，去发现区域问题的共性；运作研究组，进行问题聚集，能够在广阔的观察背景下，逐渐缩小观察的视角，把精力聚焦到某一点上，使之成为教研的课题。

(3) 侧重践行，分解主题：化整为零，逐步推进。运作调研线，把问题提炼成一个完整的课题，再把课题分解成一系列的主题，然后根据课题的轻重缓急和目前的需要，论证其可行性，把既重要又紧迫、可行的主题先挑选出来进行专题研究，形成解决方案，最后运作培训系统，进行培训和推广。

3. 运作专业培训线，推广好方案

培训是理论与实践的桥梁，运作专业培训线可以把良好的、可践行的解决共性问题的方案推广开来，直接改变教师的理念，提高教师的课堂实践能力。值得注意的是，对培训师需进行“共荣”理念的教育，让他们自愿地把最新、最好的成果加以推广，这不但有助于培训效度的提高，而且培训师本身也会产生一种精神感召。

运作专业培训线可从以下三个方面进行。

(1) 区域专题培训。通过全员教研活动，开展专题培训，让教师认识、认同共性问题的解决方案，并进行操作演练。

(2) 入校教研组专业培训。对全员培训的效果进行有针对性的跟踪，一般来说，应针对培训中接受得最好的教研组及对培训理解不太到位的教研组。前者以期快速定型形成规模效应，使培训的效果得以巩固提高；后者以期进行理念突破，改变教学思路，培训的方式是降低难度，寻找突破口。

(3) 入校个人专训。入校专训主要针对教研组里的三类人进行，才能取得预期的效果。一是快速提高的人，帮助他们马上掌握全员培训及入校专训的内容，使其和那些掌握得较好的人形成领先团队；二是处于破冰阶段的人，其理念正处于转变的紧急关头，给他“临门一脚”，能够快速帮助其走上正轨；三是新教师，他们常被形容为“白纸”，对他们进行培训，可让他们一开始就走对、走稳、走好。

4. 运作专业管理执行线，把教育创造性落到实处

(1) 打破科层壁垒，实现校内开放，提高学校创造力。由于科层制设置，学校的教师往往受到多层的管理。由学校到教师个体，往往要经历学校、教导处、教研组、备课组、教师个体五级管理。如果再加上区域教育局、区业务管理部门就达到了七层，是一种非扁平化管理体制，会使人受到抑制。这种管理主要又是以行政手段为主，以业绩为衡量标准，使得“同行是冤家”的现象比比皆是。各校之间、各位学科教师之间往往竞争大于合作。虽然不少教师具有务实、淡泊名利的品质，但在多层管理之下容易形成“不求无功，但求无过”的心理以及“不求第一，不落最后”的诉求，降低了对专业的追求，也降低了自我效能感。而通过管理执行线的运作，共同体经常举办主题赛课、同课异构、片区交流，以备课组或教研组为评价对象，帮助教师树立共同的目标，从而调动从学校到教师个体的积极性，进行通力合作。通过合作，各科层之间的目标一致了，交流频繁了，对不同科层的职能任务的认识透彻了。同时，在共同的活动中，大家互动的次数更多，互动的程度更深，这就有效地打破了由于科层设置而造成的人际隔阂，密切了个体间的情感，使不同的科层实现了一定程度的开放。对于同一教研组和备课组，其效果更是显而易见的。更重要的是，共同体的专题培训，通过教研员（或中心组）—教研组（或备课组）—教师

三个层次直接落实到课堂上，大大减少了在执行过程中的失真，使共同体的研究成果直接转化成课堂的生产力。

（2）打破校际壁垒，实现区域开放，提高区域创造力。通过共同体的专题研究，实现资源共享，提升了学校校本研训的境界。通过共同体进行调研，提炼教学难题和问题，归纳出有价值的课题，然后将课题分解成各个专题进行研究，共享研究成果，这无疑大大提高了学校的研训水平。试卷命制、学案编写、校本作业研究是教师必备的技能，但若仅靠一人一校之力，往往难以达到较高水平。通过专题研究和培训，教师对这些教学上难以掌握的内容就有了较深的认识，提高了相应的专业水平；通过区域示范课和公开教学（一般是校际同课异构），对课堂教学进行研究，解决授课难题，提高了学校的课例研究水平。校际同课异构往往凝聚了各校的力量，交流中的碰撞与交锋往往会触及课的本质，引导教师去关注教学本身，从而得出较为一致的认识，这就打破了校际之间的界限，实现了智慧的融合；通过区域协作，编写相关的区本材料，实现资源共享，加深教师对课程的理解；通过中心组的协调和精心安排，各校发挥自己的长处，按章节编写课程资料，如学案资料、习题材料等，实现了资源共享。同时，由于分工机制的形成，节省了大量的研究时间，使教师能在自己的专业上深耕细挖，把研究推进到一个较高的水平。

（3）打破年龄壁垒，实现全员开放，最大限度地激活区域创造力。不同年龄的教师有着各自的优势和劣势。有研究表明，教师在不同发展阶段具有不同的专业表现水平、需求、心态、信念等。在共同体的实践中发现，年轻教师的优势往往是能够与学生打成一片，教学富有激情，多媒体运用熟练，能把最新的科技成果运用到学科教学中，但课堂驾驭能力较弱，容易被突发事件打断教学思路或被学生的思路牵着走。中年教师专业能力强，精力充沛，又有着丰富的经验，教学逻辑清楚，引导生成能力较强，受到学生、家长和学校领导的尊重，但有时会过分自信，较为强势，也会引起部分学生的逆反心理。资深教师经验丰富，能够很好地把握教学进程，教学目标意识感强，但缺乏热情，不善于使用现代化媒体辅助教学，不太注重实验，对学生不良的行为管理往往诉诸苦口婆心的劝说。

专业管理执行线将教师按年龄段划分为年轻教师、中年教师和资深教师。对同一问题，让他们分别进行行动研究，总结出不同的方案，再创造条件推动三者交流，这样他们往往能够充分阐述自己对教学的思考，展示教学过程，分享教学经验，从而实现各年龄段的智慧融合。

5. 运作专业反馈线，进行实时监控

没有信息反馈的系统一定是个“死”的系统，其内部能量无法流通与增长，因而没有可持续发展的可能性。将共同体放在全开放的反馈环境中运作是区域规范性教研共同体的创新之处。一般来说，通过以下多种反馈通道的建立可实现全开放的反馈。

（1）主题研讨会。依托区教研活动，可每个月举办一次。学校教务处、教研室、教研组和备课组有机配合，有针对性地进行沟通，了解学习、研究和落实的进展，在总体上把握共同体的发展方向和进展情况，有针对性地进行调整和矫正。这条渠道的专业性最强。

（2）教研员日常视导。通过月视导、周视导和日视导，及时跟学校、教研组、备课组、教师进行交流互动，了解情况，发现问题。这条渠道的诊断性最佳，能真正发现重要的问题，并能及时解决。

（3）专题读书节。各读书小组把专业阅读的心得体会、最新的学习成果进行展示交流，并对某些专题性的内容进行反思和论辩，从而提高教师的专业读书水平。这条渠道的趣味性最强，可激发和维持个体的专业学习热情。

（4）学科论坛。由几位有实力的活跃分子组成，跟踪、督促教师的学习情况，同时组织一些专题报告。这条渠道的论辩性最强，可引发共同体的头脑风暴，促进智力及文化融合。

（5）QQ 群。及时反映学习动态，及时进行心得、经验交流，保证信息沟通的通畅和资源共享的及时。这条渠道的时效性最强，能够全面、快速地收集相关信息，保证共同体日常运作的正常进行。

通过以上渠道，共同体被放入一个全开放的环境中，能实现及时、快捷、有序、高效的反馈，完成信息流和能量流的沟通。

五、实施评价与管理

区域规范性教研共同体的一个核心任务就是实现区域教育均衡，提高区域学科教育水平。共同体通过教研管理、行为规范和效果评价，促进了区域学科教育效能最大化。

（一）运作管理执行线，进行规范和管理

管理与规范是一个组织运作的基本保证。没有管理，共同体必然沦为一盘散沙；没有规范，共同体便会缺少统一的行为标准。这都会使共同体

沦为低效的团队，对区域专业发展无法起到推动引领的作用。比起传统学习共同体，规范性共同体的一个优势就是它具有一定的管理规范能力，共同体一定要充分发展这种管理规范能力，以逐步推动共同体的发展。

1. 通过管理执行线统一进行管理，保证绝大多数人员参与

统一管理能够使教育研究成果得到最大限度的共享和推广，保证教育的受益面，因此，统一管理要具有一定的强制性。在这里，有两种较好的方式来运作管理执行线。

（1）借助教育行政部门和学校的行政力量进行硬性管理。共同体要把自己的重要专业活动和教育行政部门与学校的活动有机地结合起来，将教育行政部门、学校和共同体的专业活动融为一个整体，或者形成相互嵌入的关系，即要么将共同体的专业活动嵌入教育行政部门或学校的活动中，成为其一部分，要么从宏观的角度进行顶层设计，将教育行政部门或学校的活动纳入共同体的规划中而成为共同体活动的一部分，这样就能借用教育行政部门或学校的行政力量对共同体进行有效管理，再与共同体的愿景价值观配合，能使所有或大多数成员充满激情地参与到专业活动中，从而取得良好的专业学习效果。

（2）利用共同体自身的规范管理力量进行管理。有别于其他的学习共同体，区域规范性教研共同体依托区（县）进修学校，并带有一定的强制性。共同体要规定自己内部的价值愿景、公约与章程，在对成员进行感召、吸引的基础上，对个体提出明确的任务要求和行为标准，主动发挥规范、约束功能。因为公约与章程是共同体每个成员参与制订并一致通过的，体现了每个个体的主体意志，因此对每个个体都具有约束性。共同体如能充分发挥这种约束性，共同体的纪律基础就会得到进一步加强。当然，发挥共同体内部公约、章程的规范作用并不意味着放弃借用教育行政部门和学校硬性规定的力量。恰恰相反，这时共同体更要借助教育行政部门与学校的行政管理力量，积极发挥教育行政部门和学校相关的教学教研部门（如教务处、教研室等）的协作关系，通过考勤制度、请假制度和定时通报制度，保证大部分个体参与到共同体的活动中。

2. 进行愿景认同，密切人际关系，吸引边缘人员参与

不可否认，任何团队都会有一些人跟集体保持着若即若离的关系。这些人有一个共同的特点，就是会想方设法摆脱团队对自己的约束管理，因此硬性的规范在他们身上收效甚微，他们甚至会公然对抗纪律。从心理学

的角度看，这些人往往更需要团队的接纳与温暖，他们表面上无所畏惧，其实内心渴望别人的尊重。对待这种人，不能靠硬性的纪律规范，而应通过情感感召，使他们融入团队中。这时，共同体要通过提炼共同教育价值观、建立共同愿景，特别是建立起密切的人际关系，使得整个共同体内部充满奋发进取的精神、宽容温馨与和谐友善的团队氛围，对他们产生一种情感的召唤。同时要具有足够的耐心，一次次地感召他们，一次次地宽容他们，促使他们加入共同体中。

3. 运作读书会，增强小组认同感，吸纳顽固分子

团队中往往会出现“独行客”，流离在集体之外。如果他们对团队抱有敌意，将会严重危害共同体的发展，因此，要想方设法将他们纳入共同体中。一个较好的办法就是通过读书会这种小团队的活动来激发、吸引他们。为什么读书会可以完成这一艰巨的任务？因为读书会是根据完全自愿的原则组织起来的，在读书会里一定有合得来的人。读书会只要以此为契机，让那些“顽固分子”从其认可的人开始，逐步扩大其专业交往面，就能慢慢将其带入小组活动中。当然，为了完成这个任务，读书会要不断提高小组成员的共识，密切人与人之间的情感关系，进一步增强小组的认同感和向心力，给人以温暖的感觉，就能够融化坚冰，让他们成为共同体的一员。实践证明，这是行之有效的做法，但不能操之过急。

（二）培养共生管理文化，增强共同体的凝聚力

1. 通过管理执行线，形成约束性文化

约束性文化是共同体的文化基础，也是共同体高效运作的根本。即通过制度约束，督促、推动教师进行共同体的专业学习活动。主要有签到制度、请假制度、通报制度、抽查制度。签到制度实行双签制，即签到与签离；请假制度实行双轨制，提前请假或事后请假；通报制度，即对一些较为严重的违反规定的行为进行通报，一是通报到学校，二是通报到 QQ 群；抽查制度，即不定期检查教师的研究学习成果。

2. 通过读书会，形成凝聚性文化

凝聚性文化是共同体稳定和发展的另一块基石，包括向心力和内部团结两层意思。共同体的凝聚力与共同体成员的稳定性、共同价值观的先进性、共同愿景的现实性、内部人际吸引及系统整体合力有关。共同体通过满足个体的个性化需求来增强目标认同感，通过加强共同体内部文化融合

来提高个体间的融洽度，通过增强各管理系统的亲和力来形成凝聚核心，通过深入的、经常性的互动来增进个体间的情谊，最后通过“假想敌”（如前有“标兵”，后有“追兵”）的设置来提升危机感等方法来增强共同体的凝聚力，从而形成凝聚性文化。

3. 通过评价线，形成激励性文化

激励性文化是共同体前进的主要动力，即通过多元化榜样群的设置和竞争性激励来推动共同体成员的发展。所谓的多元化榜样群，如可以通过表扬遵守纪律来完成对规范的激励，通过表扬大度来完成对宽容的激励，通过对研究水平的表扬来完成研究的推进等。所谓的竞争性激励，是指通过任务竞争的方式，激发个体的进取欲望，使个体产生一种向上的力量和冲动。俗话说“遣将不如激将”，就是指利用竞争来完成对个体的激励。

（三）通过多元评价，树立榜样群，产生智慧群体

通过多元评价，树立榜样群，促使共同体实现共性与个性的对接融合，培养具有教学智慧的群体，产生区域学科教学的生命力。

对教师的教育理想和教育信念产生禁锢的最重大、最直接的原因是“唯升学率”的评价指向。在这根巨大的“指挥棒”下，学校对教师的评价机制是单一的：谁教的学生升学率高，谁的教学成绩就好。一个会进行课题研究、会写教学反思但教学成绩不佳的教师，往往得不到领导和同行的尊重。这样的教师无论从长远来看对学生有多么重要的影响，也无法得到家长的认可。这或许是教师感到压抑的原因吧。

而在共同体内有着众多的榜样群，其中常见的榜样有以下几种。

（1）课堂专家：酷爱教学，成绩出众。

（2）课题能手：喜欢研究，善于捕捉、提炼教学问题。

（3）实验高人：对实验有独到的看法，擅长使用实验手段。

（4）思考者：长于独立思考，发现问题。

（5）探索者：善于把观点付诸实践，不断进行行动改良。

（6）阅读者：勤于文本学习。

（7）协调者：长于交际，善于组织。

（8）激励师：善于培训，精于鼓动。

教师只要有一技之长，就会得到共同体的肯定，被树立为榜样，并得到学校的认可，进而使自己的一技之长得到发挥。

共同体这种多元价值的评价体系，使有专长的教师有了用武之地，让

他们认识到自身的价值，提升了自我效能感。从某种意义上来看，正是这种具有个性特色的教育思考和教学实践行为，使学科教学因带上了人的特性而变得鲜明生动，对学生的学习起着巨大的感召作用。

更为重要的是，多元评价让教师看到了各种思考维度、观察维度和研究维度。从不同的视角看，学科教学的表达形式有着巨大的不同，而每种高明的表达都有着相同的教育指向：从学科的理性价值到学科的人文价值的转化。这不仅还原了学科教学的多维性，还使得整个区域学科教学有了一种鲜明的特色和蓬勃的生命力。

第二节　区域规范性教研共同体实现专业提升的基本路径

实践表明，入职后的继续教育往往会出现“针对性不强，培训目标和教师的实际需要还有一定的差距”“培训内容泛化，缺乏系统性”“过程重于效果”“培训方式单一”“培训主办方从观念、投入到实际运作还存在诸多缺失”“教师接受培训和再教育的主动性、急迫性不强”“评价和监控体系还不完善，培训质量监控还没有完全落实”① 等问题，无法取得预期的效果。因为个体入职后的自我学习往往是随机的、碎片化的，很难呈现出系统性，要把专业知识、教学理论及教学策略融为一个整体，形成学科教学实践能力，更是难上加难。如果没有外部力量的推动，个体往往需要经历一个极其艰难、极其漫长的探索过程，才能获得专业水平的显著提高。而这个过程往往超出个体的努力范围，也就是说，个体在此过程中会碰到巨大的困难，需要有坚定的信心和毅力，如果不是对专业有着不懈追求的人就很难做到。

这就要求有一个团队来提供支持，提供对专业意义的深刻建构，提供专业水平系统发展的长期规划，提供一定的目标愿景和心理支持，从而促进、推动、保障个体的专业发展。但必须看到，教师的专业能力有着特殊的实现条件，需要通过课堂的实践、学生的学习转化出来。一个无法驾驭

① 史志谨．关于教师职后继续教育的思考［J］．教师教育论坛，2014，27（1）：48—53.

课堂或教学成绩很差的教师，总会受到各个方面的质疑，哪怕他真的是某个方面的权威。

这就对共同体提出了实质性的要求。对于教师专业发展的实现，共同体要考查的指标是教师的课堂实践能力：教师的课堂教学能力是否提高了？教师的课堂组织能力是否提高了？教师的课堂效益是否提高了？学生在课堂上是否获得了成长？学生的思想观念、情感态度价值观是否形成了？学生的知识、思维、学科素养是否发展了？归结成一句话就是，教师的教学质量、学生的学业水平是否提高了？这是区域规范性教研共同体的出发点和落脚点。

因此，为使共同体实现专业提升，我们提出了“8 环 1 链”的基本路径。

一、8 环：八个专业实践的基本环节

从专业学习入手到课堂实践能力比赛，共同体通过八个环节的专业学习、转化、实践、提升，打造一条完整的实践链，构成一个完整的专业能力提高系统，能快速有效地提高个体的专业实践水平，达成目标。这八个环节便是学、思、观、研、训、用、跟、赛。

（一）学

学，即学习，指共同体通过个体自学、同伴助学和共同体研学，提高各方面的知识和技能。

这里的学习主要指主题学习。学习是共同体提高专业水平的起点。没有主题学习，就没有专业的快速提高。因此，主题学习是共同体互动的重要组成部分。很显然，这里的主题具有较强的指向性，即针对本实践链要提高的某一项专业技能或专业能力。

1. 个体自学：自我挑战，提高理解的深刻性

共同体将主题分解成一系列专题，并将相关的读书材料分发给个体，个体再通过独立学习来解决共同体所提出的问题。在这里需要注意两点：其一，自学的独立性。通过自学使个体获得独立的观点——独特的视域，为小组互动打下基础。其二，自学的深入性。个体的水平有强有弱，对专业的理解有高有低，很难完全一致。但就个体而言，这是一场自己跟自己的战争，个体必须对自己发起挑战，要凭借自己的实力对主题进行深入的解读。这一点至关重要，否则共同体的互动将流于肤浅。

2. 小组助学：小组互动，提高共识的达成度

通过小组的对话、讨论、脑力激荡，围绕个体的成果在组内进行充分的交流、研讨，进一步明确专业意义，取得一定的专业共识，并确立小组的基本观点。小组助学是共同体研学的重要一步，通过小组助学，基本完成了专业的视域融合。

3. 系统研学：共同体整合，形成最终专业意义

（1）小组展示。让小组在共同体中充分阐释对主题的专业理解及研究进展情况，包括研究成果、碰到的问题及下一步的研究方向。

（2）主题辨问。通过追问、反问、审问、辨问，针对主题，特别是有疑义的部分进行进一步的探究，使各小组的观点得到进一步的确认、澄清，推动小组的再反思。

（3）寻求共识。本着求同存异的原则，对各小组的观点进行梳理、辨析和整合，保留其相近的部分，作为共识继续研讨；保留不同的观点，作为下一步研究的问题。

（4）整合成果。将注意力放在所取得的共识上，进一步对共识展开研讨，使其向三个方面发展，继而形成成果。一是推动其向深处发展，直至与学科基本假设挂钩——这部分往往与学科思想方法和学科发展史关系密切，能够推动个体对专业本质意义的掌握，使个体对专业产生深入的理解。二是推动其往高处发展，以共识为基本内核，尽量打开视野——这种做法往往会引起连环互动，把看似不同的观点都卷入进来，使本来不同的观点都找到了适当的位置，可能形成一定的体系，进而推动共识的进一步形成。三是密切其跟课堂实践的联系，这一点也是最重要的。将所取得的共识与教学实际联系起来，将其分解成能够在课堂上直接应用的部分。即将专业知识转化成某一实践方案，树立目标，确定情境，勾勒线索，充实细节，使其成为指导学生学习的教学情境或教学活动。

（二）思

思，即反思，包含学习反思和教学反思，这里主要指个体通过教学反思，提高自己的教学水平。

叶澜教授曾经指出，一个教师写三年教学反思，便可成为名师。可见反思对学习和教学具有重要的作用。

1. 学习反思

学习反思是指对自己学过的知识和技能展开反思，以确定其实质意

义。对教师而言，这是前提，它能保证专业理解的正确性、规范性和深入性。教师要注意把学习与自己的教学实践结合起来，不断地进行对比，提高对专业技能的理解能力。

2. 教学反思

教学反思是教学中一项至关重要的工作。教学反思能够调整教师的教学思路，发展教师的教学技能，形成教师的教学风格，促进教师教学智慧的产生。教学反思可分为以下几种类型。

（1）按时间分：课前反思、课中反思、课后反思。

① 课前反思。即在上课之前对已形成的教学方案可能取得的效果进行评判。主要分为三个方面：一是对教学目标、内容、策略、重难点的重新评估；二是对可行性进行预判；三是对可能取得取教学效果进行评估，这也是最重要的方面。课前评估还属于备课阶段，是未展开教学的一种预见性行为。实际上，它属于教学智慧的一种，在教学中很少有教师能够自觉形成这种能力，因而造成教师上课心中无数，课中无法及时调整，课外不能迅速跟踪，大大影响了教学的效益。

对于有针对性的教学技能的改变，个体要把新的教学方案与原来的教学方案进行对比，围绕课堂的目标达成度进一步判断两者的优劣，并做好标注。这一步关系到后续的判断，遗憾的是很少有人真正做到。

② 课中反思。即对正在进行的教学行为展开评判，判断其适宜性，并决定该行动是否继续保持或进行调整。它首先要求教师对自己的行为有准确的认知，其次要对此认知做出价值判断。课中反思是教学监控的重要部分，它要求教师在复杂多变的课堂情境中做出即时的判断，并对课堂教学做出必要的调整，以保证取得最好的效果。具有良好课中反思能力的教师能够很好地驾驭课堂，这里不是指课堂纪律的组织，而是指知识的激发、转化和推进，能让课堂由无序到有序，让认知从肤浅到深入，让能力由低级到高级发展。而不具备此能力的教师则往往要么不顾学生的学习进度，凭着自己的感觉走，要么被少数学生牵着鼻子走，而忽视了课堂的主体；更糟糕的是，发现不了班级无效的动态，控制不住班级纪律，让班级陷于混乱之中。

同样，要引进新的教学方法和技能，课中反思尤为重要。因为个体往往会不自觉地按照原来的教学惯性前进，哪怕教学方案已经完全改变，但教学行为还会走老路，因此，个体要特别留意避免“穿新鞋走老路”的现象发生，但也不要有心理负担，只要认真记录出现问题的环节，就能清楚地看到问题所在。

③ 课后反思。即在课后对教学的优劣成败进行反思，实际上这是针对教学达成度的一种小结性的评判，是被教师采用得最多的一种教学反思方式。值得提醒的是，要针对学习前后的教学方案展开课外反思，即要注意罗列出两种方案的对比结果——用新方案所取得的效果与用旧方案所取得的效果，对此进行逐一对比，并做出归因分析。

（2）按层次分：内容反思、技术反思、信念反思。

① 内容反思。即对教学内容，包括确定的教学目标、传授的知识点、课堂采用的活动方案、课堂练习、课后作业进行反思。内容反思的显著特点是专业性，即教学内容是否符合专业思想方法、课程标准、学科规范等。这种反思由于有固定的参照，因此比较容易展开。反思的结果也比较容易形成成果，并迁移到下一次的教学中。内容反思是共同体反思的基本组成部分，它能保证区域专业知识教学的专业性、正确性和规范性，是每个教师的必修课。

② 技术反思。即对诸如教法、学法、教材处理、媒体资源的使用、教与学互动的方式等展开反思。实际上，这是对课堂教学策略的反思。反思的对象不是内容，而是内容的运用，因此，可将其纳入实践反思的范畴中。常言道，“教学有法，教无定法，贵在得法”，技术反思正是对“法”进行反思。技术反思直接关系到个体的教学水平，也直接影响到区域学科教育的整体水平。它与内容反思不同。教师对专业知识的内容反思往往有着较为一致的看法，特别是对学科知识的解读，往往在一定层次上达成不变的区域共识，相对固定。但以教学策略为内容的技术反思，不但跟个体的专业水平、教学个性、教学价值观有关，还跟区域的教育评价方式、区域教育条件及区域生源的构成有着直接的关系，难以形成一种统一的教学模式或方法，而且一直处于动态调整中——哪怕是针对某一个人也要随着区域教学形势的改变而改变，这在城镇化的进程中、高速发展的互联网时代下尤为明显。因此，共同体提倡教师要时刻展开技术反思，其意义不言而喻。

③ 信念反思。即对学科的教育目的、意义展开反思。这是反思的高级阶段。信念反思涉及教育主流价值观，反思的内容是教育本质、教育目的、教育意义及基本教育理念。从学科来讲，它还涉及课程标准的设置，因此是最为本质的反思。信念反思会推动教师对教育本质不断思考及教育

本质在现实生活中的呈现形式——教育模式更加合理，因此会推动教育、课程或教学的变革。所有教学成果都是在某一教育理念的指导下取得的，所有的教学突破都是教育理念的突破。引导这种信念反思，是共同体最终要完成的任务。

（3）按规模分：个体反思、集体反思。

① 个体反思。这是反思的主体部分。个体反思由个体在日常的教学中独自展开，不受时间、地点、主题的限制，因此具有开放性和灵活性等优点。个体反思的不足是思维单一，难以发散和深入，反思的深度和广度都不够。特别是对新技能的反思往往难以达到相关的要求，因此必须和集体反思配合使用。

② 集体反思。在共同体中还存着与个体反思不一样的反思方式——集体反思。常见的集体反思分为两种：备课组主题反思、区域年级反思。

所谓备课组主题反思，是指备课组成员针对某一个主题各自反思，然后进行交流。比如，上完同一节课，对某一教学难点，每位教师都谈谈自己的处理方式及教学成败，进行交流评判，形成一致的看法，并将它运用到同样的一节课上，这便是备课组主题反思。这种反思属于碰面反思，虽然时间短暂，却十分有效，可以马上将其运用到相关的课堂教学中。

所谓区域年级反思，是指召集区域内同一年段的教师对某一主题进行反思交流。区域年级反思一般在区域同课异构之后进行。一般来说，区域内不同学校之间的同课异构会激起学校的专业应激，不仅是授课教师，整个备课组甚至整个教研组都会集体投入课堂教学的设计与完善中。备课组全力以赴投入备课当中，与授课教师一道运用学习成果精心备课，并要求授课教师事先进行试教。在试教后，备课组会展开集体反思，对课堂教学的优劣展开评价，推动课堂教学的改善，通过1～3次的试教，直到取得相对满意的效果为止。这样，在授课之前，便有部分备课组完成了深度的集体反思。在区域公开课之后，组织授课教师、备课组再次进行反思，就形成了二次深度集体反思；而其他备课组则通过观摩后以第三方的角度对课堂教学展开评判，并与授课教师及授课备课组展开面对面的交流。第三方教师根据自己的上课经验，结合上课观摩情况，通过询问、追问、辨问，对课堂教学进行全面诊断。实际上，这又是一次思维碰撞，是区域整个年段（授课年段）的一种集体反思。这样，一次区域年段的集体反思实际上推动了授课者、授课备课组的四次反思（课前、第一次课后、第二次课前、第二次课后）和第三方的两次反思（观摩中对自己课堂教学的反思，观摩后通过互动对授课教师课堂教学的评价反思）。

3. 反思的注意点

通过长期的教学观察和调研可以发现，教师的反思往往停留在思“过”的层面上，即对自己教学的短处和问题比较关注，而对自己教学的优势和长处不太在意。因此，反思往往围绕自己的短板进行，后续的策略也往往停留在问题的改善上，而非对自己优势的提炼上。实际上，这种围绕短板进行的思过式反思价值不大。教师如果能改变反思的方向，及时提炼出自己的经验、特点，将其升华为核心教学能力，才能有效提升教学水平。

实践表明，对于新教师或胜任型教师，使用“三优一缺”反思模式效果尤为明显。

“三优”，即找出三个优点，这三个优点促成了教学目标的达成。这是一种很有价值的做法，有四个方面的好处。首先，它把教学反思放在目标达成这一总体框架中来进行，凸显了教学反思的根本目的，提高了教师的实际教学水平。其次，让个体围绕教学目标的转化和实现来考查自己的教学行为和学生的学习行为，把教师的教与学生的学联结起来，促进了教师从讲专业知识到教学生学专业知识的转变。再次，对于表现良好的教师，要求从众多的优点里只提出三点，使个体对自己教学的优点进行反思、确认和梳理，保证了优点的真实性及归纳性；对于表现不好的教师，让其从自觉无一是处的行为中发现有价值的东西，培养教师自我发现的能力。最后，最重要的是，通过优点的发现，能够寻找到教师的个性特点，发现其天赋、长处，这对教师的潜能发展及创造力开发有着巨大的作用。

“一缺”，即找到一个缺点，这个缺点导致了整节课的效果大打折扣。对于新教师或胜任型教师而言，他们的感觉往往不是那么好，在一节课中会找到一系列的问题。这些问题不仅困扰着他们，而且会对其教学效能感产生负面影响。其实，仔细分析这些问题就会发现，这些问题都是细节性的，不足以影响到全局。这说明这类教师还处在十分感性的层面，没有构建起完整的教学框架，不知道教学的发展走向及良好的教学效果如何获取，因此，不懂得围绕目标的达成对自己的教学行为展开系统的评判。通过“一缺”，有且只有一个缺点的寻找，迫使个体将所有觉察到的问题放在一起，比较、分析、鉴别其对结果损害的严重程度，从中选出那个“害群之马”“罪魁祸首”。对他们来说，这是一个重大的挑战，但正是在这种重大的方向性的判断中，个体把自己的行为与教学目标达成度紧密地结合起来，培养出教学的方向感和对自己教学行为的敏锐感知。实践表明，经过一段时间的反思之后，个体便能克服刚开始的不确定之处，进行正确的自我诊断，准确找出自己最突出的短处并逐步加以改善。

在本系统里，由于个体在运用培训的成果来指导自己的教学，与平常的教学有着一定的距离，要么不熟悉，要么不适应，因而会出现较多的问题，使个体产生自己一无是处的感觉，会打击个体的信心。所以共同体更要用“三优一缺”反思模式进行引导，让教师围绕特定的方向找出自己的三个优点和一个缺点。针对优点，要求个体询问自己：哪三个措施使我能够把新的成果落实下来？这三个措施里的哪一个起到了最重要的作用？哪个措施是我固有的做法，哪个措施是我的新做法？第一个问题保证了反思方向的正确性，使它不偏离原有的方向；第二个追问将三个优点与目标的达成度联系起来，保证了个体能够抓住主要矛盾和矛盾的主要方面；第三个追问试图将新的成果跟个体原来的教学认知对接起来，使个体在原有的基础上将成果内化吸收。针对缺点，要求个体询问自己：哪一种做法导致了新的成果没有落实到位？为什么没有落实到位？同样，第一个问题是方向性问题；第二个问题则是归因问题，可帮助个体进行进一步的判断。

（三）观

观，即教学观摩，主要指共同体开展的教学观摩或课堂教学观察活动。它是共同体有目的、有意识地展开的现场教学学习活动。对于个体和区域专业发展而言，教学观摩与课堂观察是两大利器。前者可以直接提供行为参考，后者可为进一步反思和研究提供证据。

1. 集体观察

（1）教学观摩：研讨课与示范课。运用教学观摩这种形式大面积地进行补偿性教育与新手教师的教育，是一个明智的选择。处于“起步”阶段的教师要掌握基本的教学模式，最佳途径莫过于对榜样的观察学习。因为如何教学是一种程序性知识，掌握程序性知识的最好方法是观察榜样，模仿榜样示范。① 教学观摩可分为研讨课与示范课。研讨课用于探索型课堂，即那些重要而难上的课或某些探讨教学模式的课，其目的是打开思路，开

---

① 赵雪江．教学观摩：教师专业研修方式的变迁［J］．中国教育学刊，2011（5）：61－64．

阔视野，为下一步的研究积累经验。研讨课还可以从另一侧面加以定位，即低于示范课的常态课。当课以常态的形式开设时，能够减轻授课者的心理压力，使其轻装上阵，发挥出应有的水平，因而容易为个体所接受。所以在区域公开教学观摩中，研讨课占有重要的一部分。

对于那些未取得全面共识成果的，共同体往往采取研讨课的方式继续进行研究，以便集思广益，进一步提高共识。在共同体专业培训的初期，这种课会相对多一些。而对于那些已形成共识，个体又有特别好的做法，且其做法能够移植的，便可用示范课加以推广，以期取得区域性的推广。对于一些好的教学模式、教学方法或教学理念，其成果已经得到验证，区域里部分个体实行得较好，却一直难以为他人所接受，也可以用示范课的形式加以推广——让个体充分展示，让人逐步了解其价值、模式及可行性做法，以期获得进一步的认识、理解，并逐步加以推广。

要特别注意的是，这种示范课要注意两个方面：一方面是“范”，即所开的课一定要具有典型性、先进性，具有榜样价值，给人一种明确的参照；另一方面是“示”，所开的课在操作方式上要跟区域的具体情况相吻合，具有指示的可行价值，让人感觉能够在自己的课堂上推广。

需要指出的是，无论是研讨课还是示范课，目的不在课本身，而在课的背后。从某种意义上看，所有的公开课都是研讨的载体。公开课只为课的研讨提供评价的素材，所有对课的评价都会在此课的基础上向上发展。也就是说，最终对课所应取得的效果的认识，是一种对课的理想和期待，总是超过个体所能展开的水平层次。因此必须在研讨中及时指出，不能用这种理想状态来要求教师，这不仅不符合情理，也不符合科学规律。对课的效果的追求可尽量向上开放，但要保留其实用价值。在每节课的研讨后，都需要将其整合成可推广的方案——特别是其中重要的教学策略和成果，形成共享资源，并将其划分成各种运用层次或步骤，便于教师各取所需，自如使用。

(2) 课堂观察：对课的整个过程开展观测和记录。课堂观察是指把研究者直接放入教学现场，让研究者直接面对研究对象和研究内容，因此是研究课堂最直接的途径，在区域教学研究中发挥着重要作用。课堂观察“通过交流，观察者和授课教师建立起了一种和谐、民主的双向互动关系，建立在这种关系基础上的参与主体能在课堂中处于‘自由’状态，去用心看、听、记和思考，教学活动成为一种放松和自由的教学展示，听评课活动也可能成为一种专业的富有美感的‘鉴赏’活动”[①]。实际上，这揭示了共同体课堂观察的特点。课堂观察是较新出现的一种课堂研究技术，专业性较高，过程复杂，操作起来需要团队配合，因此个体进行观察的难度较大。

区域课堂观察一般包括以下几个环节。

一是确定课题，备课，确定观察目的。进行区域课堂观察，是对区域共性问题的诊断，专题性突出，而且往往要求区域内所有学科教师都参与，规模较大，每个学期举办的次数有限。因此，进行区域课堂观察时，一定要突出主题，事先布置任务，一方面确定上课的主题，让授课教师充分准备；另一方面也要将课题提前通知给区域学科教师，要求他们同时进行个体备课和集体备课，以便对课有充分的了解。此外，还要根据区域安排或自己的需要选定观察的主题和角度。

二是选择或编制观察量表。针对观察目的，选择所需的观察量表。一般来说，区域会积累大量的观察量表，足够个体选择。个体也可根据自己的需要编制观察量表。能够根据观察目的自己编制观察量表，是个体课堂研究水平提升的一个重要标志。

三是量表学习及观察点选择。对所选用的量表进行系统的学习，清楚各项指标的明确含义和权重，将它与上课内容结合起来，确定自己具体的观察点。这是一种更准确、细致的选择。

四是观前会。在上课之前召开会议，对课堂观察的目的、任务安排、重难点进行全面分析，让观察个体对观察任务有系统、深入的理解，能够根据这一宏观指向展开课堂观察。同时，对录音、录像等辅助工具的使用也做好交代，使个体能够充分地形成一个观察的整体。此外，还可以让授课教师提出观察的目标，说出两三个自己亟待解决的问题，将其纳入观察目的中。区域组织者对此要有充分的准备，因为课堂观察首先要诊断的就是授课教师的课堂行为，然后才能诊断区域教学的共性问题。

五是预先进入教室，选择观测位置。提前 5 分钟进入上课场所，熟悉课堂环境，确定观察位置。

六是进行教与学的行为观察，采集数据。这是课堂观察的核心部分。观察者根据自己的观察目的，对课堂上教师教的行为和学生学的行为展开观察。在观察过程中，遵循不干扰和善互动原则。不干扰，是指观察者不

---

① 孙洁梅．课堂观察的基础是合作［J］．人民教育，2012（12）：47－48.

得对授课教师的行为有任何干扰。善互动，是指观察者可以参与到学生的学习当中，特别是小组讨论时，观察者甚至可以作为小组中的一员参与讨论。一方面，这样能够更清楚地了解学生的思维动态和知识建构水平；另一方面，也能为学生提供必要的帮助，推动讨论向纵深发展。后者常被人误解，但实际上是非常必要的。教师参与学生的讨论，才能站在学生的立场，以学生的视角进入学习当中，了解学生，特别是那些学习能力不强的学生真正的学习境遇。同时，还能随机地进行分层教学，因为教师面对的只是3～5个人，完全可以针对上课的具体情况对这几个人的学习状态和学习目的进行调整，使他们都得到应有的发展。实际上，正是因为在日常生活中教师很少作为学习的一员参与到学生的小组学习中，而无法掌握第一手的学习动态，所以在大多数情况下，教师往往凭着自己的经验和课堂中较为明显的现象进行判断，而真正的学习困境是潜在的、不明显的、不容易表现出来的。这就造成了教师往往抓不住教学的“痒点”，成为一个旁观的指导者，无法真正激发学生真正的学习热情。

采集数据是指对课堂观察到的现象进行记录，包括记下自己在观察过程中突然产生的灵感（这很可能是观察者创造力的表现），并做出初步判断。课堂教学情况复杂多变，教学现象层出不穷，教学方案也在不断调整。观察者要跟上课的节奏，并做好记录，实际上有一定的难度，特别是对于那些初学观察的人。因此，观察时要抓住核心、关键进行记录，即记录下那些逻辑线索、核心问题和重要的教学细节，而放弃那些非重要的部分，这样才能保证观察不偏离主题、不偏离主线。

七是个体数据分析。个体数据分析可分成两部分：一部分在课堂上进行。对于那些特别明显的且能够引起个体即时判断的现象，可直接记录下来。虽然这是初步判断，但往往与教学的敏感性有关，价值较大。一部分在课后进行。观察者对收集上来的观察数据进行梳理、分析，再做出判断。数据分析为研究课堂提供了课的真实性（有依据）、逻辑性（有前后关联的记录）、系统性（对整节课进行分析）的资料信息，使对课堂的观察从依靠经验上升到了专业研究层面。

八是观后会，会诊。上课后，召集教师进行研讨，其流程是这样的：第一步，授课教师反思。授课教师对自己的教学意图、备课过程、课堂的落实情况进行系统的说明，对整节课的目标达成度做判断。第二步，备课组做备课说明。针对授课情况，备课组对教师的备课情况做详细说明，特别是上课背景，如生源情况、教学进度、总体安排、学校条件等。第三步，观察小组互动。因为同一个观察点往往由几个人同时观察，观察小组先进行组内互动，可初步对所观察的问题做出会诊。第四步，共同体会诊。根据观察目的，各观察小组展示自己的观察结果，提供充分的观察数据，并在此基础上充分阐述自己的观点，对教学目标的达成度进行评判，对教师的教学行为进行分析，指出其亮点以便提高，指出其存在的不足并提出针对性意见，以期得到改善。

九是形成课例。课例研究是对教和学有着重要影响的一个研究领域。它以课为载体，对教学实践中的问题展开的合作性研究，经历了"疑问—规划—行动—观察—反思和重新规划"的循环过程。① 授课者的问题很难通过一次会诊就被调整过来，还需要个体不断地进行体悟纠偏，最后解决问题。这里的问题是，这种体悟纠偏需要一个固定的参照，让个体有针对性地进行比对，最好的方式是共同体对个体相似的课型展开连续性的跟踪研究，但这是很难做到的。因此，课例的研制就成为一种重要的手段，发挥着后续的支持作用。

在集体会诊之后，个体根据会诊意见，结合录音、录像及观察者的观察记录，进行课例研制。首先，恢复原貌。根据录音、录像做好课堂实录，将一节课分解成几个板块，再将每个板块分解为教学细节，记录教师的每一句话和每一种教学行为，对学生对应的学习行为和反应情况也做详尽的记录，恢复上课的原貌。其次，对比分析。对比录像和观察者的观察量表，对教师的每一种教学行为进行分析，分析教学动机、教学目的，并与教学方案进行比对，判断是否达到了预期的教学意图。再次，深层归因，即进行原因探究。根据分析结果，参考相关的教育学、心理学、教育哲学等理论，挖掘背后的深层次原因。最后，针对原因，提出改善策略，并重新形成教学方案。

在个体研制课例的基础上，共同体启动研究系统，对个体的课例继续展开研究，将其与区域的具体情况和共性问题结合起来，形成完善的教学方案。这份教学方案要有不同层次的划分和详尽的操作步骤，便于共同体成员选择、参照和操作。

课例研制使共同体的成果得以以物化的形式保存下来，并不断得到积累。同时它承载着一个完整的研究过程和后续类似教学方案的开发任务，

---

① 安桂清．以学为中心的课例研究［J］．教师教育研究，2013，25（2）：72－77.

因此对教学研究具有很高的参考价值。

十是后续跟踪：对授课者进行后续跟踪。授课教师的问题很难通过一次会诊就被调整过来，也很难通过一个完美的课例得到解决，这是一个相对漫长的纠偏过程。因此，需要对个体进行进一步跟踪，帮助授课教师充分落实诊断方案及课例成果，并将其迁移到其日常教学中。一般来说，经过“3211”的跟踪，才能取得较为满意的效果。这里的“3”，指的是时间——三个星期，最少需要经过三个星期的连续跟踪；“2”，指的是设计两种教学方案——对相同类型的课由个体开发出两份教学方案（要求个体根据课例成果设计两份教学方案，这有一定的难度，但是必要的，因为通过两种教学方案的设计才能拓展个体的设计思路，突破个体固有的教学思维）；前一个“1”，指的是经过三个星期不断的比对，最终确定一种教学机制，成为个体较为稳定的教学方法，迁移到各种课型中；后一个“1”，指的是再上一次公开课，如在校内再上一次公开课，展示最新的教学成果，通过教研组的课堂观察和研究，进行完善定型。

这种跟踪活动效果显著，但耗费时间多，往往由教研员发动核心组成员进行，因此需要进行统一部署，应该针对关键性人物展开。同时，应该把跟踪活动跟区域的教学视导有机结合，以提高整个区域的教学效益。

2. 自我观察

根据自己的需要，通过专业观测表，借助音像设备进行观察。

值得注意的是，无论是个体自我观察还是共同体的集体观察，“在学校的课堂上进行教学观察和分析，要进行基于课堂观察数据的理论思考，而不能仅停留于思辨。只有进行实证研究，课堂教学评价研究才能有实质性进展，才能解决实际问题”①。而通过课堂观察，进行“课堂教学评价有效性的检验必须基于课堂观察数据的配合与支持，同时在教学实践中不断地进行实验、修正，才能真正地提高课堂教学质量”②。

（四）研

研，即研究，主要指共同体发现有价值的问题，将其提炼为个体针对

---

① 丁朝蓬，梁国立，Tom L. Sharpe. 我国课堂教学评价研究概况、问题与设想[J]. 教育科学研究，2006（12）：10－14.

② 范铭．课堂教学评价方法新探——《课堂观察记录表》的设计与应用[J]. 上海教育科研，2012（4）：56－59.

性课题和区域共性课题加以研究。

这里对研有着特定的要求，即对某一专题，特别是结合专题学习、专题反思、课堂观察、相对性课例研制中出现的共性问题展开再研究，通过攻坚的形式解决难题，取得阶段性成果，用来对区域学科教师进行培训。也就是说，这里的研究是镶嵌在整个流程中的一环，不具有独立性。这是区域教学研究的一个重要特点。同时，研究所取得的成果要具有以下特点：一是实践侧重性，成果可以上升到理论的高度，但更倾向于是一种可操作的方案，可直接进行迁移使用；二是区域侧重性，即针对本区域的实际，所获得的成果在区域内普遍适用；三是前瞻性，该成果具有较高的目标定位，甚至上升到了一定的理论高度，有一定的超前性，能够用来指导后续的教学工作。

（五）训

训，即培训，指共同体展开培训活动，把最新的教育理念、教学成果传授给每个个体。

1. 专题培训

（1）操作培训。将所取得的成果（包括课例）整合成培训课程，对区域学科教师进行培训。在培训中，不仅要通过最新成果、最新理念来解放教师的思想，更新教师的教学观念，而且要把这些成果与理念分解成可操作的方案，让学科教师能够掌握其运作模式和操作方式。需要指出的是，成果与理念的操作性越强，就越容易受到教师的认可，也就越容易得到推广与运用。同时要注意，这些操作应该是一种框架性的操作，以提供方向性或模式性的引领，不要陷于过分琐碎的细节中。而对于那些难以把握的技能，要反复进行培训演练。

（2）现场实习。有条件的话，可以进行现场实习，通过教师的现场观摩、直接交流，让教师把培训的内容马上运用到实践中。这样不仅有利于教师迅速内化、吸收，还可以进行现场纠偏，使教师不偏离所要求的方向。

（3）现场模拟。使用现场模拟的方式，可以快速内化成果与理念。所谓现场模拟，就是在没有学生的情况下，个体根据课例或操作方案，现场模拟上课的场景，包括现场讲述、现场提问、现场演示等。现场模拟的好处是不受教学条件的严格限制，因为这是个体单方面的教学呈现，可以按照个体的理解，在短时间内将整个教学流程展示出来，使内化具有系统性；不受时间的限制，具有很强的灵活性；可以得到培训者的现场指导和纠正，使得培训的效果大大提升。不同个体的现场模拟，也为最新的成果和理念提供了不同角度的阐释，不仅打开了大家的思路，使大家通过互动进一步理解了最新的成果和理念，而且丰富了成果、理念的内涵，使成果和理念得到进一步的检验和充实，推动了成果与理念的进一步发展。因此，现场模拟不失为一种有效的培训手段，可以在区域内、学校内推广，甚至个体也可以用这种方式进行自我培训。

（4）推动培训共识。开展专题培训时一定要注意展开充分的现场对话，让各方的观点都得到充分的表达和讨论。但一定要推动培训往既定的方向发展，以取得预期的目的。与其他培训不同的是，这里的培训有着很强的指向性和目的性，就是为了确保成果与理念能够得到推广，其推行的价值大于研讨的价值，这是要特别指出的。

2. 交叉培训

将学员分成不同的部分，根据不同的对象进行不同专项的培训，再由学员用所学的内容培训对方。

（六）用

用，即运用，指共同体推动个体将学习培训的成果运用到自己的教学实践中，以融会贯通，真正变成自己的东西。

学习、反思、观摩、研究、培训的目的是为了“用”——将研究成果在区域内进行推广，并在每个个体的教学实践中应用。

1. 区域推进

一是区域统一部署推进任务。一般来说，区域推进的往往是一种课型或教学模式。通过中心组和研究小组的协同合作，产生教学主题，区域将该课型或模式的载体（如导学案等初稿）提供给学校。二是启动五级推进链，通过教研员、中心组、片区组、教研组、备课组推动个体使用培训成果，特别是对提供的材料进行再学习。

2. 学校推进

（1）教研组一备。教研组集中不同的备课组，对学习材料进一步进行学习和研讨，根据学校具体情况对操作的细节进行校本化，形成操作稿——二稿。

（2）备课组二备。备课组继续发挥再培训作用，举行集体备课，对二稿进行进一步的研讨，在备课组内形成相对一致的看法，并在此基础上提出行动建议，让个体获得初步的行动方案——三稿。

(3) 个体三备。个体根据自己的特长和学生的具体情况，展开第三次备课，形成自己的教学方案，将培训成果运用到自己的课堂教学中。

（七）跟

跟，即跟踪，指共同体通过视导等方式跟踪运用的成果，督促个体将培训的成果落实到自己的教学里。没有后续跟踪，培训往往会无疾而终。因此，要想获得良好的培训效果，就要强化绩效评估，加强后续跟踪与指导。在培训一开始就要提出培训绩效考核目标，在培训结束后要提出后续跟踪要求，使培训既能“落地生根”，又能“开花结果”。

1. 区域直接督促

根据专题开展的需要，教研员组织骨干教师进行视导或专项检查。通过进入课堂视导或组织骨干教师开展专项检查，对课堂教学进行主题诊断，检查各学校教师的落实情况，纠正执行中的偏差，对学校进行有针对性的再培训，并为学校提供更多的资源，及时帮助学校将培训的成果落实到各教师的课堂教学中。

2. 调动学校督促

共同体通过加强五级推进链的管理，增强教研组组长和备课组组长的管理、引领和督促意识，促进备课组和教研组发挥督促功能，督促个体不断地进行落实。其中，对教研组组长和骨干教师的培养极为重要。教研组组长要敢于管理，善于管理，能及时督促教师落实新成果、新理念；骨干教师要能够深入理解培训要义，熟练掌握相关的操作技能，为大家做好示范。同时，教研组或备课组还必须不断收集好的做法，在组内交流研讨，以营造良好的落实氛围，保障良好的推进势头。

3. 及时收集反馈

在这里，开放式的反馈是极其重要的。

(1) 学校日常反馈。通过备课组和教研组进行信息反馈，这是主渠道，因为这样的反馈具有普遍性和针对性，能够根据学校的情况和实施中碰到的问题进行反馈。这种反馈具有一定的系统性，还具有一定的共性价值。因此，共同体要引导教研组或备课组有意识地收集一些不同的声音，甚至是反面的意见——只要不是出于故意的为反对而反对——这些观点往往会提供另外的观察视角，让大家能够更全面地看待问题，这样就保证了成果及理念的开放性，为其进一步发展保留了空间。

（2）专题研讨反馈。实行一段时间后，召开反馈会，进行研讨，让各学校针对落实的情况提出反馈。这种反馈虽然有一定的滞后性，却是一种针对问题的研究式反馈。它能深入问题的背后，揭示问题产生的机理，因此能够达到一定的研究高度，对一个阶段的行动具有指导意义。

（3）读书小组研读反馈。共同体还可以通过读书小组的专题研读活动给个体营造更为宽松的反馈氛围，促进个体把真实的想法和困难反馈出来，以减轻个体的压力，解决个体的困惑，并在轻松的氛围内将研究推向深入。这种反馈是共同体有别于其他学习型组织的优越之处，因为个体在反馈时不再是五级执行链的执行终端，而是一个平等的个体。

（八）赛

赛，即比赛，指共同体通过针对性的比赛，形成一种氛围，对培训的结果进行深入的研讨、运用和再反思。

通过专题赛课来进行成果交流，以进一步促进成果的推广和转化。赛课活动不是孤立存在的，而是包括赛前的备课、试教，赛中的交流、评议，赛后的总结、反思。这是一个自我发现和相互发现的过程。发现的内容包括文本解读能力、课堂设计能力、教学实施能力等。赛前研磨、赛中观察、赛后评议对促进教师的专业发展非常重要。而全员赛课作为一种重要的校本教研形式，正被越来越多的学校所采用。

区域比赛涉及方方面面，全员比赛的难度很大，往往采取学校选拔、区域比赛的形式进行。每学期或每学年举办一次是较为合适的频率。

二、1链：一条专业实践链

这条实践链是专业知识经验习得—专业实践能力转化—专业实践模式纠偏—专业能力提升强化。

（一）专业知识经验习得

专业知识经验习得：学—思—观。学、思、观为一个层面，专业知识经验习得以独立获取知识、经验和主动内化别人的先进做法为主，主要分为专业知识习得和专业经验习得。

1. 专业知识习得

这里的专业知识指的是广义的专业知识，包含学科本体性知识（如专业原理、概念等)、技能性知识（如物理的实验知识、语文的写作知识、数学的解题策略知识等)、条件性知识（如心理学原则、教育学规律等)、策略性知识（如教学策略、媒体资源、信息技术运用等)、指导性知识(如教育哲学、教学信念等)、学生性知识（如生源背景、学业水平、学习类型等)，此外还包含课程性知识及课程性质、内容和策略等。

在这些知识中，本体性知识和技能性知识最容易受到教师的重视，这两方面知识较丰富的教师往往会得到广泛的认可，因此教师愿意在这两方面上下功夫。策略性知识特别是信息技术辅助教学得到越来越多年轻教师的喜爱，基于信息技术的教学将会成为主流，应推动老教师逐步跟上时代的潮流。条件性知识比较少有人关注，如教育学的基本原理、教学的基本法则、心理学的基本规律等，而这些知识在课堂实践中，特别是对课堂目标设置、课堂活动组织和教学互动设计有着直接的影响。因此，共同体要特别组织个体进行这几方面的学习，以开启教师的智慧之门。

2. 专业经验习得

专业经验习得包括两个方面：一是通过反思，提取自己的经验；二是结合教学观摩展开反思，学习他人的经验。

(1) 习得自己的经验。向自己学习是一条行之有效的提升路径，但哪些方面是值得保留下来并加以提炼、充实和完善的呢？从行为到经验往往要经过三个阶段。一是确认行为的优秀效果。行之有效的行为容易引起个体的注意而得到提取，但这种提取行为往往是源于下意识，个体会主动地意识到自己行为的效益，但不会主动地记录下来。这时就需要共同体及时加以引导，使个体形成随时记录的习惯，不让优秀的实践行为流失。二是进行行为归因，探寻该行为背后的形成机制：为什么会出现这种行为？是必然的还是偶然的？具有普遍性还是特殊性？能否加以复制和迁移？复制和迁移需要什么条件？三是提取典型行为或做法，进行推广，将其运用到其他的教育情境或教学实践中去。

这里的问题是，有的教师的行为是极其优秀的，而效果却需要很长时间才能够产生，在短时间内无法呈现。那么如何判断一种行为是不是优秀的行为呢？这就需要结合两方面展开反思：一是结合专业知识展开反思，二是结合教学观摩展开反思。前者是通过将自己的教学行为与公认的标准进行对比，从而获得较为准确的评价——可称之为“学教科书的样”；后者是将自己的教学行为与他人优秀的教学行为进行对比，从而获得较为准确的评价——可称之为“有样学样”。无论是公认的标准还是他人优秀的教学行为，都是一种行为的参照，与自己的行为进行分析、比较，可以获得准确的判断。

（2）习得他人的经验。在专业实践中，“拿来主义”有时不失为一种捷径。特别是在同一个区域内，教育环境具有很强的共性，教学情境、教学实践具有许多相同或相似之处。在相似的教育背景下，别人的经验很容易转化成自己的实践行为。习得他人的经验要经过三个阶段。一是经验鉴别和做法习得。确认该做法具有明显的教学效果且值得自己学习借鉴，详细询问对方的做法要点、操作步骤、前提条件、操作起来可能碰到的难题、操作的阶段性成果及可能变化之处。二是归因探寻。询问对方为什么要这样做，这种做法最初是如何发起的，如何成型的。探寻背后的教育理念和实践假设，可揭开成功经验的形成机制，掌握其基本规律，让个体快速地将他人的经验运用到自己的教学实践中。三是应用改造。个体习得他人的经验后，将其嫁接到自己的教学思考中，在不同的情境中使用、践行并检验效果。开始时，个体要注意新行为的正面影响，到了一定的熟悉程度，可对行为的优劣两方面展开评估，根据自己的教学需要、个性特点和具体教学情况做出相应的修正。一旦完成了这一步，就意味着对他人的经验改造已经完成。

因此，学、思、观实际上是一个“专业信息输入—对比建构—定位内化”的过程，是专业成长的起点。在此过程中，区域规范性教研共同体能起到专业规划、专业反思推动、专业观摩组织的作用，能对专业知识的学习进行整体布局，对学习反思、教学反思的能力进行培训，并组织有效的教学观摩、课堂观察活动，促进专业经验的观测、提取和习得。

（二）专业实践能力转化

专业实践能力转化：研—训。研、训为一个层面，主要通过共同体研究，获取区域成果并对个体展开培训，以专业能力的转化为培训目的。这是共同体建立的最主要诱因：整合一个区域的教育智慧，突破专业难题。

1. 研：专业问题研究

共同体通过运作调研系统，集中区域内最顶尖的研究人才，攻克专业难题。某些时候，一个专业难题会成为一个区域学科发展的瓶颈，如一个难以突破的教学难点、学习动机问题、课堂分层问题、校本作业问题、资源库建设问题，靠个体和学校的力量往往无法解决，这就需要共同体运作调研系统，举区域之力展开研究。

2. 训：专业实践能力的转化

专业实践能力的转化通常有三种情况：教育理念向教学模式转化、教育理论向教学方法转化、专业知识向实践行为转化。

（1）教育理念向教学模式转化。主要是指将先进的教育理念转化成可操作的教学模式。这种转变往往具有超前性，在教学信念、教学实践上都会超过大多数教师的教学惯常。这是一种巨大的转变，需要个体做出大幅度的调整，需要外部提供强有力的保障措施，需要克服巨大的困难，需要付出很多的努力和时间，难度较大。但一旦转化成功，则效果显著，具有区域突破性意义，因此在条件具备的情况下值得尝试。

（2）教育理论向教学方法转化。主要是指将教育理论转化成指导方法，是值得推广的一种转变方法。教师之所以会忽视对理论的学习，是因为在教学过程中，理论很难与实际的教学行为联系起来，很少发生常说的“理论指导实践”的现象。

为什么会产生“说起理论头头是道，实践起来寸步难行”的现象呢？是因为理论与实践之间存在着巨大的鸿沟，而鸿沟的两岸缺乏联结的桥梁。其实这一联结的桥梁便是方法。如果没有把理论转化成指导实践的方法，再把它转化成实际的操作方案，理论与实践自然也就互不相干了。

因此，区域教研的一个重要任务，就是通过培训把教育理论转化成教学方法、教学策略，再引导教师将其转化成具体的教学实践方案。教育理论转化为教学方法越彻底，越具有指导性；教学方法转化成操作行为越准确、越具体，转化的行为便越成功。在个体教学中，很少有教师能够完成这种从理论到实践的转化，因此，需要共同体从区域的角度加以培训，提高教师转化的能力。

（3）专业知识向实践行为转化。主要是指将某种专业知识转化成一种教学行为，这是比较常见的提升方式。比如，因为使用动画的效果比图片更好，所以教师在教学中往往会更倾向于选择前者。相对来说，将单一专业知识转化成专业实践比较容易，但这种转化具有碎片性，难以整合为一个有效的系统。如同有一大堆建筑材料，没有建成房屋，哪怕质量再好，也无法发挥其应有的价值。教师的专业知识转化往往处于这种非系统的不良结构中，使积累的价值大打折扣。因此，共同体要有意识地进行引导，化整为零，先进行系统的顶层设计，再将它分解成不同专题，直到具体的知识点，再让个体进行转化。这样，有了系统性的保障，个体的知识就容易被嵌入整个转化体系中，成为体系中的有机部分，而且个体容易分析出自己专业知识的缺陷，为个体的发展、共同体的援助提供了明确的方向。

当然，共同体的区域研训代替不了教研组、备课组的集体研训，也代替不了个体的独立研究和学习。正是区域、学校、个体各个层面的研训的有机结合，形成了一个巨大的专业能力转化场，推动着个体的专业知识向专业实践能力实现有效的转化。

总之，共同体区域的“研”主要用于区域共性问题、较难的专业发展问题，具有顶层设计和区域带动的显著特征，特别是在破解共性专业问题上，能够发挥牵一发而动全身的作用。因此，研不在于多，而在于精。抓到共同的“痛点”，展开研究，是行之有效的策略。共同体区域的“训”，是教师专业成长最重要的转化途径，要将其放在具有显著成效的教学成果的推广上。

（三）专业实践模式纠偏

专业实践纠偏：用一跟。用、跟为一个层面，专业实践能力纠偏通过五级推进链，将培训成果落实到课堂上，以个体教师落实专业培训成果的课堂实践及纠偏为主。

1. 用

将习得的知识经验和培训后内化的行为方式，在具体的教学中运用。运用的过程分为三个阶段：入法、得法、出法。入法指的是个体习得了专业知识和先进经验的内涵，能够比较准确地把握知识经验的主要要素和专业实践的模式，没有出现方向性的偏差，能够在日常的教学情境中按部就班地进行实践，没有太大的走样。拿书法学习来说，这相当于习得基本笔法和基本结构。得法指的是能够领悟专业知识经验的精华和实践模式形成的内在机理，熟练掌握不同实践模式的场景和实施方案流程，即能够恰当地把专业知识经验、行为模式迁移到不同的教学情境中灵活运用，而非依样画葫芦。拿书法学习来说，这相当于掌握了笔法和章法。出法指的是完全掌握了专业知识经验、行为模式的本质，并能够进行创造性的发挥。在这个阶段，个体能够对专业知识经验进行创造性的阐释，从而形成自己独特的专业视域；对专业实践模式能够进行自由的拆解、分离和重新拼接，从而形成富有个性特色的新行为模式。拿书法学习来说，这相当于自创一体，形成自己的书法风格。

这是专业水平转化最重要的环节，也是共同体精力集中的环节。共同体要发动五级推进链来完成这一转化，使区域教学成果转化成个体的专业实践能力，并在课堂上体现出来。

2. 跟

共同体对个体的新行为模式进行及时跟进，对其课堂效果进行观察和诊断，对其转化能力进行测评，并及时发现其执行过程中的问题和困难。跟的主要目的在于对个体的行为进行纠偏，使其回到正确的模式里。因此，根据学校的实际情况进行入校再培训，对操作模式进行调整、对困难提供援助、对错误行为进行矫正，都是跟的内容。

对学校基于专业模式使用与纠偏的跟踪，工作量极其巨大，靠一两个人是完全不够的，因此需要共同体有序地分工合作。这在刚开始的阶段尤为重要。一个行之有效的办法是，区域推进，个体突破。

（四）专业能力提升强化

专业能力提升强化：赛。赛为最后一个层面，以个体展示提高的成果及专业再培训为主。

专业能力提升强化是指通过专题比赛来进行成果交流，以进一步促进成果的推广和转化。区域比赛涉及方方面面，组织起来难度较大，一般来说，每学期举办一次是较为合适的频率。

1. 课题选择：紧密配套

所选择的课题应具有典型性，不仅包含学科的重点内容和难点内容，而且要能够充分与培训成果相联系。比如，推广一种“先学后教”模式，则所选的课必须能够运用这种模式进行教学。又如，培训的是“如何上好讨论课”，则比赛时该课必须存在有价值的讨论点。有一点要特别注意，比赛不是为了刁难教师，而是为了激发教师的创造性，使教师能够把教学成果充分地展示出来。

2. 制订标准：侧重操作达成

制订课堂观察量表，并赋予评分标准以便观察评价。制订量表时，要围绕所推广的成果的核心要素，把这些核心要素设置成评价指标，并根据其重要程度赋予不同的权重。同时，评价标准还要侧重目标的达成度，注重课堂实际操作的可行性和可推广性。量表可以是综合性的，评分时每人持相同的量表进行打分；也可以是单项分视角性的，比赛时每人持不同的单项观察量表进行评价。

3. 现场比赛：现场观察打分

选手上课，评委根据回避性原则（不给同校选手打分）持量表进入课堂，对课堂进行全方位的观察评价。教师上完课后，评委利用短暂的时间（10 分钟左右，评委之间不加商议），各自打出分数，直接交给分数统计组。分数统计组根据标准直接打出总分，并当场宣布。这是最重要的一环。现场比赛、现场打分可以有效杜绝暗箱操作，保证比赛的公平性。更重要的是，能够把最好的课选出来，作为优秀成果进一步推广，以对每个个体起到强化作用。

4. 进行表彰：及时、简单、隆重

及时表彰具有巨大的激励价值，离比赛结束的时间越短，激励的作用也越大。如能够在比赛之后马上进行现场表彰，其激励作用最大。进行表彰时，奖品不一定要贵重，但要有新意，给获奖者或其他个体留下印象，以产生长久记忆。这种长久记忆可被内化成一种情境性知识，最后沉淀成默会知识。同时要注意，简单不等于不隆重。共同体要充分制造出热烈庄严的气氛，营造隆重感，让人置身其中便受到感染，感受到荣耀和尊重。这种仪式越隆重，越能表现出共同体的诚意和核心诉求，也越能够打动个体，进而产生共同体专业发展的推动力。这样，就进一步把比赛的价值充分地展现出来了。

5. 形成资源：课例配套制作

其一，光盘制作。将获奖的视频刻成光盘，给区域内的每所学校分发一套。其二，媒体资源整合。将比赛中所涉及的媒体资源（如课件、学案、教学设计）打包，在区域内流通，要求教师及时下载，并在自己的课堂上使用。其三，实物交流。将比赛中出现的创新教具保留下来，在各所学校展示，并推动各校进行模仿制作，有条件的学校可进行改进。其四，课例研制。将优秀的课研制成课例，在区域内推广，要求教师进行专题学习，并与自己开设的课进行对比，找出异同，推动个体深入思考。

6. 后续研究：智慧问题提炼

其一，智慧成果提炼。启动研究系统，对比赛中出现的好的做法和经验进行研究，提炼出核心要素，供共同体推广，对其背后的机理和形成机制进行推演，以期能够进行复制。其二，进行问题归因。对比赛中出现的问题，特别是共性问题，要进一步分析，找出成因。同时，对问题的重要性进行排序，找出其中突出的问题，寻求破解对策，并在共同体中发布，及时纠正。

不是为了比赛而比赛，这是共同体与其他组织的不同之处，共同体的比赛只是整个专题研究环节中的一环。将比赛作为成果推动的一种形式：在比赛前起成果整合指向作用——用所推广的成果来进行比赛；在比赛中起成果展示作用——这是区域成果的最新呈现；在比赛后起归因和再推动作用——继续提炼智慧，解决问题并进行机理研究，推动后续专业研究的发展。

这样，经过八个环节和一条专业实践链，个体实际上完成了从专业技能学习到实践运用并内化迁移的系统实施和提升的过程。

第三节　区域规范性教研共同体提升专业水平的四个实践域

众所周知，教师的教学活动是一种实践活动，因此共同体提升教师的专业水平就是提升教师的实践水平。在日常教学中，我们会碰到这么一种现象：一些“文墨满腹”的学者上不好课，而一些讲不出什么高深理论的教师却极受学生的欢迎。究其原因，前者缺乏转学成智的实践能力，后者这方面的能力却很强。因此，共同体要提升教师的专业能力，是要让教师回到实践的领域里，还原教学的真相，找出教学的核心事件，进而把握教学的规律。

在教学实践中，共同体会碰到新手型教师成长问题、胜任型教师教学瓶颈问题、专家型教师智慧风格问题和区域教学课程建设问题。面对这些问题，共同体应该怎样做呢？

一、田野研究促成长

俗话说，良好的开端是成功的一半。对于刚步入教坛的新教师，如何开个好头，顺利打开成功之门呢？我们认为，需要从自身的教学实践出发，深入教学一线，从最本真的教学行为和最原始的教学事件入手，分析自己教学的优缺点，找出自身的特点，进而有计划、有步骤地推动自己成长。

实践证明，田野研究能够准确、快速地帮助新教师成长起来，找到自己的发展路径。

（一）田野研究的概念界定

田野研究是人类学的名词，是一种基于原始材料的教育实证研究。这种研究并非“绷着脸讲大道理，研究也不限于泡图书馆。有这样一种学术研究，研究者对一个地方、一群人感兴趣，怀着浪漫的想象跑到那里生活，在与人亲密接触的过程中获得他们生活的故事，最后又回到自己原先的日常生活，开始有条有理地叙述那里的所见所闻”①。这种研究就是田野研究。

同样，基于田野研究的新教师专业成长，指的就是共同体深入新教师的教学中，有条理地叙述新教师教学的所见所闻，通过深入具体的观察，去了解教学的丰富性和复杂性，去获取第一手材料，对新教师进行准确诊断，与他们一道研究并提出发展规划，有计划地推动新教师的专业发展。

（二）田野研究的意义价值

为什么要开展田野研究？换句话说，对于新教师的专业发展来说，田野研究有什么好处？从田野研究的性质来看，田野研究与上岗培训、跟岗学习有完全不同的价值取向。

1.“他主”还是“自主”

新教师上岗培训是通识培训，是围绕教育教学的基本原理、基本规范，基于新教师的共性需要而开展的，很难针对某个新教师的个性、特点或需求。同样，跟岗学习的基本模式是“传、帮、带”，老教师面授机宜，新教师奋笔记录，然后随堂听课。很显然，这也不是针对新教师的个性、特点或需求而开展的。也就是说，新教师的专业发展主要决定于他人，是一种“他主”行为。

田野研究则不同，是立足于新教师的教学需要，深入新教师的教学实践中，去发现、挖掘新教师的特点和天赋，帮助新教师成长。在田野研究中，新教师是活动的主体，具有高度的自主性。

---

① （美）克利福德，马库斯．写文化：民族志的诗学与政治学［M］．高丙中等译．北京：商务印书馆，2006：总序．

2. “单向”还是“双向”

在上岗培训与跟岗学习中，学习要么由培训部门指向新教师，要么由老教师指向新教师，虽然存在一定的互动（特别是跟岗学习），但这种互动是不对等的，主导权不在新教师手里。同时，新教师的反馈往往都是有限的、零散的、不成体系的，无法对培训部门和带教教师提供有价值的回馈，因此基本上是一种单向行为。而田野研究是基于新教师，为了新教师，在新教师的教学实践中，两者的行为是配套的、一致的：新教师需要什么，就培训什么；新教师没有做到什么，就要求他做到什么。这是一种完全平等的关系。同时，新教师真实的反馈会丰富共同体的第一手材料，加深共同体对新教师的教学行为和基本特征的理解，这是一种双向的专业发展行为。

（三）田野研究的常见做法

1. 八步深描

八步深描是以新教师为主体，让新教师经历个体备课与备课组、教研组及区域共同体的集体备课、磨课、观课，来确定一节课的具体教学。其中新教师经过四次备课、两次试上、一次公开课和三次反思，在此过程中，新教师通过解读课标、处理教材、收集资源，进而学会深度备课；通过对教学内容的调整、教学媒体的组合、教学方式的选择及教学成果的检测，进而学会教学策略的运用；通过说课、片段教学、观看录像，特别是与备课组、教研组的不断研讨，学会教学反思。对于刚入职的新教师而言，这种深入思考和不断调整、反复改善的经历，将极大地影响他的一生；而挑战第一次公开课，也会使新教师在心理上受到巨大的考验。这些都有利于新教师的快速成长。

八步深描的具体做法是裸备—标备—足备—说备・集备——一次试上・观课—二次试上—研备—区公开课。

(1) 裸备：只看课本备课，完成一稿。在裸备时，个体不能参看任何参考资料。新教师围绕教材进行通读、细读、精读，读大标题、小标题、黑体字、例题、图片、注释、拓展材料；读思考题、作业；读前后文及前后板块（内容）的衔接处、延伸处。这样通过全方位的解读，充分了解教材的编写意图。在裸备时，要记下自己对教材的理解、初步的处理方案、产生的灵感，形成框架性的材料，还要将自己的困惑、问题和待查阅的资料记录下来。

（2）标备：看课标和教师用书备课，完成二稿。经过裸备，个体对教材的内容已经有了充分的了解，对教材的重难点也有了初步的判断，但由于缺乏教学经验，教学方向会有所偏差。此时引导新教师看课标和教师用书，对个体备课的方向会有指导和矫正作用，从而使个体获得最宝贵的教学认知，即对教学目标的判断力。如果没有经过裸备，直接看着课标和教师用书备课，合理制订教学目标的能力则会由于缺少先前深入的思考和反复的判断而无法快速得到培养。

（3）足备：参考足够的案例备课，完成三稿。这里的足备是指看不少于两个教材版本、不少于十个不同的教案或教学案例，并收集大量的教学资源。对于同一节内容，不同的版本有着不同的呈现方式，参看这些不同版本的教材能比较出不少异同点，从中获得启迪；对同一版本的同一节课，不同的人有着不同的处理方式，有着不一样的优劣和适用范围。充分地参考别人的做法，不仅能开阔自己的视野，而且能提高自己的判断能力，使个体能够从众多的材料中大胆地进行取舍。

（4）说备·集备：在备课组里说课，进行集体备课，形成四稿。个体在备课组里说课，把自己的教学设计、意图、处理方式、长处与亮点、疑难问题呈现在备课组面前。备课组展开集体备课，对个体的方案进行评估，形成共识。对于个体与备课组形成共识的地方，加以采纳；如果个体与备课组的处理方式不同，则要把两者的意见都保留下来，然后按其中的一种方式去实施，这里建议采用个体的主张，等上完课后，再通过教学效果来比较两者的合理程度。

（5）一次试上·观课：在备课组上公开课并研讨，完成第一次反思，形成五稿。个体进行第一次试上，备课组组织全组教师听课、观课。教师上完课后，进行第一次反思，对教学进行全方位的再思考，对比备课组集体备课的记录（录音），调整方案。备课组根据课堂观察记录，结合教学录像，对教学展开诊断，肯定优点，指出缺点，并提出完善的方案。同样，个体与备课组要尽量达成共识，对未达成共识的部分做好详细记录。由新教师选择一种方案，进行第二次试上。

（6）二次试上：校内公开课与二次反思。第二次试上，个体上的是校级公开课，经过四次备课、两次集体备课、一次个体反思、一次集体课堂观察，个体对课的把握已经比较到位，此时进行校级公开课展示正是一个良好的时机。上校级公开课既是一种新的挑战，因为要面对不同年级的教师，也是一种机遇，因为不同年级的教师会给出不同的参照，这对个体来讲是极为难得的。和第一次试上一样，上完校级公开课，个体要进行详细的教学反思，同时把上课前自己与备课组意见不统一的地方考虑进去，形成书面反思方案，在教研组集中研讨时进行详细说明。

（7）研备：教研组观课后深研，形成六稿。具体的操作方案：①个体说教学意图和教学反思；②备课组说集体备课的意图、个体备课与集体备课的不同之处及课堂观察后产生的新观点；③其他备课组根据课堂观察结果，阐述自己的观点；④共同研讨，形成最大的共识；⑤保存差异，将不同的观点记录下来；⑥根据最大共识形成六稿。

（8）区公开课：个体在区域内开研讨课。经过反复的备课、研课，个体的第六稿教学设计方案已经比较完善，也融入了众人的智慧，实际上代表了新教师的最高水平，能够在区域内进行展示。此时，共同体通过观课，发动整个区域的人对个体进行教学评价，能够更客观、更准确地对个体的教学进行定位，促进个体的专业发展。

在以上的八步深描中，个体是主体，所有的活动都围绕着开课的个体进行；在研讨中，其他人是旁观者、协助者和指导者，而个体才是唯一的主角。从上面相关的活动中可以看出，当个体与他人甚至是集体观点不同时，决定权在个体手里。而个体上完课后必须做深入、完整、全面的反思，再来判断谁的观点更合理。同时，无论是备课组还是教研组研讨，都是建立在个体深入反思的基础之上的。也就是说，哪怕是再深入的集体研讨，也保留了个体教学的本色与个性。这样，个体的教学行为就完全具有自身本真的色彩，能够充分代表现阶段个体教学的真实情况。在此基础上，就能够及时发现个体的教学特点，充分挖掘个体的教学禀赋，推动个体实现专业的顺利发展。

2. 关键事件教学叙事

新教师由于经验的欠缺，将面临众多的挑战。他们有时甚至会陷入事务包围当中，理不出头绪，疲于应付，更谈不上有针对性地发展了。如不能及时解决这个问题，将对新教师的发展产生极其不良的影响。如何让新教师摆脱这个困境呢？进行关键事件教学叙事，不失为一种行之有效的方法。

这里所谓的关键事件，是指对个体有重要意义或对其教育理念、教学方法、教育心理产生重要影响的教学经历（包括行为经历、情绪经历和思想经历）。教学叙事是指用叙事的方法来研究这个关键事件。操作方案如下：

（1）确定关键事件。凡是对个体的教育理念、教学方法和教育心理产生较大触动的教学事件，都可被认定为关键事件。关键事件只针对个体，而非他人。一件事对别人没有什么影响，对个体却产生了极大的冲击，那么这件事就是关键事件。

（2）教学叙事。按照教育叙事的方法，把整件事原原本本、完整地记录下来，越真实越好。既要记录事情的经过，也要记录个体当时的心理、情绪、想法、观点，越详尽越好。

（3）归因决策。对事件进行研究，找出本质的原因。这是一个艰难的过程，靠新教师一个人往往难以完成。新教师要借助外力寻找帮助，才能及时做出正确的判断。在准确归因的基础上，寻找解决的方案或做出进一步的决策。

3. 微型共同体同课异构

新教师开展田野研究还有一种途径，就是通过建立微型共同体，共同研究，来促进教学水平的提高。其中一种特别好的做法是进行同课异构。

这里的微型共同体指的是同一年或近三年毕业的新教师组成的教学联盟小组，这个联盟小组可由区域共同体牵头组织，也可由新教师自行组织。这里的同课异构，往往是由区域共同体提议，并创造条件，然后由新教师自行操作，这样就能把挑战性降到最低，而将研讨性提到最高。通过精心备课、互相观摩和共同研讨，新教师能够快速地打开自己的思路，使教学更加完善；同时，这也加强了对新教师的心理支持，密切了与新教师之间的情感，使新教师有信心去迎接更大的挑战。

二、课例研究破瓶颈

当教学达到一定的年限，教师能够常年胜任教学后，教学的新鲜感就会消失，教学的挑战感不再那么强烈，教学激情便会逐渐消退，往往就会进入一种“高原期”，教学效果不能继续提升，出现了停滞不前的现象，此时就是我们说的教学“瓶颈期”。实践表明，教师要冲破“瓶颈期”，谋求再发展，就需要外力介入。课例研究就是一种比较好的方式。

（一）课例研究的缘起及近年发展情况

课例研究最早起源于日本，与美国的专业学习、英国的校本教育一同成为世界上教师职后专业发展的三大主流样式。在日本，课例研究从一开始便广泛运用于各学校内部教师在职继续教育活动之中，并逐步发展。由于实践性极强，20 世纪 70 年代，课例研究的价值终于被教育界意识到，得到进一步挖掘并得以在中小学开展。同时，越来越多的学校从中看到了其价值所在，这使得日本几乎所有的中小学都被卷入其中。为了保证课例研究在整个学校范围内顺利推进，大多数学校都成立了在职教育促进委员会来负责计划与组织课例研究活动。直至今日，课例研究依然是日本校内在职继续教育活动最重要的研究模式。这使得日本中小学的课例研究得到西方国家越来越多的关注，课例研究正走向国际性的学术视野，成为各国热衷开展、研究的领域。

虽然出于学校文化与传统的原因，长久以来，课例研究在日本并没有形成一个统一的样式，但有着相对一致的研究框架。这个框架就是确定问题—提出困惑—进行计划—实施方案—观察课堂情况—重现及反思课堂情况—重新规划教案。

在日本，课例研究通常有三种类型：校内自主研究型、同区校际合作研究型及跨区域校际联合研究型。

进入 21 世纪后，世界各国掀起了课例研究的高潮，主要从以下几个层面展开。

1. 方法层面

方法层面主要侧重于个案或叙事的方法，注重对课例研究的描述和记录。这是较为通用的一种方法，通过描述和记录，如实地再现课例研究的操作流程和所取得的成效。

2. 实践层面

实践层面主要侧重课例研究的操作方案和实践价值对教师的影响，即通过课例研究的实际操作过程和所取得的教学效果来探究课例研究对教师所起到的实际作用。

3. 教师层面

教师层面主要侧重研究四个问题：一是教学的认知能力，即如何通过课例研究不断提高教师教学的认知水平，如何反馈到具体的教学活动中；二是交往能力，即在课例研究中教师如何与人交往，特别是如何促进师生互动，进而提升学生的社会交往能力；三是理性分析能力，即通过深入研究，如何将看似没有关联的教学活动与教学事件整合出内在的逻辑联系，或者如何从一些无逻辑关联的事件中改进课例研究；四是研思互动能力，即当一线教师成为研究者后，个体如何将自己的观点落实到课例研究的各个环节当中，而这些观点又如何影响日常课例研究的进展。

4. 文化层面

文化层面又可以分为两个层面：一是教学文化层面——开展课例研究的实践活动是如何产生新的教学文化，来丰富和促进学校教学文化和传统发展的，教学文化对课例研究又起到了多大的推动作用；二是人际文化层面——课例研究各层次研究人员（一线教师、行政人员、专家、家长）在共同的研讨中是如何进行定位的，对课例研究产生了什么影响。

课例研究正在日趋成熟。从研究方法来看，它是一种实证研究，包括行动研究、个案研究和叙事研究；从研究目的来看，它是基于真实问题的研究：从良好的课堂教学效益出发来进行系列的研究和改善，这是职前师范教育及职后教师继续教育的共同宗旨；从研究重心来看，它是一种主体性研究：教师（而非专家、行政人员）是主要的研究者，而研究的内容也是教师教学实践过程中的核心问题——教学的认知能力、教学的交往能力、教学事件的理性分析能力及主体的研思互动能力；从研究的结果来看，它是一种文化共享的研究：在课例研究中不仅有个体研究、校内合作研究、区域内的校际合作研究，还有跨区域的校际联合研究，课例研究的成果处于一种流动共享状态，同时课例研究产生了新的教学文化和校内人际文化，这些文化丰富、发展、完善了学校原有的文化和传统，最终使学校成为一个真正的学习共同体，使每个教师都成为对学校有贡献的研究者。

从研究的角度我们还可以看出，课例研究有其独特的价值，对教师职后继续教育起引领作用。与其他教学研究不同，课例研究显示出研究的典型特征："一是开始注重'自下而上'的定性研究方法；二是研究人员开始走进课堂，和教师一起研究教学问题；三是培训过程与研究过程逐渐合为一体"①。

与日本不同，我国的课例研究一开始就是作为一种教师职后培训形式出现并作为一种重要的校本培训或教研形式加以推广的。这最早是由上海市教育科学研究院的顾泠沅教授于2003年提出的。"2003年，在教育部要求积极推进校本教研制度建设和开展行动研究的背景下，我国中小学教师

① 杨玉东．教师如何做课例研究［J］．教育发展研究，2008（8）：72－75，82.

和研究者开始探讨和实施严格意义上的课例研究[①]，各级研究者也正是从“一种重要的校本培训或教研形式”这一视角切入研究的。在随后的几年里，随着研究的深入，课例研究持续受到关注。2010年，《人民教育》发表了《教师如何做课例研究》系列文章，使课例研究不断升温，进一步推动我国的课例研究走向深入，并逐渐具有本土特色：“课例研究的范围极为广泛，涉及从幼儿园、中小学、中等职业学校、高等职业学校、普通大学及培训单位等各级各类学校；关联到语文、英语、音乐、数学、综合实践、体育、科学、思想品德、政治、信息技术、物理、化学、生物、数字电路、药理学、剖析专业等各种门类课程的学习；既关注到教师职后的培训，又进入到职前培养领域；既有对本土课例研究状况的探索与思考，又有对国外课例研究发展情况的译介与推荐”[②]，显现出一派勃勃生机。

通过对近10年的课例研究发现，我国的课例研究主要从理论与实践两方面展开。从内容上大体可分为五种类型：一是介绍型——侧重介绍国外的研究成果和最新进展；二是模式探讨型——侧重探讨课例研究本身具体运作的方案和实际操作流程；三是研究载体型——将课例研究作为一种研究的方法、手段或载体；四是结果呈现型——以诸如研究报告等适当的形式来呈现研究的结果；五是理论探索型——侧重对课例研究本身进行理论探讨与研究。

（二）课例研究的内涵

课例研究意即课的研究，就是研究、考察教学实践。日本名古屋大学教授将课例研究定位为教师对课堂教学行为和活动的合作研究，目的是通过合作研究创造各种机会和有效的方法来促进和完善学校的学习环境；美国学者莱维斯把课例研究界定为对教师共同计划、共同观察和讨论的课的研究。这种课的研究具有五个显著特征：一是需要其他教师参与观察；二是需要长期规划；三是需要联系生活的长远教育目标；四是需要记录；五是需要讨论。

国内对课例研究的定义则更为丰富。其中有代表性的观点有以下几种：霍海洪认为，所谓课例研究，是指教师系统地合作研究课堂中的教与

① 吕敏霞．课例研究新进展历程中的问题：美国的实践与启示［J］．世界教育信息，2011（10）：42－45．

② 张聪慧．“课例研究”近十年研究现状的内容分析［J］．教学与管理，2014（1）：100－102．

学行为，从而改善教师的教学经验和学生的学习经验的综合过程；顾泠沅认为，课例研究是在通常的教师培训形式之外提出的一种以课例为载体，在教学行动中开展包括专业理论学习在内的教师教育模式；吴振东认为，课例研究是由两个以上的教师组成一个小组，基于对有效教学理念的追求，以真实课堂教学为载体而进行的一种教学行动研究。

由此，我们可以对课例研究下一个明确的定义。所谓的课例研究就是基于教学问题或疑难，以课为载体，通过有目标、有计划的合作，对课堂教学展开深入的、持续的观察和研究，以期改善教学的一种主题式案例研究。

（三）课例研究的特征

1. *以课堂教学为研究对象*

这是区分课例研究与一般意义的教学案例研究的重要标准。凡是聚焦课堂教学的研究，都是课例研究。

2. *基于问题的研究*

课例研究始于困惑。当教师在课堂教学中碰到困难和问题，展开反思，并力求解决时，便开始了课例研究的历程。这有别于一些教学实验——教学实验是从假设开始的。

3. *以学生的学习为中心*

这是课例研究的核心特征。在常见的教学场景里可以发现，不是教师的本体性知识不足影响到教学质量，而是因为缺少所谓的“PCK”（这是舒尔曼提出的概念——学科教学知识，其定义为“教师个人教学经验、教师学科内容知识和教育学的特殊整合”）造成了教学的困难。这里的“PCK”，强调的是教师从教到学的转化能力：教师的教必须指向学生的学——领导学生学、组织学生学、促进学生学、帮助学生学。课例研究以此为目标展开。

4. *在效果上指向改善*

课例研究的任务不仅在于发现问题，更在于解决问题。课例研究注重的是课堂教学效果是不是向好的方面改变。任何不以结果为导向的教学案例研究，都不能称之为课例研究。

5. *以实证研究为基本的研究方法*

课例研究是一种实证研究。在研究过程中以课堂观察为基础，对问题进行描述，对现象进行分析，对本质进行归因。所有方案的提出、问题的讨论和后续措施的完善，都凭“证据”说话，经过反复研究加以确定，而不能随意进行假定，更不能主观臆断。

6. 以持续不断的改进为行为特征

实际上，课例研究属于行动研究的一种，行动研究的特点就是基于行动的持续实施、监控、反馈和改善。课例研究也是如此，一个课例只有经过多次的实施、观察、反馈和修正，才能得到改善。

7. 具有明显的校本研究特征

校本研究的三大要素为自主学习、专家引领和同伴互助。课例研究要取得成功，还需要专家的指导（特别是理论上的指引），更需要同伴的互助，因为课例研究是建立在课堂观察的基础上的，没有同伴互助，就难以完成研究。

8. 成果有限的外推

课例研究是建立在个案基础上的。个案研究有其典型性，能够做出合理的归因，但不具有普遍的意义。要使研究具有一定的普适意义，不仅要充分挖掘个案的典型特性，还要考虑到个案研究的局限，才能做合理的外推。

（四）课例研究的操作流程

1. 确定主题，聚焦问题

这给课例研究指明了方向，给教学设计设定了关注点。

2. 初步确定解决方案

个体进行深度备课，完成教学设计。

3. 进行课堂观察

围绕主题特别是问题研制观察量表，针对主题特别是问题及解决策略同伴观察量表，并运用录音、录像等手段，对课堂教学进行全面观察。

4. 课外研讨

围绕主题与问题，对比课堂观察的结果与教学设计的意图，进行深度讨论，提出解决办法，并进一步聚焦问题。

5. 开始新一轮的循环

再次聚焦问题，进行下一轮的教学设计、课堂观察、研讨，直至达成解决问题的共识。

6. 形成课例报告

撰写课例报告，阐述课例研究的全过程，重点突出问题，聚焦关键事件，并在宏观上点明课例研究的价值和意义。

（五）区域共同体课例研究的定位

与教师个体的课例研究及学校内部的课例研究不同，区域共同体课例研究更关注整个区域的共性目标、共性问题和共同价值观。

1. 以学生的学为中心，促进区域学科教学目标体系建设

通过对典型课例的实证研究，了解区域内学生的知识基础、认知水平、文化特征和发展趋势，为区域教学目标的层次化建设提供依据，并逐步形成一节课的学习目标、一个单元的学习目标、一个学年的学习目标及一个学段的学习目标乃至更为长久的教学目标体系。

2. 关心区域关键的教学问题，形成区域课程资源

针对区域教学关心的重要问题、关键问题和共性问题，有规划、分阶段地进行研究，逐步形成课程资源。

3. 注意复杂的教学情境，成果共享迁移和推广

区域共同体课例研究要特别注意这些典型课例必须来自实际中较为复杂的教学情境，通过对复杂教学情境的分析、解剖，提炼出解决课堂教学难题的可行方法，让区域教师习得后自行迁移，推动区域学科教学的专业化、情境化、实践化发展，最终促进区域学科教学的均衡发展。

4. 着力打造合作文化，反哺共同体精神

在区域共同体课例研究中，除了形成重要的课程资源进行共享，还要注意的是，在课例研究中要不断强化合作意识，培养合作能力，树立合作精神，建立系统的合作文化，并以此反哺共同体，使共同体的价值观不断得到强化和发展。

（六）区域共同体课例研究的常见类型

区域共同体的课例研究有两种划分方法：一种是按照课例功能划分，一种是按照研究范围划分。

1. 按照课例功能划分

（1）区域经验提炼型。分享区域经验，推广区域成果，是区域共同体

课例研究的首要任务。在同一区域内，教学具有较大的共性，总结区域内优秀教师的教学经验，并以课例的形式呈现，不但可以让教师看到本区域教师进行教学实践的好的策略，更重要的是能让他们看到这些策略是如何在课堂教学中得到合理的运用并产生教学效益的，这有着重要的示范、指导和启迪的价值。因此，这一类型的课例不仅要放在首位，在数量上还应该是最多的。

（2）共性问题破解型。每个区域都有其独特的问题，这些问题制约着教师的专业发展，也制约着区域学科的建设。因此，找出区域中重大、关键的共性问题加以解决，同样能对区域学科发展发挥重大作用。共性问题的解决难度较大，需要集中大多数人的智慧，群策群力，重点去突破那些重大又关键的共性问题。

（3）理论验证型。这也是区域共同体课例研究的一种重要类型，是指通过区域的力量，将某一种教学理念、教学理论和教学思想分解成不同的要素，通过不同的课例进行印证，得出其使用的具体条件和策略方案。这种类型的课例有助于培养教师理论联系实际的能力，能够纠正教师重实践探索轻理论指导的教学偏差，最终使教师学会正确地运用专业理论来指导自己的教学，进而打开教师课堂研究的一扇大门。

2. 按照研究范围划分

（1）校内课例研究。校内课例研究可分成两种形式：一种是侧重个体研究，一种是侧重集体研究。前者往往由个体主动发起，联合一些志同道合的教师对碰到的共同问题或就有共同兴趣的问题展开研究，具有自发性；后者往往由学校发起，由上到下组织教师，对学校碰到的教学共性问题展开课例研究。校内课例研究往往关注个体的教学发展，如不同阶段的专业发展、瓶颈突破、教学风格形成等，还关注学校学科教学的共性问题、共性教研文化等。

（2）区域内校际课例研究。这是指区域内各学校之间进行合作研究。一般有两种形式：一种是由共同体统一规划，各校分工合作进行课例研究，来解决区域课堂教学出现的普遍性问题；一种是区域内各学校自发组织，进行校际合作，展开课例研究，以解决自己关心的问题。

（3）跨区域课例研究。同样可分成两种方式：一种是由共同体组织，让不同区域的学校展开课例研究；一种是由共同体发出倡议，由学校自主参与，与区域外的学校组成课例研究联合体，展开课例研究。跨区域课例研究往往关注的是本区域学科难以解决的问题，关注的是先进理念、先进经验、教学理论和教学思想的区域学科的本土化问题。

（七）区域共同体课例研究操作实务

1. 确认课例的系列主题

围绕着经验提炼、问题解决和理论内化三大线索，各自形成系列主题。

2. 区域任务分工

根据区域学校的研究能力和研究特长，将主题任务分解给各学校、各教师，并提出明确的要求。

3. 各校展开课例研究

各学校按照步骤进行课例研究，形成初步课例，上交共同体。

4. 共同体讨论

在学科中心组或学科论坛上对课例进行进一步的研究、讨论，形成相关的观点和建议，并反馈给学校。

5. 学校再研究

学校认真研究反馈意见，进行第二轮研究，完善课例。

6. 区域观摩

上公开课，组织现场观摩，通过课堂观察和课后研讨，找出完善方法或进一步丰富、拓展课例。

7. 校本化迁移

各校认真学习已有的课例，结合现场观摩和观课后的意见，根据本校的具体情况进行学习和内化，形成校本课例，并在最大范围内进行教学模拟和借鉴。

三、集体反思汇智慧

（一）集体反思的概念界定

在日常教学中，教师之间常常会进行集体反思。围绕同一个教学问题，两个或两个以上的人同时进行反思，就称为集体反思。在日常教学中，集体反思很少被提及，但它确实存在。如当两位教师上完同一节课后，围绕关心的同一问题进行碰头研讨时，就开启了集体反思。

（二）集体反思的意义价值

1. 是一种行动反思，可矫正个体的教学行为

集体反思是针对教学过程中出现的问题展开的一种判断，是对自己的教学行为、教学策略、教学内容和教学效果开展的系统评估活动。这些反思内容都与个体课堂的实践紧密联系，因此是一种行动反思。对教学实际行动的审视和测评，直接与个体的教学行为相联系，其评估的起因直接来自教学行为所带来的结果，其评估的直接内容是教学行为，其评估的目的指向教学结果的改善。同时，多人的主动卷入，会缩短问题探讨的时间，加深对问题本质的理解，提出优化的解决对策，因此能够对个体的正确行为起强化作用，而对低效或错误的行为进行调整。

2. 是一种归因反思，可提高个体教学的元认知水平

在集体反思中，个体不仅会对自己的教学行为采取正确的评价态度，而且往往能够对产生的效果进行深入的归因判断。这种反思往往具有解剖式的特点，能抽丝剥茧，逐步逼近问题的核心，去寻找事物的真相。不同的人从不同的角度都指向同一个点——自己的教学意图，并以之为对象，即会围绕着“为什么我当初会这么讲，会采取这种教学方式”这样的问题进行反思。换句话说，个体的问题是“为什么当初我会有这种想法，这种想法对不对”，这实际上是以本身的认知作为认知对象，提升了个体教学的元认知水平。

3. 是一种价值反思，可增强个体的教学信念

集体反思，特别是非正式集体反思，往往是通过推心置腹的探讨，来引发内心深处的思考。与其说是共同的诉求，不如说是诚恳的切磋、真切的关怀。因此，反思会直指支持教学行为的教学策略、教学信念和教学价值观，而这些东西才是操控课堂的“看不见的手”，是课堂教学的最深层要素。这种直指本质的真诚的反思，体现了一种真诚的人文关怀，能促使个体增强教学信念。

（三）集体反思的常见类型

1. 非正式集体反思

日常教学中的随机碰头、就地研讨就属于非正式集体反思。非正式集体反思可随时随地进行，没有特定的主题、特定的发动者、特定的程序，对反思的结果也无特定的要求。

2. 半正式集体反思

半正式集体反思界于正式集体反思和非正式集体反思之间，具有共同体的性质。几个志同道合的人自发集中起来对关心的问题进行研讨，这几个人之间没有特别明确的义务规定，却有着一些共同认可的私下约定。如对讨论的内容、地点、时间会进行协商，有一定的指向性，但没有严格的约束，与常见的沙龙式研讨、咖啡式研讨类似。

3. 正式集体反思

上完同一节课，一般是在同课异构后，教研组或备课组针对某一教学问题，提出统一的主题，让各位教师结合自己的教学实践，展开正式集体反思。这种反思形式实际上是把主题教研与教学反思结合起来，是以教学反思为主题的集体教研。

（四） 区域共同体集体反思的操作方式

区域共同体集体反思与教研组或备课组集体反思不同。教研组或备课组集体反思可在上课后就某一个问题直接展开研讨，而区域共同体集体反思则需要更严密的操作。

1. 提前发布反思任务

集体教学反思要指向同一教学内容，区域共同体集体反思要调动全区同一年段所有学科教师进行，这就意味着每个人必须要上同一节课。由于生源、课时安排等问题，同一区域的学科进度不会完全相同，要使教师能够就同一节课展开反思，就必须提前发布反思任务，让教师在共同体开展集体教研前上完指定的课。

2. 推动个体书面反思

由于参加区域共同体集体反思的人数远远超过一个教研组的人数，而直接进行交流的人数往往相当有限，这就不能集中大家的智慧。同时，区域共同体集体反思时间大大滞后，个体容易遗忘，而不能真正回想起当初的教学行为。通过书面反思，个体可把自己的想法详细地记录下来，这样不仅能有效地防止个体遗忘，还能够使个体深入思考，提高反思的水平，便于后续交流，集中大家的智慧。

3. 组织小组半正式集体反思

在开展区域共同体集体反思时，根据自愿的原则，将所有的人员分成几个小组，进行组内研讨。之所以不按照原来的教研组或备课组分组，不仅是为了打破学校的惯有思维，而且是为了发挥非正式交流的优越性，使教师在一种新鲜、自如的气氛中将问题推向深入，并形成小组共识。

4. 区域正式集体反思

每个小组派一名代表陈述自己的观点，其他小组倾听并记录要点，等一组阐述之后，进行质疑，直到对这个小组的观点达成普遍的共识。如此循环，让每个小组都上台阐述，回答疑问，最后形成共识。

要注意，这里的共识包括两个方面：一是共同认可的成果，二是共同认可的问题。前者是区域推广的重点，而后者则是区域后续研究的重点。

四、区域微课程建设聚资源

（一）区域微课程的概念界定

所谓区域微课程，就是根据区域教育教学的需要及区域自身的特点，为了促进区域教育教学的发展而设计的成体系的课程。这些课程无论以何种形式出现，共同的特点就是区域化、微型化。很显然，区域微课程正是根据地方社会发展及其对学生发展的特殊需要，利用地方资源而设计的课程，属于狭义的地方课程。

（二）区域微课程的特征

1. 具有明显的区域特征

区域微课程立足于本区域的需要，基于本区域教育的具体情况，以解决本区域的教育问题，因此具有明显的区域特征。如城市的微课程与乡村的微课程会有明显的不同，前者会更具前沿特征，后者则会更具有乡土气息。

2. 具有明显的过渡特征

区域微课程立足于某一区域，服务于某一区域，比起某所具体的学校，更具有宏观性；比起更高级别的课程（省级课程、国家课程），则具有微观性。因此，良好的区域微课程一定要在国家课程（省级课程）与校本课程之间做好良好的衔接，显示出明显的过渡特征。

3. 具有一定的拓展特征

作为比校本课程更宏观的课程建设，区域微课程所涉及的内容比校本课程更广大。一般来说，校本课程更注重学科教学，而区域微课程更注重教育；校本课程更侧重内涵，如教学重难点、核心知识等；区域微课程则更注重外延，如学科史、学科方法、学科思维等，这些内容是对校本课程的有益补充与拓展。

4. 具有微型化的特征

区域微课程的样式可以多种多样，其体系完备丰富，但其组成的要件一定应是精简的、精要的，在篇幅上、时间上均有明显的限制，体现出微型化的特征。

5. 具有实用化的特征

区域微课程是为了区域的发展，或者是为了解决区域的问题，具有明显的指向性，因此具有明显的实用化特征。

（三） 区域微课程的常见类型

1. 区本微课程

区域规范性共同体可以集中区域的力量来解决某所学校无法解决的校本问题。可编写拓展课程，如学科史、学科方法等课程；也可以编写衔接课程如初小衔接课程、初高衔接课程等。这些拓展课程或衔接课程如由每所学校自行编写，不仅消耗精力，而且难以全面深入。而通过共同体的分工来完成，不仅充分发挥了人力资源，还能把最好的人放在最适合的位置上，保证区本资源的质量。

对于区本微课程而言，要注意以下几个问题：一要形成完整的框架体系，既能独立使用，又有完整的体系结构；二要充分利用本区域的特色资源，这样既丰富了课程的内容，也增强了课程的亲切感，对师生有较大的吸引力。

2. 区本微作业

有了校本作业，区本微作业是否可有可无？答案是否定的。区本微作业的价值就在于它发挥着与校本作业完全不同的作用。区本微作业至少具备校本作业所不具备的两大功能。一是定位功能。这实际上是一种评价性功能，具有常模参照的作用。即通过区本作业，学校及个体知道自己的学力达到怎样的水平，在区域里位置如何，是否达到了区域的平均水准，是否达到了区域要求等。二是导向功能。即通过对不同时期难度的控制，使同一内容的作业在不同阶段显示出不同的难度，这实际上是对教师教学进度和阶段性目标的调控，防止教师在新课教授时便求深、求广、求难、求新，使学生对学习产生畏难心理。

对于区本微作业，要注意两个问题。一是要注意评价性。无论是直接测试（考试）还是间接引导（规定作业难度），区本微作业的目的都是对学校或个体做出评估，而非直接促进对某知识的掌握。二是要注意阶段性。学科的发展是循序渐进的，而内容的呈现是一步到位的，这就让教师陷入矛盾之中。要让教师处理好两者的关系，就要向教师提出阶段性的目标和要求，进行阶段性的难度控制，促使教师以适宜的进度进行教学。

3. 区本微课资源

区本微课资源是新技术条件下区域共同体必须研究的重要课题，因为微课的出现会带来巨大的教学价值和教学方式的改变。

首先，微课以视频的方式呈现课程内容，让学生在观看实际场景，模拟场景或动画、动漫场景中学习，这符合读图时代的学习特征，能够提高学习的热情和效率。其次，微课以短视频的方式呈现，短则两三分钟，长则十来分钟，让学生能够利用零碎时间随时进行学习，这符合碎片化时代的学习特征。再次，学生可以将微课带出课外，实现课堂翻转，也可以把家庭成员卷入学习中，进而引发教学方式或学习方式的巨大改变。

（四）区域微课程的操作要点

1. 要进行顶层设计

从内容上进行设计，使区本微课程、区本微作业等能够形成一体化的区本课程，具有完整的框架和体系，对整个区域的学科教育起统领、引导和规范作用；从任务上进行设计，使它们能够分解成各个相对独立的主题，使得微课的中心突出，同时使不同的人能够在自己的强项上用力；从难度上进行设计，使它们能够适应区域教育教学的需要，又能够被教师驾驭，因此同一内容的微课必须有不同阶段的呈现任务。

2. 要进行合作分工

根据主题内容及学校的师资情况和特长风格，将任务分解到适当的学校、适当的人身上，以发挥团队的价值。这种分工合作不仅包含任务的安排，还包含资源的管理与推广，是一种全方位意义上的分工合作形式。

3. 要进行培训

一是技能培训，对教师进行全员培训，使教师达到熟练化水平，能够自如地录制微课；二是理念培训，使教师对为什么要使用微课、如何发挥微课的最大价值进行深入理解；三是策略培训，使教师了解如何确定主题、如何进行巧妙编排等。

4. 要营造使用微课资源的教学氛围

要在整个区域内营造使用微课教学的氛围，让教师感觉到微课不仅是一种有益的教学资源，而且是一种有效的教学手段。要大力推动校本微课资源的开发，把它列为学校主题教研的重要内容，在教学时可以“把教师制作的优秀微课拿出来观看、揣摩、鉴赏、品味，或者从中学到技巧、方法，或者从中发现问题，进行教学总结和反思。因此，从某种意义上讲，微课的出现为教学提供了一种全新的、具体的教研评价方式”①，进而促使教师认可它、积极使用它，继而主动地去开发它。在这里，还要特别指出，要引导教师利用微课来拓展教学的空间，让学生把微课带回到家里，这样学生在离开学校后仍然有可靠的指导，还能把家长带入学习中，使家长成为学生的学习伙伴，这是尤为重要的。

---

① 赵国辉．校本微课的价值取向研究［J］．课程与教学，2014（7）：103－107.

江苏凤凰教育出版社
《行知工程》系列丛书目录

系列	序号	书名	作者	定价
教育求索系列	1	《区域规范性教研共同体建设及其实践》	陈宗成	40.00
	2	《让诗意润泽心灵——德育校本课程的开发与实施》	陈亚兰	40.00
	3	《联想形象识字教学——让学生感悟汉字神韵》	侯忠彦	50.00
	4	《思维导图教学法：一位历史老师的教学探索》	罗培生	35.00
	5	《让经典滋养人生——名著导读教学策略（中学）》	郑建忠	35.00
	6	《关注每一位儿童的发展——语文小班化教学的探索和实践》	何慧玲	40.00
	7	《让生命诗意地栖居——诗意教育的理念建构与实践探索》	钱丽美	40.00
	8	《怎样上好语文课——时鹏寿解析精彩课例》	时鹏寿	45.00
	9	《让书香浸润生命——时鹏寿伴你品读经典》	时鹏寿	35.00
	10	《开在手心里的花——一位优秀教师的教育情怀》	詹雪莲	40.00
	11	《学科建设与教师发展——中学数学》	杨志文	30.00
	12	《欣说教育那“一亩三分地” ——一位一线教师的教育微思考》	王庆欣	30.00
	13	《爱的守望——一位一线教师对教育的坚守》	林卫红	30.00
	14	《思政教学的人文力量》	戴晓华	30.00
	15	《师道新说——给教育者的30条箴言》	徐　卫	30.00
	16	《快乐数学——初中数学教学方式探索》	孙国芹	36.00
教育思想者系列	17	《名校之道——陶继新对话名校长（5）》	陶继新	42.00
	18	《名校之道——陶继新对话名校长（3）》	陶继新	42.00
	19	《名校之道——陶继新对话名校长（4）》	陶继新	40.00
	20	《父母要成为子女的精神导师——五个孩子走向卓越的奥秘》	陶继新	43.00
	21	《治校之道——小学名校长的办学智慧(1)》	陶继新	35.00
	22	《治校之道——中学名校长的办学智慧(1)》	陶继新	40.00
	23	《品鉴教育文化盛宴——陶继新序跋屯集》	陶继新	45.00
	24	《为什么而出发——一位研究者对教育本质的沉思》	齐　健	35.00
	25	《高效教学的道与术——陶继新教育讲演录》	陶继新	30.00
	26	《铸造一流教育品质——陶继新区域教育巡礼》	陶继新	35.00
	27	《名校之道——陶继新对话名校长（1）》	陶继新	30.00
	28	《名校之道——陶继新对话名校长（2）》	陶继新	35.00
	29	《教育，一切从孩子出发》	黄　俭	30.00
创新教学探索系列	30	《学校体育密码》	连仁都	36.00
	31	《我家住在〈诗经〉里》	李日芳	40.00
	32	《〈红楼梦〉里的语文课》	李日芳	30.00

系列	序号	书　　名	作者	定价
创新教学探索系列	33	《品世界名画，学精彩作文 ——特级教师的“名画”作文教学法》	李日芳	36.00
	34	《学生数学整体思维培养 ——小学数学结构化教学的探索与实施》	颜春红	45.00
	35	《基于核心素养的体育与健康校本课程建设》	赵卫新	35.00
	36	《把古文教活——激活文言文课堂的教学策略》	刘小华	35.00
	37	《做童年面前最合适的人——我和孩子们的“童化语文”》	曹丽秋	30.00
	38	《玩出精彩作文——张化万活动作文教学经典策略》	张化万	35.00
	39	《让学生把母语用精彩——“语用课堂”的探索与实践》	佘小红	30.00
	40	《“备”出课堂精彩——备学式教学的课堂实践与思考》	张旭兰	30.00
	41	《神奇的阅读教室——带学生踏上美妙的阅读之旅》	李祖文	30.00
	42	《打造有生命力的课堂 ——“两步八环节”教学模式探索与实践》	查联智	30.00
	43	《最能培养学生探究能力的课堂 ——小学科学与信息技术单元整体课程实施与评价》	李怀源	30.00
	44	《最能激发学生运动天赋的课堂 ——小学体育单元整体课程实施与评价》	李怀源	30.00
	45	《最能提升学生艺术素养的课堂 ——小学艺术单元整体课程实施与评价》	李怀源	30.00
	46	《“生命语文”探索——焕发语文生命力的思考与实践》	王自成	30.00
	47	《粘连作文教学：让习作成为有个性的自我建构》	黄瑞夷	30.00
	48	《备学式教学——在体验中建构数学思维》	单广红　范雪梅	30.00
	49	《向着自主进发——自主教育的创新实施智慧》	朱亚红	30.00
	50	《写中学——让学习更有效的学科写作教学》	钟传祎	30.00
	51	《小学科学实验总动员——大科学课堂有效提升学生创新力》	江美华	30.00
	52	《小学语文单元整体课程实施与评价》	李怀源	30.00
	53	《小学英语单元整体课程实施与评价》	李怀源	30.00
	54	《小学数学单元整体课程实施与评价》	李怀源	30.00
	55	《让教学更能激发智慧——“思维碰撞”课堂的建构与实施》	程和方	30.00
	56	《构建语文综合课新模式——家庭、社区、学校协同教学》	黄瑞夷	40.00
	57	《自主创新让教学成为有效引领》	蔡　隽	30.00
新父母教程	58	《一年级的孩子》	陈文芳	28.00
	59	《二年级的孩子 》	陈文芳	28.00
	60	《三年级的孩子》	钱静霞	28.00
	61	《四年级的孩子》	谢　云	28.00
	62	《五年级的孩子 》	陈　春	28.00

系列	序号	书　　名	作者	定价
新父母教程	63	《六年级的孩子》	袁卫星	28.00
	64	《七年级的孩子》	焦晓骏	28.00
	65	《八年级的孩子》	钟　杰	28.00
	66	《九年级的孩子》	凌宗伟	28.00
国际教育系列	67	《美国教育面面观——一位特级教师眼中的美国教育》	邵淑红	35.00
教师软实力系列	68	《教师人际沟通力》	黄爱华　夏丽娟	38.00
	69	《班主任教导力》	黄爱华　戴诗银	38.00
	70	《教师执业道德力》	黄爱华　夏丽娟	38.00
精彩课堂系列	71	《基于核心素养的数学教学》	赵红婷	35.00
	72	《中学生核心写作能力培养》	陶　波	36.00
	73	《给孩子更好的数学课堂》	易增加	30.00
	74	《小学生阅读素养的提升策略》	邵巧治	35.00
	75	《从语文素养走向生命成长 ——小学语文读写课堂教学密码》	曾海玲	30.00
	76	《真实的品德课》	朱淑秀	30.00
	77	《英语课堂学习共同体——新型的师生交互学习场》	杨延从	30.00
	78	《指导自主学习——初中数学学与教的研究与实践》	刘其武	30.00
	79	《玩出精彩的课堂 ——小学低年级教与学方式转变研究》	陶红松	30.00
	80	《让生命之花自主绽放——语文个性化教学建构策略》	商德远	30.00
	81	《让学生亲历知识——主体参与下体验式学习的实施策略》	何世祥	30.00
名校系列	82	《从校本课程走向学校课程——锡山高中课程探索之路》	唐江澎等	35.00
	83	《让每个孩子都成志 ——清华附小主题阅读课程的实施探索》	窦桂梅	30.00
	84	《让每个孩子都成志 ——清华附小主题实践课程的实施探索》	窦桂梅	35.00
	85	《向着朝阳走去——清华附小合作办学实践探索》	窦桂梅	30.00
名师成长系列	86	《情怀·智慧·境界——教育名家演讲录（1）》	钟惠河　李榅琬	30.00
校长领导力系列	87	《学校细节管理的执行力》	林文明　王林发	30.00
	88	《校长智慧统筹的领导力》	谢耀丰　蔡丽姗 王林发	30.00
	89	《学校持续发展的研究力》	林文智　宋佳敏 王林发	30.00

系列	序号	书　　名	作者	定价
校长领导力系列	90	《学校和谐融洽的协作力》	陈一平　郭雪莹　王林发	30.00
	91	《学校教育提升的引领力》	谢文东　关敏华　王林发	30.00
	92	《学校团队成长的学习力》	黄纪　蔡美静　王林发	30.00
	93	《学校高效管理的创新力》	张旭	30.00
	94	《学校成功管理的决策力》	邱黎明	30.00
	95	《高品质学校生长要素》	王益民	30.00
	96	《校长高效教学领导力提升策略》	徐世贵　郭文哿	30.00
新思维系列	97	《让后进生学习有后劲之36计》	严育洪	30.00
	98	《教育中的“不一定”——打破教育的19种思维惯式》	严育洪	30.00
教师修炼系列	99	《如何炼就课堂好声音——教师美嗓保健实用宝典》	薛建洲	30.00
	100	《与学生一起成长——90后教师的心路反思》	王　晗	30.00
	101	《教育，爱与宽容——教师心灵礼仪修炼》	许力争	30.00
教育家核心思想系列	102	《叶圣陶论写作》	叶圣陶 著　李怀源 选编	30.00
	103	《叶圣陶谈阅读》	叶圣陶 著　李怀源 选编	30.00
	104	《多元智能理论的本土化应用》	刘治富	30.00
	105	《大教育家最具施教力的教学思想》	白刚勋	30.00
学生心理解码系列	106	《在人生的春天播种——十四岁，写给青春的一封信》	白宏宽	30.00
	107	《孩子问题行为一点通——只有好老师才知道的学生心理谜底》	严育洪	30.00
校本研修系列	108	《徜徉语文教研》	肖俊宇	35.00
	109	《校本研修资源的开发与利用》	陈朝林	30.00
	110	《校本研修与教师专业成长》	吴积军	30.00
	111	《卓越教师经典研修成长策略》	刘天宝等	30.00
	112	《特色校本课程开发范例解读》	刘永平　李秀伟　张雪梅	30.00
	113	《高效校本研修模型构建艺术》	刘素雁	30.00
	114	《走向实践的教研——中小学教育科研引领与应用》	江　敏	30.00
教育管理力系列	115	《缔造唯美教育——延奎小学素质教育实施策略》	易增加	30.00
	116	《让普通学校崛起的20个细节——“生命为本”教育团队成长密码》	李其玉	30.00
	117	《“走”出教育的精彩：走动式学校管理文化构建》	罗　军	30.00
	118	《校长兵法：学校管理四十六计》	皮大鹏	30.00
班级文化系列	119	《活力班级的文化建设》	胡　珏	30.00
	120	《做幸福的班主任》	吕　丽	26.00

系列	序号	书　　名	作者	定价
高效能教学系列	121	《高效能教师的10个好习惯（中学卷）》	张　瑾	30.00
	122	《让作文落地生根——提高写作实效的教学策略》	黄桂林	30.00
	123	《高效能作文教学5项修炼》	陈步华	30.00
	124	《高效能校长的10个好习惯》	张　勤	30.00
	125	《高效能教师的10个好习惯（小学卷）》	谢　英	30.00
	126	《高效能语文教学5项修炼》	王其华	30.00
新课程探索系列	127	《语文新课程的批判与重建》	葛桂斌	30.00
美国名师教学译丛	128	《美国名师游戏教学本土化应用：幼儿园》	（美）玛西娅 L. 泰特 著 胡珍　瞿菁　编译	30.00
	129	《美国名师游戏教学本土化应用：小学英语》	（美）玛西娅 L. 泰特 著 杨永华　张心影　编译	30.00
	130	《美国名师游戏教学本土化应用：小学数学》	（美）玛西娅 L. 泰特 著 谢艳红　编译	30.00
	131	《美国名师游戏教学本土化应用：小学科学》	（美）玛西娅 L. 泰特 著 刘丽萍　编译	30.00
	132	《美国名师游戏教学本土化应用：小学社会》	（美）玛西娅 L. 泰特 著 姜梅芳　编译	30.00
	133	《美国名师游戏教学本土化应用：小学音体美》	（美）玛西娅 L. 泰特 著 尹立志　编译	30.00
鲁派名师名校·教育探索者系列	134	《悦读立人——校园阅读文化体系构建策略》	杨世臣	30.00
	135	《教育智慧何处来——一位特级教师的思考手记》	付立金	30.00
	136	《和雅文化——校本课程的创新构建》	汤善香	30.00
	137	《让个性绽放精彩——学校课程体系整合与创生》	谢建伟　徐淑萍	30.00
	138	《让每个学生都幸福——最能润泽生命的学校文化建设》	谢建伟　张新喜	30.00
生态化校园系列	139	《文化管理——构建生态和谐校园的必由之路》	付全新	30.00
	140	《点燃学习的激情——构建校园生态化学习型组织》	杨树岳	30.00
	141	《课改突围——构建学校生态化教学体系》	杨树岳	30.00
教育新思考系列	142	《语文教育向何处去》	王　丛	26.00
	143	《教育，就是做好普通的事》	孙志毅	27.00
	144	《走出语文的偏见——让学生体悟文本的原义》	丛智芳	30.00
	145	《让语文教学更高效——批注式阅读教学探索》	韩中凌	30.00
	146	《读写互促——探寻学以致用的语文教学》	曹　龙	30.00
	147	《跳出数学教数学——用文化融通数学教学》	马建秀	27.00

系列	序号	书　　名	作者	定价
名师感悟系列	148	《让心灵伴着歌声成长——22位音乐名师的教育智慧》	陈　璞	30.00
	149	《超越自我的教师——32位名师的成长感悟》	李卫东　李秀伟	35.00
	150	《心灵的守护者——19位名班主任的教育智慧》	王晓松　曲文弘	30.00
	151	《名师感悟班主任有效工作艺术90例》	符礼科	30.00
	152	《名师感悟有效教学90例》	林高明　徐玉烟	30.00
信息化教学系列	153	《巧用白板教语文——信息技术与语文教学操作指南》	蒋丽清	30.00
	154	《跨越式实现高效课堂 ——信息技术与课程整合高效教学方案评析》	陈　玲　刘　禹	30.00
教师必读系列	155	《教师必学的16堂修养课》	武宏伟	30.00
	156	《教师不可不知的教学心理效应》	叶勇军	30.00
	157	《班主任不可不知的管理效应》	奚一琴	30.00
	158	《教师不可不知的教育心理效应》	孙　媛	30.00
	159	《校长不可不知的管理效应》	谢申刚　张金豹	30.00
	160	《成为好教师的7项修炼》	王福强　李维华	30.00
	161	《如何让学生会学习》	龙　冰	30.00
	162	《如何让学生爱学习》	周震宇　许小燕	30.00
核心教学主张系列	163	《新生代语文名师核心教学主张》	许友兰	30.00
行思讲坛系列	164	《灵动而朴素地教语文——潘文彬的微格教育生活》	潘文彬	30.00
	165	《师爱无疆——润泽学生心灵的教育故事》	侯忠彦	30.00
	166	《怎样反思更有效 ——促进教师专业发展的反思策略》	诸贝贝	30.00
	167	《成为高度自觉的教育者 ——写给后课标时代的数学教师》	许卫兵	30.00
	168	《哲思数学课》	刘全祥	30.00
	169	《智慧数学课——黄爱华教学思维的实践策略》	黄爱华	30.00
	170	《童趣数学课》	徐　芳	30.00
	171	《把学生教聪明》	严育洪	30.00
	172	《教师最应该规避的教育误区》	杨坤道	30.00
	173	《用语文的方式教语文 ——潘文彬教学主张与实践智慧》	潘文彬	30.00
	174	《怎样让阅读教学更有效 ——提升教学能力的十种读诵模式》	汪秀梅	28.00

系列	序号	书名	作者	定价
行思讲坛系列	175	《让生命在润泽中起舞 ——当代小学生最需要的主题班会》	吴联星　罗　琳 冯卫东	30.00
	176	《让生命欢快拔节 ——当代中学生最需要的主题班会》	冯卫东　吴联星	30.00
	177	《课堂因生成而精彩——高效教学的生成智慧》	张文质	30.00
	178	《回到每一个人的生命化教育 ——张文质二甲中学教育行动录》	张文质	30.00
	179	《中小学生如何学会合作》	张玉彬　刘昕昱	40.00
中国教育变革之路丛书	180	《百年树人师何为 ——教师队伍建设困顿与出路》	将丽珠　李玉向	30.00
	181	《入园何时不再难 ——学前教育困惑与抉择》	曾晓东 范　昕　周　慧	30.00
	182	《三尺书桌何处寻 ——流动人口子女教育困难与破解》	范先佐	30.00
	183	《苦旅何以得纾解 ——高考改革困境与突破》	郑若玲	30.00
	184	《择校纠结何时了 ——择校问题困局与治理》	曾晓东　周文海 曾娅琴	30.00
创新教学思想系列	185	《"大问题"教学的形与神》	黄爱华　张文质	30.00
教育漫笔系列	186	《课堂，诗意地栖居》	吴书华	30.00
教学提升系列	187	《有思想地教阅读 ——让学生学会品读文字真意》	王学东	30.00
教育艺术提升系列	188	《藏在师生体态语言里的教学智慧》	张　宇　廖生波	30.00
教学全手册系列	189	《小学习作教学全手册》	郭家海	30.00
	190	《中学写作教学全手册》	郭家海	30.00
	191	《情境教学操作全手册》	冯卫东	35.00
	192	《合作教学操作全手册》	李春华	35.00
	193	《探究教学操作全手册》	周新桂	35.00
	194	《自主教学操作全手册》	诸葛彪	35.00

系列	序号	书名	作者	定价
教学全手册系列	195	《创新教学操作全手册》	王　玮	35.00
	196	《班主任工作全手册》	刘沛华	35.00
	197	《新教师工作全手册》	周震宇	35.00
	198	《学生心理健康教育全手册》	刘海莉　刘春杰	35.00
	199	《高效教学操作全手册》	马友平	35.00
创新人才培养系列	200	《创新人才培养校园科普精品课程开发与指导——人大附中创新人才培养》	罗　滨	30.00
	201	《创新人才培养特色校本课程开发与创新人才培养——清华附中“国际安全下的科学技术”课程构建与实施》	王殿军　方　研 赵宏雁	30.00
	202	《创新人才培养：学校实验室建设与管理》	刘克文 杨发丽　杨　平	30.00
	203	《创新人才培养：数学探究活动开发与指导》	马云朋　韩继伟	30.00
	204	《创新人才培养：化学研究活动开发与指导》	王　磊	30.00
	205	《创新人才培养：物理探究活动开发与指导》	廖伯琴	30.00
	206	《创新人才培养：地理探究活动开发与指导》	张建珍　陈　澄	30.00
	207	《创新人才培养：生物探究活动开发与指导》	张迎春	30.00
	208	《创新人才培养：理念探索与思维突破》	王晶莹	30.00
新生代通派名师系列	209	《简约数学教学》	许卫兵	30.00
	210	《语文教学的本真——情意课堂展现母语之美》	吴建英	30.00
	211	《语文课堂的理想追求——欢快达成三维目标》	董一红	30.00
	212	《阅读教学的真髓——意象构建读出文学的真美》	祝　禧	30.00
	213	《美术教育的真谛——审美人生教育让生命绚丽成长》	陈铁梅	30.00
	214	《语文教学的理想境界——无痕教学润泽生命》	李　凤	30.00
	215	《儿童作文的本义——嬉乐作文让儿童乐并成长着》	王笑梅	30.00
	216	《名师是怎样炼成的》	王建明　王笑君	35.00
幼师成长系列	217	《幼儿行为背后——教师如何读懂幼儿的心思》	吴亚英	30.00
	218	《最具教育力的22种幼儿教育思想》	杨　达	30.00
	219	《幼儿教师必知的安全应急措施》	杨　达	30.00
	220	《幼儿教师必备的教育技能》	李　玲	30.00
	221	《卓越园长21条幼儿园管理策略》	周　丹　江东秋	30.00